历代笔记小说大观

南村辍耕录

[元]陶宗仪 撰　李梦生 校点

上海古籍出版社

本“亲家”条列“宝晋斋研山图”后，“廉使长厚”、“私第延宾”、“句曲山房熟水”三条列“法帖谱系”之后；《四库》本“梵嫂”、“房老”、“官奴”三条，见元本卷七；《四库》本比元本少“卫夫人”一条。元本每条原无标目，今据《四库》本补上，凡底本误字，径行参校补正，不出校记。

目　录

卷六

卷七

卷八

卷九

卷十

卷十一

卷十二

卷十三

卷十四

卷二十二

卷二十三

卷二十四

卷三十

南村辍耕录叙

余友天台陶君九成，避兵三吴间，有田一廛，家于松南。作劳之暇，每以笔墨自随。时时辍耕，休于树阴，抱膝而叹，鼓腹而歌，遇事肯綮，摘叶书之，贮一破盎，去则埋于树根，人莫测焉。如是者十载，遂累盎至十数。一日，尽发其藏，俾门人小子，萃而录之，得凡若干条，合三十卷，题曰《南村辍耕录》。上兼六经百氏之旨，下极稗官小史之谈，昔之所未考，今之所未闻。其采摭之博，侈于《白帖》；研核之精，拟于洪笔。论议抑扬，有伤今慨古之思；铺张盛美，为忠臣孝子之劝。文章制度，不辨而明；疑似根据，可览而悉。盖唐宋以来，专门史学之所未让；虽周室之藏，郯子之对，有不待环辙而后知，又岂抵掌谈笑以求贤于优孟者哉！九成，名宗仪，少工举子业，晚乃弃去，阖户著书，此其一云。至正丙午夏六月，江阴孙作大雅序。

南村辍耕录疏

南村田叟陶君九成，著书三十卷。凡六合之内，朝野之间，天理人事，有关于风化者，皆采而录之，非徒作也。然又能不忘稼穑艰难，盖有取于圣门“馁在其中、禄在其中”之旨，乃名之曰南村辍耕录。朋游间咸欲为之版行，以备太史氏采择，而未有倡首之者。于是僭为疏引，以伸其意。同志之士有观其书者，必皆乐闻而兴起焉。

伏以儿宽带经而钼，名高前史；陶亮既耕还读，教及后昆。顾服田力穑，乃士之常；然著书立言，于世为重。比睹《辍耕》之录，实为载道之文。凡例既明，书法尤备。钩玄提要，匪按图索骥之空言；考古验今，得闭户斫轮之大意。盍亦写诸琬琰，庶可缉于简编。惟镂板乃见全书，在司帑当无难色。同门曰朋，合志曰友，幸怂恿以相成；副墨之子，洛诵之孙，共流传于不朽。学海之波澜无障，研田之稼穑有秋。谨疏。

今月　　日疏　　青溪野史邵亨贞。

卷一

大元宗室世系

- 脱奔咩哩犍妻 阿兰果火太后
  - 博寒葛
  - 博合睹撒里吉
  - 始祖孛端叉儿
    - 八林昔黑剌
    - 秃哈必畜(一子)
      - 咩麻笃敦(七子)
        - 既拏笃儿罕(一子)
          - 海都(三子)
            - 拜住忽儿(二子)
              - 敦必乃(六子) →
              - 直拏斯(今大丑兀兀其子孙也)
            - 察剌罕宁儿(收兄拜住忽儿妻,生一子)
            - 獠忽直兀秃迭葛(今昔即兀剌其子孙也)
        - 某
        - 某
        - 某
        - 某
        - 某
        - 纳真(今兀察兀突,其子孙也)

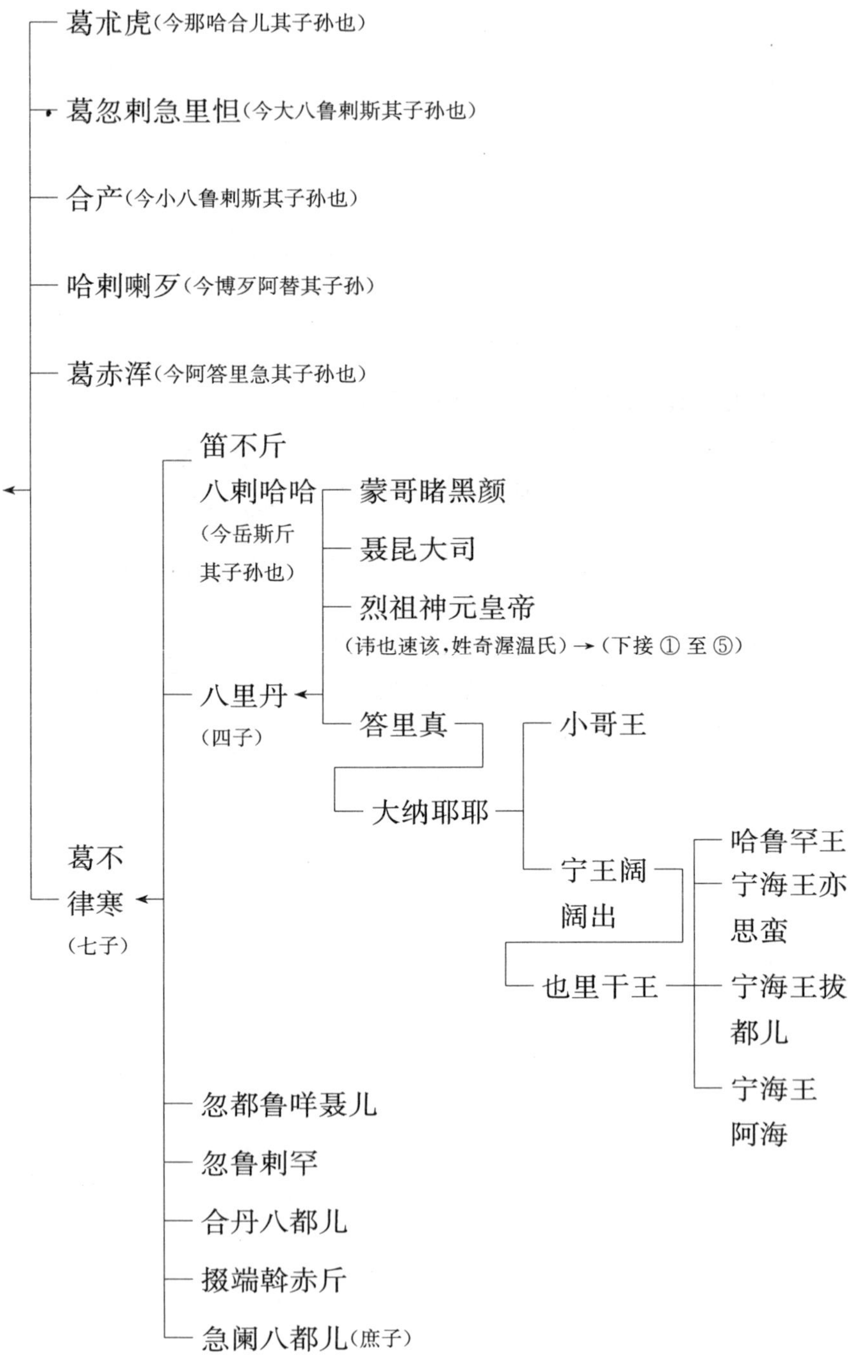
葛朮虎（今那哈合儿其子孙也）
葛忽剌急里怛（今大八鲁剌斯其子孙也）
合产（今小八鲁剌斯其子孙也）
哈剌喇歹（今博歹阿替其子孙）
葛赤浑（今阿答里急其子孙也）
笛不斤
八剌哈哈（今岳斯斤其子孙也）
蒙哥睹黑颜
聂昆大司
烈祖神元皇帝（讳也速该，姓奇渥温氏）→（下接 ① 至 ⑤）
八里丹（四子）
答里真
大纳耶耶
小哥王
宁王阔阔出
也里干王
哈鲁罕王
宁海王亦思蛮
宁海王拔都儿
宁海王阿海
葛不律寒（七子）
忽都鲁咩聂儿
忽鲁剌罕
合丹八都儿
掇端斡赤斤
急阑八都儿（庶子）

太祖皇帝（六子）←①

- 术赤太子
  - 拔都王
  - 撒里答王
  - 忙哥帖木儿王
  - 脱脱蒙哥王
  - 宁肃王脱脱 — 肃王宽彻
  - 伯忽王
  - 月即列王 — 札尼列王
- 察合台太子
  - 也速蒙哥王
  - 合剌旭烈王
    - 阿鲁忽王
    - 八剌王 — 兖王买住韩
    - 威远王阿只吉
      - 威远王忽都帖木儿
      - 赤因帖木儿越王秃剌
    - 帖木儿不花王 — 南答失里王
- 太宗皇帝 →（下接⑥至⑫）
- 睿宗皇帝 →（下接⑬至㉓）
- 兀鲁赤太子
- 果里干太子（即缺别墅）→（下接㉔）

←② 淄王捌只哈撒儿

- 淄川王也苦 — 爱哥阿不干王
- 移相哥王势
  - 都儿王
    - 齐王八不沙
    - 必烈虎王
    - 黄兀儿王
      - 伯木儿王
      - 齐王龙帖木儿
      - 别儿帖木儿王
- 脱忽王

- ← ③ 济王哈赤温济
  - 南王按只吉歹
    - 哈丹王 — 陇王忽剌出
    - 察忽烈王 — 济南王也里只
    - 忽烈虎儿王 — 吴王木喃子
    - 吴王朵列纳 — 济阳王泼皮

- ← ④ 铁木哥斡赤国王（即斡真那颜）
  - 斡端王
    - 阿术鲁王
    - 爱牙哈赤王
  - 只不干王
    - 塔察儿王
      - 寿王乃蛮台
      - 也不干王
      - 兀剌儿吉歹王
      - 奥速海王
      - 察剌海王
      - 孛罗歹王 — 西宁王搠鲁蛮
        - 卯罕王
        - 本伯王
        - 也只王
        - 不只儿王

- ← ⑤ 广宁王别里古台（即孛鲁古歹）
  - 也速不花王 — 广陵王瓜都
    - 帖木儿王
    - 乃颜王 — 脱铁木儿王
  - 口温不花王
    - 灭里吉歹王
      - 潢察王
      - 抹扎儿王
      - 撒里蛮王
      - 阔阔出王 — 定王薛彻干 — 定王察儿台
    - 瓮吉剌歹王
  - 罕秃忽王 — 霍力极王 — 塔出王

← ⑥ 定宗皇帝
- 忽察王
  - 亦儿监藏王
  - 完者也不干王
- 脑忽歹太子
- 禾忽王 — 南平王秃鲁

← ⑦ 阔端太子
- 灭里吉歹王 — 也速不花王
- 蒙哥都王 — 亦怜真王
- 只必帖木儿王
- 帖必烈王
- 曲列鲁王 — 汾阳王别帖木儿 — 荆王也速不干

← ⑧ 曲出太子 — 昔列门太子 — 孛罗赤王
- 靖远王哈歹
- 襄宁王阿鲁灰 — 襄宁王也速不干

← ⑨ 哈剌察儿王 — 脱脱王
- 月别台
- 沙蓝朵儿只

← ⑩ 合昔歹王 — 海都王 — 汝宁王察八儿 — 汝宁王忽剌台

← ⑪ 合丹王
- 睹尔赤王 — 小薛王 — 星吉斑王
- 也不干王 — 陇王火郎撒
- 也迭儿王
- 也孙脱王
- 火你王
  - 咬住王
  - 那海王

← ⑫ 灭里王 — 脱忽王 — 俺都剌王
- 爱牙赤王 — 阳翟王太平
- 阳翟王秃满 — 阳翟王曲春 — 阳翟王帖木儿赤

- ← ⑬ 宪宗皇帝
  - 班秃王
  - 阿速歹王
  - 玉龙答失王
    - 撒里吉王
    - 卫王完泽 — 郯王胤胤秃
  - 河平王昔里吉
    - 兀鲁思不花王
    - 并王晃火帖木儿
      - 嘉王火你忽
      - 答沙亦思的王
  - 辩都

- ← ⑭—忽靓都

- ← ⑮—次三失其名

- ← ⑯世祖皇帝
  - 朵儿只（一作都儿真）
  - 裕宗皇帝
    - 显宗皇帝
      - 梁王松山
      - 泰定皇帝
      - 湘宁王迭里哥儿不花 — 湘宁王八剌失里
    - 顺宗皇帝
      - 魏王阿木哥
        - 脱不花王
        - 蛮子王
        - 西靖王阿鲁
        - 魏王孛鲁帖木儿
        - 唐兀台王
        - 答儿蛮失里王
        - 孛罗王
      - 武宗皇帝
        - 明宗皇帝
          - 今上皇帝 — 皇太子爱猷识理达腊 — 买的里八剌
          - 宁宗皇帝
        - 文宗皇帝
          - 皇太子阿剌忒纳答剌
          - 燕帖古思太子
          - 太平讷太子
        - 仁宗皇帝
          - 英宗皇帝
          - 安王兀都思不花
    - 成宗皇帝 — 皇太子德寿
  - （下接㉕）

← ⑰ 次五失其名

← ⑱ 旭烈兀王
- 阿八哈王 — 阿鲁王
  - 靖远王合赞
  - 康平王哈儿班答 — 豳王出伯 — 豳王喃忽里
- 亦怜真朵儿只王 — 脱脱木儿王 — 某 — 亦怜真八的王

← ⑲ 阿里不哥王
- 威定王玉木忽尔
- 乃剌忽不花王
  - 魏王孛颜帖木儿
  - 完者帖木儿王
  - 冀王孛罗 — 铁木儿脱
  - 定王乐木忽儿 — 某 — 燕大王
- 剌甘失甘王 — 镇宁王那海

← ⑳ 拨绰王 — 薛必列杰儿王 — 楚王牙忽都 — 楚王脱烈铁木儿 — 楚王八都儿
- 燕帖木儿王
- 速哥帖木儿王
- 朵罗不花王

← ㉑ 末哥王 — 昌童王 — 伯帖木儿王 — 永宁王伯颜木儿

← ㉒ 岁都哥王 — 速不歹王
- 荆王脱脱木儿
- 哈鲁孙王 — 荆王也速不坚

← ㉓ 雪别台王 — 某
- 月鲁帖木儿
- 买闾也先

- ←㉔河间王忽察
  - 忽鲁歹王
    - 也不干王 — 八八王
      - 兀脱思帖木儿王
      - 合宾帖木儿王
    - 八八剌王 — 安定王脱欢 — 安定王朵儿只班
    - 伯答罕王

- ↑㉕
  - 安西王忙哥剌
    - 安西王阿难答 — 月鲁帖木儿
    - 秦王按檀不花
  - 北幽王那木罕
  - 云南王忽哥赤 — 营王也先帖木儿
    - 脱欢不花太子
    - 脱鲁太子
  - 爱牙赤王
    - 阿不干王 — 也古的不花王
    - 孛颜帖木儿王
  - 西平王奥鲁赤 — 镇西武靖王也先帖木儿不花
    - 云南王老的罕 — 豫王阿忒纳失里
    - 武靖王搠思班
      - 乞八王
      - 亦只班王
  - 宁王阔阔出
  - 镇南王脱欢
    - 镇南王帖木不花 — 镇南王孛罗不花
    - 威顺王宽彻不花
    - 宣让王帖木儿不花
  - 忽都鲁帖木儿 — 阿不也不干王 — 八鲁朵儿只王

列圣授受正统

始祖讳孛端叉儿。

烈祖神元皇帝讳也速该，姓奇渥温氏。

太祖应天启运圣武皇帝讳铁木真，国语曰成吉思。　宋开禧二年丙寅十二月即位于斡难河，自号可汗。至宋宝庆三年丁亥七月己丑崩于萨里川。在位二十二年，寿六十六。葬起辇谷。

太宗英文皇帝讳窝阔台。　宋绍定二年己丑八月己未即位于忽鲁班雪不只。至宋淳祐元年辛丑十一月崩于胡阑山。在位一十三年，寿五十六。葬起辇谷。　六皇后秃里吉纳临朝称制。皇后乃马真氏。

睿宗仁圣景襄皇帝讳拖雷。　宪宗追谥。

定宗简平皇帝讳贵由。　宋淳祐二年壬寅至乙巳皇后当国，丙午七月归政。即位于答兰答八思。至戊申三月崩于胡眉斜阳吉儿。在位三年，寿四十三。葬起辇谷。皇太后秃里吉纳复治国事。

宪宗桓肃皇帝讳蒙哥。　宋淳祐十一年辛亥六月即位于阔帖兀阿兰。至宋开庆元年己未七月二十七日癸亥崩于钓鱼山。在位九年，寿五十二。

世祖圣德神功文武皇帝讳忽必烈，国语曰薛禅。　宋景定元年庚申四月一日戊辰即位于开平，建元中统。至至元三十一年甲午正月十九日庚午崩于紫檀殿。在位三十五年，寿八十。葬起辇谷。中统四，至元三十一。

裕宗文惠明孝皇帝讳真金。　成宗追谥。

顺宗昭圣衍孝皇帝讳答剌麻八剌。　武宗追谥。

成宗钦明广孝皇帝讳铁木耳，国语曰完者笃。　至元三十一年甲午四月十四日甲午即位于上都，改至元三十二为元贞。至大德十一年丁未正月八日癸酉崩于玉德殿。在位十三年，寿四十二。葬起辇谷。元贞二，大德十一。

武宗仁惠宣孝皇帝讳海山，国语曰曲律。　大德十一年丁未五月十一日甲戌即位于上都，十二月，诏改大德十二为至大。至四年辛亥正月八日庚辰崩于玉德殿。在位四年，寿三十一。葬起辇谷。至大四。

仁宗圣文钦孝皇帝讳爱育黎拔力八达，国语曰普颜笃。　至大四年辛亥三月十八日庚寅即位于大明殿，九月壬子，诏改至大五为皇庆。至延祐七年庚申正月二十一日辛丑崩于光天宫。在位九年，寿三十六。葬起辇谷。皇庆二，延祐七。

英宗睿圣文孝皇帝讳硕德八剌，国语曰革坚。　延祐七年庚申三月十一日庚寅即位，十二月乙巳，诏改延祐八为至治。至三年癸亥八月四日癸亥遇弑，崩于上都途中南坡行幄。在位四年，寿二十一。从葬诸帝陵。至治三。

显宗光圣仁孝皇帝讳甘麻剌。　泰定追谥，今出庙。

泰定皇帝讳也孙帖木儿，原封晋王。　至治三年癸亥九月四日癸巳即位于上都龙居河，十二月丁亥，诏改至治四为泰定。至五年戊辰二月庚申改致和，七月十日庚午崩。文宗追废。在位五年，寿二十六。泰定四，泰定伍，改致和，文宗即位，改天历。

明宗翼献景孝皇帝讳和世剌，国语曰忽都笃。　天历二年己巳正月二十八日丙戌即位于和宁北，八月二日，大驾次王忽察都，六日，暴崩。不改元。在位八月，寿三十。葬起辇谷。

文宗圣明元孝皇帝讳图脱木儿，国语曰扎牙笃。　致和元年戊辰九月十三日壬申即位于大明殿，改元天历，诏让大兄明宗。明年己巳五月，帝发京师北迎。八月二日丙戌，遇于王忽察都。庚寅，明宗暴崩。己亥，复即位于上都。至三年庚午五月戊午改至顺，至三年壬申八月十二日己酉崩。在位五年，寿二十九。葬起辇谷。后至元六年庚辰六月丙申，以帝谋不轨，使明宗饮恨而崩，诏撤其庙主。天历二，至顺三。

宁宗冲圣嗣孝皇帝讳懿璘质班。　至顺三年壬申十月四日庚子即位于大明殿。至十一月十六日壬午崩。不改元。年七岁。葬起辇谷。

今上皇帝御名妥欢帖睦尔。　至顺四年癸酉六月八日己巳即位于上都，十月戊辰，改元元统。至三年乙亥十一月辛丑，改至元，至七年正月一日，改至正。元统二，至元六，至正今二十六年。

氏　族

蒙古七十二种

阿剌剌　　别速歹　　阿儿剌歹　　那颜吉歹

晃忽摊	塔塔歹	末里乞歹	木里乞
别剌歹	札剌儿歹	颜不草歹	伯要歹
曲吕律	永吉列思	那颜乞台	许大歹
塔塔儿	怯烈歹	忽神忙兀歹	木温塔歹
列术歹	也里吉斤	兀鲁兀	阿塔力吉歹
灭里吉歹	哈答吉	秃别歹	瓮吉剌歹
蛮歹	颜不花歹	扎剌只剌	郭儿剌思
亦乞列歹	阿大里吉歹	散儿歹	八鲁剌忽
外抹歹	也可抹合剌	歹列里养赛	脱里别歹
外剌歹	合忒乞歹	兀罗歹	乞要歹
散术兀歹	忽神	扎马儿歹	朵里别歹
别帖里歹	塔一儿	也可林合剌	哈答歹
阿塔里吉歹	阿火里力歹	外抹歹乃	灭里吉
外兀歹	别帖乞乃蛮歹	八鲁忽歹	答答儿歹
捏古歹	忙古歹	撒术歹	术里歹
晃兀摊	察里吉歹	兀罗罗歹	八怜
忙兀歹	兀鲁歹	瓮吉歹	外剌

色目三十一种

哈剌鲁	钦察	唐兀	阿速
秃八	康里	苦里鲁	剌乞歹
赤乞歹	畏吾兀	回回	乃蛮歹
阿儿浑	合鲁歹	火里剌	撒里哥
秃伯歹	雍古歹	蜜赤思	夯力
苦鲁丁	贵赤	匣剌鲁	秃鲁花
哈剌吉答歹	拙儿察歹	秃鲁八歹	火里剌
甘木鲁	彻儿哥	乞失迷儿	

汉人八种

契丹	高丽	女直	竹因歹
术里阔歹	竹温	竹赤歹	渤海女直同

金人姓氏

完颜汉姓曰王	都烈曰强	尼忙古曰鱼	奥屯曰曹
女奚烈曰郎	仆散曰林	温敦曰空	纳剌曰康
温迪罕曰温	乌古论曰商	散答曰骆	斡准曰赵
移剌曰刘	兀颜曰朱	朮虎曰董	吾鲁曰惠
裴满曰麻	石抹曰萧	乞石烈曰高	呵不哈曰田
阿里侃曰何	斡勒曰石	蒲察曰李	古里甲曰汪
徒单曰杜	孛朮鲁曰鲁	阿典曰雷	乌林答曰蔡
颜盏曰张	夹谷曰仝	抹颜曰孟	

平江南

至元十一年甲戌，宋之咸淳十年也，秋七月，世祖命中书右丞相伯颜总制大军取宋。谕之若曰："朕闻曹彬不嗜杀人，一举而定江南。汝其体朕心，法彬事，毋使吾赤子横罹锋刃。"伯颜叩首奉命惟谨。既而混一职方，岂非不嗜杀人之验与？

独松关

明年乙亥春，诸郡望风降败，丞相伯颜遣员外郎石天麟诣阙奏闻。世皇喜，顾谓侍臣曰："朕兵已到江南，宋之君臣必知畏恐，兹若遣使议和，邀索岁币，想无不从者。"遂敕伯颜按兵，乃命礼部尚书廉希贤、侍郎严忠范、计议官宋德秀、秘书丞柴紫芝等，赍奉国书使宋。次建康，希贤等借兵卫送。伯颜曰："方今两军相厄，互有设险，宜令行人先往道意。若便拥兵前进，吾恐别生罅隙，则和议之事必难成矣。"希贤等坚请，乃简阅锐卒五百畀之。至独松关，戍关者宋浙西安抚司参议官张濡也，以为北兵叩关，率众掩击，杀忠范、执希贤。希贤亦病创死。世皇闻之大怒，趣进攻。嗟夫！宋之亡也，非有桀纣之恶，特以始之以拘留使者肇天兵之兴，终之以误杀使者激世皇之怒耳。藉使独松之使不死，宋之存亡未可知，其亦有数也与！

浙 江 潮

明年正月甲申，丞相伯颜驻军皋亭山，宋奉表及国玺以降，遣千户囊加歹等入城慰谕，令居民门首各贴"好投拜"三字。及闻益王、广王如婺州，即命分兵屯守诸门。范文虎安营浙江沙浒。太皇太后望祝曰："海若有灵，当使波涛大作，一洗而空之。"潮汐三日不至，军马晏然。文虎，吕文焕婿，安庆守臣，降于我者。

宋 兴 亡

宋之兴，始于后周恭帝显德七年，恭帝方八岁。及其亡也，终于少帝德祐元年，少帝时四岁，名显，而显德二字，竟与得国时合。周以主幼而失国，宋亦以主幼而失国。周有太后在上，宋亦有太后在上。始终兴亡之数，昭然如此。

万 岁 山

万岁山在大内西北太液池之阳，金人名琼花岛。中统三年修缮之。其山皆以玲珑石叠垒，峰峦隐映，松桧隆郁，秀若天成。引金水河至其后，转机运㪷，汲水至山顶，出石龙口，注方池，伏流至仁智殿后，有石刻蟠龙，昂首喷水仰出，然后东西流入于太液池。山上有广寒殿七间。仁智殿则在山半，为屋三间。山前白玉石桥，长二百尺，直仪天殿后。殿在太液池中之圆坻上，十一楹，正对万岁山。山之东为灵囿，奇兽珍禽在焉。车驾岁巡上都，先宴百官于此。浙省参政赫德尔尝云：向任留守司都事时，闻故老言：国家起朔漠日，塞上有一山，形势雄伟，金人望气者谓此山有王气，非我之利。金人谋欲厌胜之，计无所出。时国已多事，乃求通好入贡。既而曰："它无所冀，愿得某山以镇压我土耳。"众皆鄙笑而许之。金人乃大发卒，凿掘辇运至幽州城北，积累成山，因开挑海子，栽植花木，营构宫殿，以为游幸之所。未几金亡，世皇徙都之。至元四年，兴筑宫城，山适在禁中，遂赐今名云。留守司在宫城西南角楼之南，专掌宫禁工役者。

大军渡河

世皇取江南，大军次黄河，苦乏舟楫。夜梦一老叟曰："陛下欲渡河，当随我来。"引至一所，指曰："此即是已。"帝遂以物标识之。及觉，历历可记。明日，循行河浒，寻梦中所见处，果是。方惊顾间，忽有人进曰："此间水浅，可渡。"时帝征梦中语，因谓曰："汝能先涉否？"其人乃行。大军自后从之，无一不济。帝欲重旌其功，对曰："富与贵悉非所愿，但得自在足矣。"遂封为答剌罕，与五品印，拨三百户以食之。今其子孙尚有存者。此事，杨元诚太史瑀所云。

檄

世皇下江南檄，枚举贾似道无君之罪，宋国臣民其有不诚服者与？其文曰：宅中图大，天开一统之期；自北而南，雷动六师之众。先谓吊民而伐罪，盖将用夏而变夷。欲制江浙以削平，极汝海隅而混一。堪嗟此宋，信任非人。处之师相之尊，委以国柄之重。世济其恶，真凶悖之贾充；谋及乃心，效奸雄之曹操。不学无识，舞术弄权。夸浒黄仅免其身，比河清莫大之绩。承君之宠，如彼之专。贪天之功，确乎不拔。借官爵以总宝货，苛条法以苦贤才。夺土田而无地可耕，变关会而物价溢涌。藉鄙猥者伴食于庙堂，任反侧者失兵于边徼。恬视雷星之召异，罔闻水火之降灾。满朝皆其私人，用将因其重赂。用白札而破世守之法，曲丹笔而容天讨之刑。民心已离而不知，天命将革而未悟。方且贪湖山之乐，聚宝玉之珍。弗顾母死，夺制以贪荣；乃乘君宠，立幼而固位。以己峻功硕德，而自比于周公；欺人寡妇孤儿，反不如于石勒。深怀祸慝，恣肆奸邪。合正两观之诛，可纾百姓之怒。我大元皇帝，聪明智睿，神武慈仁。焚香祝天，誓莫杀而混海宇；振兵略地，随所向而宣皇威。一战乘胜而渡江，诸将列降而献土。厥角稽首，迎我前矛。后实先声，易如破竹。昭然天顺人信之助，成我风行草偃之功。合宇宙以清宁，苏人民而镇抚。恩宽幼主以下，罪止元恶之身。自今檄到，应守令以境土投拜。除大支犒赏外，仍其官职。谨檄。

朝　仪

大元受天命，肇造区夏，列圣相承，至于世皇，至元初，尚未遑兴建宫阙。凡遇称贺，则臣庶皆集帐前，无有尊卑贵贱之辨。执法官厌其喧杂，挥杖击逐之，去而复来者数次。翰林承旨王文忠公磐时兼太常卿，虑将贻笑外国，奏请立朝仪，遂如其言。

科　举

皇庆癸丑冬十一月，诏曰："其以皇庆三年八月，天下郡县，兴其贤者能者，充赋有司。明年二月，会试京师。中选者，朕将亲策焉。"按遗山元公好问所撰《廉访使杨文宪公奂墓碑》云：太宗即位之十年戊戌，开举选，特诏宣德课税使刘公用之试诸道进士。公试东平，两中赋论第一，奏授河南路征收课税所长官，兼廉访使。则国朝科举之设，已肇于此。寥寥七十余年，而普颜笃皇帝克不坠祖宗之令典，尊号曰仁，不亦宜乎？初焉试论赋，盖反宋金余习，后则一以经学为本，非复向时比矣。

江　南　谣

汲郡王公《玉堂嘉话》云：宋未下时，江南谣云："江南若破，百雁来过。"当时莫喻其意。及宋亡，盖知指丞相伯颜也。

白道子

太宗时，诸国来朝者多以冒禁应死。耶律文正王楚材进奏曰："愿无污白道子。"从之。盖国俗尚白，以白为吉故也。

官不致仕

大德七年，诏内外官年及七十并听致仕。时郭守敬，字若思，顺德邢台人，知太史院事，以旧臣，且熟朝廷所施为，独不许其请。至今翰林太史司天官不致仕者，咸自公始。

答剌罕

答剌罕，译言一国之长，得自由之意，非勋戚不与焉。太祖龙飞日，朝廷草创，官制简古，惟左右万户，次及千户而已。丞相顺德忠献王哈剌哈孙之曾祖启昔礼，以英材见遇，擢任千户，锡号答剌罕。至元壬申，世祖录勋臣后，拜王宿卫官袭号答剌罕。

皇族列拜

己丑秋八月，太宗即皇帝位，耶律文正王时为中书令，定册立仪礼。皇族尊长，皆令就班列拜。尊长之有拜礼，盖自此始。

内八府宰相

内八府宰相八员，视二品秩，而不降授宣命，特中书照会之任而已，寄位于翰林之埽邻。埽邻，宫门外院官会集处也。所职视草制，若诏赦之文，则非其掌也。至于院之公事，亦不得与焉。例以国戚与勋贵之子弟充之。

云都赤

国朝有四怯薛太官。怯薛者，分宿卫供奉之士为四番，番三昼夜。凡上之起居饮食，诸服御之政令，怯薛之长皆总焉。中有云都赤，乃侍卫之至亲近者，虽官随朝诸司，亦三日一次，轮流入直。负骨朵于肩，佩环刀于腰，或二人四人，多至八人。时若上御控鹤，则在宫车之前，上御殿廷，则在墀陛之下，盖所以虞奸回也。虽宰辅之日觐清光，然有所奏请，无云都赤在，不敢进。今中书移咨各省，或有须备录奏文事者，内必有云都赤某等，以此之故。余又究骨朵字义，尝记宋景文《笔记》云：关中人以腹大为胍肟，上音孤，下音都。俗因谓杖头大者亦曰胍肟，后讹为骨朵。朵，平声。

大汉

国朝镇殿将军，募选身躯长大异常者充。凡有所请给，名曰大汉衣粮。年过五十，方许出官。

贵由赤

贵由赤者，快行是也。每岁一试之，名曰放走，以脚力便捷者膺上赏，故监临之官齐其名数而约之以绳，使无后先参差之争，然后去绳放行。在大都则自河西务起程，若上都则自泥河儿起程。越三时，走一百八十里，直抵御前，俯伏呼万岁。先至者赐银壹饼，余则缎匹有差。

昔宝赤

昔宝赤，鹰房之执役者。每岁以所养海青获头鹅者，赏黄金壹锭。头鹅，天鹅也。以首得之，又重过三十余斤，且以进御膳，故曰头。

卷二

圣　聪

至元六年二月二十五日，上御玉德殿，命史臣榻前草诏，黜谪太师伯颜。诏文有云："其各领所部，诏书到日，悉还本卫。"上曰："自早至暮，皆一日也，可改日字作时字。"时伯颜以飞放为名，挟持皇太子在柳林，意将犯分。诏既成，遣中书平章只理瓦歹赍至彼处开读，奉皇太子归国，而各枝军马即时散去。盖一字之中，利害系焉。亶聪明，作元后，于此有以见之矣。

隆师重道

文定王沙剌班，今上之师也。为学士时，尝在上左右。一日，体少倦，遂于便殿之侧偃卧，因而就寐。上以藉坐方褥，国语所谓朵儿别真者，亲扶其首而枕之。后尝患疖额上，上于金钵中取佛手膏躬与贴之。上之隆师重道，可谓至矣尽矣。王字敬臣，号山斋，畏吾人。

受佛戒

累朝皇帝，先受佛戒九次，方正大宝。而近侍陪位者，必九人或七人，译语谓之暖答世，此国俗然也。今上之初入戒坛时，见马哈剌佛前有物为供，因问学士沙剌班曰："此何物？"曰："羊心。"上曰："曾闻用人心肝者，有诸？"曰："尝闻之，而未尝目睹，请问剌马。"剌马者，帝师也。上遂命沙剌班传旨问之。答曰："有之。凡人萌歹心害人者，事觉，则以其心肝作供耳。"以此言复奏。上复命问曰："此羊曾害人乎？"帝师无答。

减御膳

国朝日进御膳，例用五羊。而上自即位以来，日减一羊，以岁计之，为数多矣。

圣俭

太府少监阿鲁奏取黄金三两，为御靴刺花用。上曰："不可。"因请易以银而镀金者。上曰："亦不可。金银，首饰也。今民间所用何物?"对曰："用铜。"上曰："可。"右五事，杨太史瑀所言。太史居官时，日侍上，故知其详。

后德

今上皇太子之正位东宫也，设谕德，置端本堂，以处太子讲读。忽一日，帝师来启太子母后曰："向者太子学佛法，顿觉开悟，今乃受孔子之教，恐损太子真性。"母后曰："我虽居于深宫，不知道德。尝闻自古及今，治天下者须用孔子之道，舍此它求，即为异端。佛法虽好，乃余事耳，不可以治天下。安可使太子不读书?"帝师赧服而退。

端本堂

皇太子方在端本堂读书，近侍之尝以飞放从者，辄臂鹰至廊庑间，喧呼驰逐，以惑乱之，将勾引出游为乐。太子授业毕，徐令左右戒之曰："此读书之所，先生长者在前，汝辈安敢亵狎如此? 急引去，毋召责也。"众皆惊惧而退。右二事，乃贡尚书师泰授经宣文阁下日所目见者。至正丙申间，避地云间，每谈朝廷典故，因及此。

征 聘

中书左丞魏国文正公鲁斋许先生衡，中统元年，应召赴都日，道谒文靖公静修刘先生因，谓曰："公一聘而起，毋乃太速乎？"答曰："不如此，则道不行。"至元二十年，征刘先生至，以为赞善大夫，未几，辞去。又召为集贤学士，复以疾辞。或问之，乃曰："不如此，则道不尊。"

治天下匠

中书令耶律文正王楚材，字晋卿，在金为燕京行省员外郎，国亡，归于我朝，从太祖征伐诸国。夏人常八斤者，以治弓见知于上，诧王曰："本朝尚武，而明公欲以文进，不已左乎？"王曰："且治弓尚须弓匠，岂治天下不用治天下匠耶？"上闻之喜，自是用王益密。

以官为氏

中书平章政事廉希宪，字善甫，封恒阳王，谥文正。本畏吾氏。王之父讳布鲁凯，为回鹘王，归朝，官至顺德诸路宣慰使，封魏国公，谥孝懿。拜廉访使之命，时适王生，顾曰："是儿必大吾门。吾闻古者以官受氏，天将以廉氏吾宗乎？吾其从之。"举族承命。

受孔子戒

世祖一日命廉文正王受戒于国师，对曰："臣已受孔子戒。"上曰："汝孔子亦有戒耶？"对曰："为臣当忠，为子当孝，孔门之戒，如是而已。"上喜。

不食死

谢君直先生枋得，号叠山，信州弋阳人。宋景定甲子，江东漕闱校文，发策问“权奸误国，赵氏必亡”，忤贾似道，贬兴国军。三年，遇赦得还。天兵南下，郡城溃，弃家入闽。至元二十三年，御史程文海、承旨留梦炎等交荐，累召不赴。二十六年春正月，福建行省参知政事魏天祐复被诏旨，集守令戍将，迫蹙上道。临行，以诗别常所往来者曰：“雪中松柏愈青青，扶植纲常在此行。天下岂无龚胜洁，人间不独伯夷清。义高便觉生堪舍，礼重方知死甚轻。南八男儿终不屈，皇天上帝眼分明。”夏四月，至京师，不食死，年六十有四。秋八月，子定之奉柩归葬，门人诔而题之曰：“文节先生谢公墓。”嗟乎！伯夷、叔齐，在周虽为顽民，而在商则为义士，孰谓数千载后，有商义士之风者，复见先生焉。

染髭

中书丞相史忠武王天泽，髭髯已白，一朝忽尽黑。世皇见之，惊问曰：“史拔都，汝之髯何乃更黑邪？”对曰：“臣用药染之故也。”上曰：“染之欲何如？”曰：“臣览镜见髭髯白，窃伤年且暮，尽忠于陛下之日短矣，因染之使玄，而报效之心不异畴昔耳。”上大喜。人皆以王捷于奏对，推此一事，则余可知矣。汉人赐名拔都者，惟王与太师张献武王弘范及真定新军张万户兴祖耳。

杀虎张

真定新军张万户兴祖，中山无极人。至元十九年，丞相楚国文定公阿里海涯以中书右丞南取汉郢，公实从，有功，授前职。平生射虎数十。一日遇虎，一发而踣。语人曰：“吾闻生虎之髭剔齿疾，可已风。”因拔之。虎怒，爪靴裂，赖其气息垂尽，不能伤足。由是人目之曰杀虎张。后以国言赐名拔突。拔突，即拔都，都与突，字虽异而声相近，盖译语无正音故也。

御史举荐

姚文公先生燧，为中台监察御史时，忽御史大夫谓曰："我天子以汝贤，故擢居耳目之官，今且岁余，至如兴利除害之事，未尝有片言及之，但惟以荐举为务，何邪？"先生答曰："某所荐者已百有余人，皆经世之才，其在中外，并能上裨圣治，则某之报效亦勤矣，又何待屑屑于兴利除害然后为监察御史之职任乎？"大夫曰："真宰相器也。"叹赏久之。

切谏

太宗素嗜酒，晚年尤甚，日与大臣酣饮。耶律文正王数言之，不听。一日，持酒槽之金口以进，曰："此乃铁耳，为酒所蚀，尚致如此，况人之五脏，有不损邪？"上说，赐以金帛。仍敕左右，日惟进酒三钟而止。夫以王之切谏不已，而上终纳之，可谓君明臣良者矣。

丁祭

内翰王文康公鹗，字百一，开州东明人。国初，自保定应聘北行。时故人马云汉，以宣圣画像为赠。既达北庭，值秋丁，公奏行释奠礼。世祖说，即命举其事。公为祝文，行三献礼。礼毕，进胙于上。上既饮福，熟其胙，命左右均沾所赐。自是春秋二仲，岁以为常。盖上之所以尊师重道者，实公有以启之也。

高学士

国朝儒者，自戊戌选试后，所在不务存恤，往往混为编氓。至于奉一札十行之书，崇学校，奖秀艺，正户籍，免徭役，皆翰林学士高公智耀奏陈之力也。公，河西人，今学校中往往有祠之者。

大黄愈疾

丙戌冬十一月，耶律文正王从太祖下灵武，诸将争掠子女玉帛，王独取书籍数部，大黄两驼而已。既而军中病疫，惟得大黄可愈，所活几万人。吁！廉而不贪，此固清慎者能之，若其先见之明，则有非人之所可及者。

置台宪

御史台，至元五年置，秩从二品。二十一年，升正二品。大德十一年，升从一品。台有大夫一人，后增一人。中丞二人，后又增二人，随复故。侍御史二人，治书侍御史二人，殿中侍御史二人，治朝著之事。典事二人，掌幕府文书之事，后改为都事三人，后又以都事之长蒙古若色目一人为经历。检法二人，后废。管勾三人，其一人兼照磨。监察御史十二人，后增至十六人，皆汉人，又增蒙古色目人，如汉人之数，今三十二人。至元十四年，既取宋，置南行台。二十七年，专莅江南之地，号江南诸道行御史台，秩如内台，而监察御史今二十四人。西行台，初由云南廉访司升行台，大德元年移治陕西，号陕西诸道行御史台，莅陕西、甘肃、四川、云南之地，延祐间暂废，随复其官，秩如南台，而监察御史今二十人。各道提刑按察司，至元六年置，正三品，有使、副使、佥事、察判、经历、知事。二十八年，改肃政廉访司，使、副使、佥事各二人。大司农奏罢各道劝农司，以农事归宪司，增佥事二人，经历、知事、照磨各一人。今天下凡二十二道。始建台时大夫则塔察儿也。

内御史署衔

内监察御史署衔无御史台三字，以为天子耳目之官，非御史大夫以下所可制也。行台则不然。

令史

国朝凡省台院吏曰掾史，独江南行台作令史者，盖缘至元十四年初立行台日，御史大夫授三品秩故也。后虽升一品，而乐因循者不为申明改正。西台立，视南台已升品秩，则曰掾史焉。

臺字

三臺，凡公文所书臺字，并从士从口，不敢作其字头，若然，则伪文也。按许氏《说文》："臺，从至从之从高省。"则土乃之之正书耳，当从土从口为是。

诏西番

累朝皇帝于践祚之始，必布告天下，使咸知之。惟诏西番者，以粉书诏文于青缯，而绣以白绒，网以真珠，至御宝处，则用珊瑚，遣使赍至彼国，张于帝师所居处。

五刑

国初立法以来，有笞、杖、徒、流、死之制。凡七下至五十七下用笞，六十七下至一百七下用杖。徒之法，徒一年，杖六十七。一年半，杖七十七。二年，杖八十七。二年半，杖九十七。三年，杖一百七。此以杖丽徒者也。盐徒既决而又镣之，使居役也。数用七者，建元以前，皆用成数，今匿税者笞五十，犯私盐茶者杖七十，私宰马牛者杖一百，旧法犹有存者。大德中，刑部尚书王约数上言："国朝用刑宽恕，笞杖十减其三，故笞一十减为七。今之杖一百者，宜止九十七，不当反加十也。"议者惮于变更，其事遂寝。流，则南之迁者之北，北之迁者之南。死，则有斩，有凌迟，而无绞。

钱币

世皇尝以钱币问太保刘文贞公秉忠，公曰："钱用于阳，楮用于阴。华夏阳明之区，沙漠幽阴之域。今陛下龙兴朔漠，君临中夏，宜用楮币，俾子孙世守之。若用钱，四海且将不靖。"遂绝不用钱。迨武宗，颇用之，不久辄罢。此虽术数谶纬之学，然验之于今，果如所言。

巴而思

河南江北行中书省参知政事姚忠肃公天福，字君祥，平阳人。至元十一年，拜监察御史，弹击权臣无所顾畏，世祖赐名巴而思，国言虎也。后条奏宰相阿合马罪二十有四，召廷辩，公枚数之，彼辄引服，数至于三，气沮色丧。上曰："此三者，罪已不在宥。"因目公曰："巴而思，臣下有违太祖之制、干朕之纪者，汝抨击毋隐。"廷臣皆震悚。时方倚相理财，姑释不问，众人莫不为公危之。公之太夫人有贤识，勖之曰："为国者忘其家，汝第尽力效忠，果不测，吾追踪陵母，死日犹生年也。"公泣谢，白其长曰："万一得谴，乞不以老母坐连。"语闻，上叹曰："是母子有古义烈。"敕侍臣符宝郎董文忠宣付史馆书之。

善谏

至元二十四年，桑哥之为尚书丞相也，专权擅政，虐焰薰天，贿赂公行，略无畏避。中书平章武宁正献王彻理时为利用监，独奋然数其奸赃于上前。上怒，以为丑诋大臣，命左右批其颊。王辨不为止，且曰："臣思之熟矣，国家置臣子，犹人家畜犬，譬有贼至而犬吠，主人初不见贼，乃箠犬，犬遂不吠，岂良犬哉？"上悟，收桑哥，籍其家。明日，王拜御史中丞。余按《北史·宋游道传》：毕义云奏劾游道，杨遵彦曰："譬之畜狗，本取其吠，今以数吠杀之，恐将来无复吠犬。"诏除名。

则王之以犬自况，为有所本矣。

使交趾

翰林学士元文敏公明善，字复初，清河人。参议中书日，会朝廷遣蒙古大臣一员使交趾，公副之。将还，国之伪主赆以金，蒙古受之，公固辞。伪主曰："彼使臣已受矣，公独何为?"公曰："彼所以受者，安小国之心；我所以不受者，全大国之体。"伪主叹服。

刻名印

今蒙古色目人之为官者多不能执笔花押，例以象牙或木刻而印之。宰辅及近侍官至一品者，得旨，则用玉图书押字，非特赐不敢用。按周广顺二年，平章李谷以病臂辞位，诏令刻名印用。据此，则押字用印之始也。

国玺

文宗开奎章阁，作二玺，一曰天历之宝，一曰奎章阁宝，命臣虞集篆文。今上作二小玺，一曰明仁殿宝，一曰洪禧，命臣杨瑀篆文。洪禧，璞纯白而龟纽墨色。

宣文阁

天历初，建奎章阁于西宫兴圣殿之西廊，为屋三间，高明敞爽。南间以藏物，中间诸官入直所，北间南向设御座，左右列珍玩，命群玉内司掌之。阁官署衔，初名奎章阁，阶正三品，隶东宫属官。后文宗复位，乃升为奎章阁学士院，阶正二品，置大学士五员，并知经筵事；侍书学士二员，承制学士二员，供奉学士二员，并兼经筵官；幕职置参书二员，典签二员，并兼经筵参赞官；照磨一员；内掾四名，内二名兼检讨；宣使四名，知印二名，译史二名，典书四名。属官则有群玉内司，阶正三品，置监群玉内司一员，司尉一员，亚尉二员，佥司二员，典簿一员，令史二名，典吏二名，司钥二名，司膳四名，给使八名，专掌秘玩古物。艺文监，阶正三品，置太监兼检校书籍事二员，少监同检校书籍事二员，监丞参检校书籍事二员，或有兼经筵官者，典簿一员，照磨一员，令史四名，典吏二名，专掌书籍。鉴书博士司，阶正五品，置博士兼经筵参赞官二员，书吏一名，专一鉴辨书画。授经郎，阶正七品，置授经郎兼经筵译文官二员，专一训教怯薛官大臣子孙。艺林库，阶从六品，置提点一员，大使一员，副使一员，司吏二名，库子一名，专一收贮书籍。广成局，阶从七品，置大使一员，副使一员，直长二员，司吏二名，专一印行祖宗圣训及国制等书。特恩创制象齿小牌五十，上书奎章阁三字，一面篆字，一面蒙古字与畏吾儿字，分散各官悬佩，出入宫门无禁。学士院凡与诸司往复，惟札送参书厅行移而已。命侍书学士虞集撰记，御书，刻石阁中。今上即位改奎章曰宣文。其记曰：大统既正，海内定一。乃稽古右文，崇德乐道。以天历二年三月，作奎章之阁，备燕闲之居。将以渊潜遐思，缉熙典学。乃置学士员，俾颂乎祖宗之成训，毋忘乎创业之艰难，而守成之不易也。又俾陈夫内圣外王之道，兴亡得失之故，而以自儆焉。其为阁也，因便殿之西庑，择高明而有容。不加饰乎采斫，不重劳于土木。不过启户牖，以顺清燠；树庋阁，以栖图书而已。至于器玩之陈，非古制作中法度者，不得在列。其为处也，跬步户庭之间，而清严邃密，非有朝会、祠享、时巡之事，几无一日而不御于斯。于是宰辅有所奏请，宥密有所图回，争臣有所绳纠，侍从有所献替，以次入对，从容密勿，盖终日焉。而声色狗马，不轨不物者，无因而至前矣。自古圣明睿知，善于怡心养神，培本浚源，泛应万变而不穷者，未有易乎此者也。盖闻天有恒运，日月之行不息矣；地有恒势，水土之载不匮矣；人君有恒居，则天地民物有所系属而不易矣。居是阁也，静焉而天为一，动焉而天弗违，庶乎有道之福，以保我子孙黎民于无穷哉！至顺辛未孟春二日记。

占　验

傅初庵先生立以占筮起东南。时杭州初内附，世皇以故都之地，生聚浩繁，资力殷盛，得无有再兴者，命占其将来如何。卦既成，对曰："其地六七十年后，会见城市生荆棘，不如今多也。"今杭连厄于火，自至正壬辰以来，又数毁于兵，昔时歌舞之地，悉为草莽之墟，军旅填门，畜豕载道，乃知立之占亦神矣。立乃番阳祝泌甥，泌精皇极数。

权臣擅政

中书右丞相伯颜所署官衔计二百四十六字，曰"元德上辅广忠宣义正节振武佐运功臣、太师、开府仪同三司、秦王、答剌罕、中书右丞相、上柱国、录军国重事、监修国史、兼徽政院侍正、昭功万户府都总使、虎符威武阿速卫亲军都指挥使司达鲁花赤、忠翊侍卫亲军都指挥使、奎章阁大学士、领学士院知经筵事、太史院、宣政院事、也可千户哈必陈千户达鲁花赤、宣忠斡罗思扈卫亲军都指挥使司达鲁花赤、提调回回汉人司天监、群牧监、广惠司、内史府、左都威卫使司事、钦察亲军都指挥使司事、宫相都总管府领太禧宗禋院、兼都典制神御殿事、中政院事、宣镇侍卫亲军都指挥使司达鲁花赤、提调宗人蒙古侍卫亲军都指挥使司事、提调哈剌赤也不干察儿、领隆祥使司事。"当其擅政之日，前后左右，无非阴邪小辈，惟恐献谄进佞之不至，孰能告以忠君爱民之事！有一王爵者驿奏云："薛禅二字，人皆可以为名，自世祖皇帝庙号之后，遂不敢用。今太师伯颜功高德重，可以薛禅名字与之。"时御史大夫帖木儿不花亦其心腹，每阴嗾省臣奏允其请。文定王沙剌班时为学士，从容言于上曰："万一曲从所请，关系非轻。"遂命学士欧阳玄、监丞揭傒斯会议，以"元德上辅"四字代之，加于功臣之上。又典瑞院都事某建言："凡省官提调军马者必佩虎符，今太师伯颜难与他人同，宜锡龙凤牌以宠异之。"制可。遂制龙凤牌一面，其三珠各函径寸真珠一枚，而饰以红剌鸦忽宝石，牌身脱钑元德上辅功臣号字，仍用白玉嵌造。牌成，计直数万锭。既被贬黜，毁其牌，就以珠宝给还物主，盖督勒有司和买原价尚未酬也。又京畿都运纳速剌上言："太师伯颜，功勋盖世，所授宣命，难与百官一体，合用泥金书词以尊荣之。"省台院官议不可行，宛转禀白，止金书"上天眷命皇帝圣旨"八字，余仍墨笔云。

怀　孟　蛙

大德间，仁宗在潜邸日，奉答吉太后驻辇怀孟，特苦群蛙乱喧，终夕无寐，翼旦，太后命近侍传旨谕之曰："吾母子方愦愦，蛙忍恼人耶？自后其毋再鸣。"故至今此地虽有蛙而不作声。后仁宗入京，诛安西王阿难答等，迎武宗即位，时大德十一年也。越四年，而仁宗继登大宝。则知元后者天命攸归，岂行在之所，虽未践祚，而山川鬼神已阴来相之，不然，则虫鱼微物耳，又能听令者乎？但迄今不鸣，尤可异矣。

贼臣摄祭

至治癸亥十月六日甲子，先一夕，因晋邸入继大统，告祭太庙之顷，阴风北来，殿上灯烛皆灭，良久方息。盖摄祭官铁失也先帖木儿、赤斤帖木儿等，皆弑君之元恶也。时全思诚以国子生充斋郎，目击之。此无他，必祖宗威灵在上，不使奸臣贼子得以有事于太庙，而明示严谴之耳。彼徒罪无所逃，至于身诛族赤而后已。吁，可畏哉！

叛党告迁地

至元二十四年，宗王乃颜叛，后伏诛，徙其余党于庆元之定海县。延祐间，倚纳脱脱公来为浙相，其党屡以水土不便为诉，乞迁善地。公曰："汝辈自寻一个不死人的田地，当为汝迁之。"众遂不敢再言。

土人作掾

至元间，别儿怯不花公为江浙丞相，议以本省所辖土人不得为掾史。时左丞佛住公谓曰："若然，则中书掾当用外国人为之矣。"相有赧色，议遂不行。

萧先生

萧贞敏公𣂏，字维斗，京兆人。早岁□吏于府。一日，呈牍尹前，尹偶坠笔，目公拾之，公阳为不解，而止白所议公事。如此者三。公曰："某所言者王事也，拾笔责在皂隶，非吏所任。"尹怒，公即辞退，隐居十五年，惟以读书为志，从公游者，屦交户外。平章咸宁王野仙闻其贤，荐之于世祖。征不至，授陕西儒学提举。继而成宗、武宗、仁宗累征，授国子司业、集贤直学士，未赴。改集贤侍讲，又以太子右谕德征，始至京师。授集贤学士、国子祭酒。寻复得告还山。年七十七，以寿终。谥贞敏。

端厚

文贞王阿怜帖木儿尝言："娄师德唾面自干，以为美事。我思之，虽狗亦不可恶它。且如有一狗自卧于地，无故以足蹴之，或掷以物，狗固不便咬人，亦吠数声而去，却有甚好听处。"

弓字

弓即卷字，《真诰》中谓一卷为一弓。或以为吊字及篇字者，皆非。

卷三

正　统　辨

至正二年壬午春三月十有四日，上御咸宁殿，中书右丞相脱脱等奏命史臣纂修宋、辽、金三史，制曰可。越二年甲申，春三月，进《辽史》本纪三十卷、志三十一卷、表八卷、列传四十六卷。冬十一月，进《金史》本纪一十九卷、志三十九卷、表四卷、列传七十三卷。又明年乙酉，冬十一月，进《宋史》本纪四十七卷、志一百六十二卷、表三十二卷、列传世家二百五十五卷。初，会稽杨维祯尝进《正统辨》，可谓一洗天下纷纭之论，公万世而为心者也。惜三史已成，其言终不见用。后之秉史笔而续《通鉴纲目》者，必以是为本矣。维祯，字廉夫，号铁崖，人咸称之曰铁史先生。泰定丁卯李黼榜相甲及第，以文章名当世。表曰：至正三年五月日，伏睹皇帝诏旨，起大梁张□、京兆杜本等，爵某官职，专修宋、辽、金三史。越明年，史有成书，而正统未有所归。臣维祯谨撰《三史正统辨》，凡二千六百余言，谨表以上者右。伏以历代离合之殊，固系乎天数盛衰之变；万年正闰之统，实出于人心是非之公。盖统正而例可兴，犹纲举而目可备。前代异史，今日兼修，是非之论既明，正闰之统可定。奈三史虽云有作，而一统犹未有归。共惟世祖皇帝，以汤武而立国；皇帝陛下，以尧舜而为君。建极建中，致中和而育物；惟精惟一，大一统以书元。尝怪辽、金史之未成，必列赵宋编而全备。芸台大启，草泽高升。宜开三百载之编年，以垂千万代之大典。岂料诸儒之谦笔，徒为三国之志书。《春秋》之首例未闻，《纲目》之大节不举。臣维祯素读《春秋》之王正月，《公羊》谓大一统之书；再观《纲目》之绍《春秋》，文公有在正统之说。故以始皇二十六年而继周统，高祖成功五年而接秦亡。晋始于平吴而不始于泰和，唐始于灭盗而不始于武德。稽之千古，证之于今。况当世祖命伯颜平江南之时，式应宋祖命曹彬下江南之岁。亲传诏旨，有过唐不及汉之言；确定统宗，有继宋不继辽之禅。故臣维桢敢痛排浮议，力建公言。挈大宋之编年，包辽金之纪载。置之上所，用成一代可鉴之书；传之将来，永示万世不刊之典。冒干天听，深惧冰兢，下情无任瞻天望阙激切屏营之至。辩曰：正统之说，何自而起乎？起于夏后传国，汤武革世，皆出于天命人心之公也。统出于天命人心之公，则三代而下，历数之相仍者，可以妄归于人乎？故正统之义，立于圣人之经，以扶万世之纲常。圣人之经，《春秋》是也。《春秋》，万代之史宗也。首书王正于鲁史之元年者，大一统也。五伯之权，非不强于王也，而《春秋》必黜之，不使奸此统也。吴楚之号，非不窃于王也，而《春秋》必外之，不使僭此统也。然则统之所在，不得以割据之地，强梁之力，僭伪之名而论之也，尚矣。先正论统于汉之后者，不以刘蜀之祚促与其地之偏而夺其统之正者，《春秋》之义也。彼志三国降昭烈以侪吴魏，使汉嗣之正，下与汉贼并称，此《春秋》之罪人矣。复有作《元经》自谓法《春秋》者，而又帝北魏，黜江左，其失与志三国者等耳。以致尊昭烈，续江左两魏之名不正而言不顺者，大正于宋朱氏之《纲目》焉。或问朱氏《纲目》主意，曰在正统，故纲目之挈统者在蜀晋，而抑统者则秦昭襄、唐武氏也。至不得已，以始皇之廿六年而始继周。汉始于高帝之五年而不始于降秦，晋始于平吴而不始于泰和，唐始于群盗既夷之后而不始于降武德之元，又所以法《春秋》之大一统也。然则今日之修宋、辽、金三史者，宜莫严于正统与大一统之辨矣。自我世祖皇帝立国史院，尝命承旨百一王公修辽、金二史矣。宋亡，又命词臣通修三史矣。延祐、天历之间，屡勤诏旨，而三史卒无成书者，岂不以三史正统之议未决乎？夫其议未决者，又岂不以宋渡于南之后，拘于辽、金之抗于北乎？吾尝究契丹之有国矣，自灰牛氏之部落始广。其初，枯骨化形，戴猪服豕，荒唐怪诞，中国之人所不道也。八部之雄，至于阿保机披其党而自尊，迨耶律光而其势浸盛。契丹之号，立于梁贞明之初，大辽之号，复改于汉天福之日。自阿保机讫于天祚，凡九主，历二百一十有五年。夫辽，固唐之边夷也，乘唐之衰，草窃而起，石晋氏通之，且割幽燕以与之，遂得窥衅中夏，而石晋氏不得不亡矣。而议者以辽乘晋统，吾不知其何统也。再考金之有国矣，始于完颜氏，实又臣属于契丹者也。至阿骨打，苟逃性命于道宗之世，遂敢萌人臣之将，而篡有其国，僭称国号于宋重和之元，相传九主，凡历一百一十有七年。而议者又以金之平辽克宋，帝有中原，而谓接辽、宋之统，吾又不知其何统也。议者又谓完颜氏世为君长，保其肃慎，至太祖时，南北为敌国，素非君臣，辽祖神册之际，宋祖未生，辽祖比宋前兴五十余年，而宋尝遣使卑辞以告和，结为兄弟，晚年且辽为翁而宋为孙矣，此又其说之曲而陋也。汉之匈奴，唐之突厥，不皆兴于汉唐之前乎？而汉唐又与之通和矣。吴、魏之于蜀也，亦一时角立而不相统摄者也。而秉史笔者，必以匈奴、突厥为纪传而以汉唐为正统，必以吴、魏为分系而以蜀汉为正统，何也？天理人心之公，阅万世而不可泯者也。议者之论五代，又以朱梁氏为篡逆，不当合为五代史，其说似矣。吾又不知，朱晃之篡，克用氏父子以为仇矣。契丹氏背唐兄弟之约而称臣于梁，非逆党乎？《春秋》诛逆，重诛其党，契丹氏之诛为何如哉？且石敬瑭事唐，不受其命而篡唐，谓之承晋可乎？纵承晋也，谓之统可乎？又谓东汉四主，远兼郭周，宋至兴国四年，始受其降，遂以周为闰，以宋统不为受周禅之正也。吁！苟以五代之统论之，则南唐李昪尝立大唐宗庙而自称为宪宗五代之孙矣。宋于开宝八年灭南唐，则宋统继唐不优于继周继汉乎？但五代皆闰也，吾无取其统。吁！天之历数自有归，代之正闰不可紊，千载历数之统，不必以承先朝续亡主为正，则宋兴不必以膺周之禅接汉接唐之闰为统也。宋不必膺周接汉接唐以为统，则遂谓欧阳子不定五代为南史，为宋膺周禅之张本者，皆非矣。当唐明宗之祝天也，自以夷虏，不任社稷生灵之主，愿天早生圣人，以主生灵，自是天人交感而宋祖生矣。天厌祸乱之极，使之君主中国，非欺孤弱寡之所致也。朱氏《纲目》于五代之年，皆细注于岁之下，其余意固有待于宋矣。有待于宋，则直以宋接唐统之正矣，而又何计其受周禅与否乎？中遭阳九之厄，而天犹不泯其社稷，瓜瓞之系，在江之南，子孙享国又凡百五十有五年。金泰和之议，以靖康为游魂余魄，比之昭烈在蜀，则泰和之议，固知宋有遗统在江之左矣，而金欲承其绝为得统，可乎？好党君子，遂斥绍兴为伪宋，吁，吾不忍道矣！张邦昌迎康邸之书曰："由康邸之旧藩，嗣宋朝之大统。汉家之厄十世，而光武中兴；献公之子九人，而重耳尚在。兹惟天意，夫岂人谋。"是书也，邦昌肯以靖康之后为游魂余魄而代有其国乎？邦昌不得革宋，则金不得以承宋。是则后宋之与前宋，即东汉、前汉之比耳，又非刘蜀牛晋，族属疏远，马牛疑迷者之可以同日语也。论正闰者，犹以正统在蜀，正朔相仍在江东。矧嗣祚亲切，比诸光武、重耳者乎？而又可以伪斥之乎？此宜不得以南渡为南史也明矣。再考宋祖生于丁亥，而建国于庚申，我太祖之降年，与建国之年亦同。宋以甲戌渡江，而平江南于乙亥丙子之年，而我王师渡江平江南之年亦同。是天数之有符者不偶然，天意之有属者不苟然矣。故我世祖平宋之时，有过唐不及汉，宋统当绝，我统当续之喻。是世祖以历数之正统归之于宋，而以今日接宋统之正者自属也。当时一二大臣又有奏言曰：其国可灭，其史不可灭也。是又以编年之统在宋矣。论而至此，则中华之统，正而大者，不在辽、金，而在于天付生灵之主也昭昭矣。然则论我元之大一统者，当在平宋，而不在平辽与金之日，又可推矣。夫何今之君子，昧于《春秋》大一统之旨，而急于我元开国之年，遂欲接辽以为统。至于咈天数之符，悖世祖君臣之喻，逆万世是非之公论而不恤也。吁！不以天数之正，华统之大，属之我元，承乎有宋，如宋之承唐，唐之承隋、承晋、承汉也，而妄分闰代之承，欲以荒夷非统之统属之我元，吾又不知今之君子待今日为何时，待今圣人为何君也哉！於乎！《春秋》大统之义，吾已悉之，请复以成周之大统明之于今日也。文王在诸侯凡五十年，至三分天下有其二，遂诞膺天命，以抚方夏，然犹九年而大统未集，必至武王十有三年，代商有天下，商命始革，而大统始集焉。盖革命之事，间不容发，一日之命未绝，则一日之统未集，当日之命绝，则当日之统集也。宋命一日而未革，则我元之大统亦一日而未集也。成周不急文王五十年、武王十三年，而集天下之大统，则我元又岂急于太祖开国五十年及世祖十有七年，而集天下之大统哉！抑又论之，道统者，治统之所在也。尧以是传之舜，舜以是传之禹、汤。禹、汤传之文、武、周公、孔子。孔子没，几不得其传百有余年，而孟子传焉。孟子没，又几不得其传千有余年，而濂、洛、周、程诸子传焉。及乎中立杨氏，而吾道南矣，既而宋亦南渡矣。杨氏之传，为豫章罗氏、延平李氏，及于新安朱子。朱子没，而其传及于我朝许文正公。此历代道统之源委也。然则道统不在辽、金而在宋，在宋而后及于我朝，君子可以观治统之所在矣。於乎！世隔而后其议公，事久而后其论定。故前代之史，必修于异代之君子，以其议公而论定也。晋史修于唐，唐史修于宋，则宋史之修宜在今日而无让矣。而今日之君子，又不以议公论定者自任，而又诿曰付公论于后之儒者，吾又不知后之儒者又何儒也，此则予为今日君子之痛惜也。今日堂堂大国，林林巨儒，议事为律，吐辞为经，而正统大笔，不自竖立，又阙之以遗将来，不以贻千载纲目君子之笑为厚耻，吾又不知负儒名于我元者，何施眉目以诵孔子之遗经乎？洪惟我圣天子当朝廷清明四方无虞之日，与贤宰臣观览经史，有志于圣人《春秋》之经制，故断然定修三史，以继祖宗未遂之意，甚盛典也。知其事大任重，以在馆之诸贤为未足，而又遣使草野，以聘天下之良史才，负其任以往者有其人矣。而问之以《春秋》之大法，纲目之主意，则概乎其无以为言也。於乎！司马迁易编年为纪传，破《春秋》之大法，唐儒萧茂挺能议之。孰谓林林巨儒之中，而无一萧茂挺其人乎？此草野有识之士之所甚惜而不能倡其言于上也。故私著其说，为《宋辽金正统辩》，以伺千载纲目之君子云。若其推子午卯酉及五运之王以分正闰之说者，此日家小技之论，君子不取也，吾无以为论。

贞　　烈

至元十三年丙子春正月十八日，淮安王伯颜以中书右相统兵入杭，宋谢、全两后以下皆赴北。有王昭仪者，题《满江红》词于驿云："太液芙蓉，浑不似旧时颜色。曾记得、春风雨露，玉楼金阙。名播兰簪妃后里，晕潮莲脸君王侧。忽一朝鼙鼓揭天来，繁华歇。　龙虎散，风云灭。千古恨，凭谁说。对山河百二，泪沾襟血。驿馆夜惊尘土梦，宫车晓碾关山月。愿嫦娥相顾肯从容，随圆缺。"昭仪名清蕙，字冲华，后为女道士。五月二日，抵上都，朝见世皇。十二日夜，故宋宫人安定夫人陈氏、安康夫人朱氏与二小姬，沐浴整衣焚香，自缢死。朱夫人遗四言一篇于衣中云："既不辱国，幸免辱身。世食宋禄，羞为北臣。妾辈之死，守于一贞。忠臣孝子，期以自新。丙子五月吉日，泣血书。"明日奏闻，上命断其首悬全后寓所。夫此四人之贞烈，视前日之托隐忧于辞章者，相去盖万万矣。是年，丞相偏师徇台。台之临海民妇王氏者，美姿容，被掠至师中。千夫长杀其舅姑与夫，而欲私之，妇誓死不可。自念且被污，因阳曰："能俾我为舅姑与夫服期月，乃可事君。"千夫见其不难于死，从所请，仍使俘妇杂守之。师还，挈行至嵊，过上清风岭，妇仰天窃叹曰："吾知所以死矣。"即啮拇指出血，写口占诗于崖石上曰："君王无道妾当灾，弃女抛男逐马来。夫面不知何日见，此身料得几时回。两行清泪偷频滴，一片愁眉锁未开。回首故山看渐远，存亡两字实哀哉。"写毕，即投崖下以死。死之日，距今且将八九十年，石上血偾起如始写时，不为风雨所剥蚀。予昔过其下，尚能读所写诗。嵊丞徐君端树石祠，刻碑于死所。浙东元帅白野泰不华公字兼善，状元及第，守越日，为立庙像。乡之人私表曰贞妇，著作李五峰先生孝光为记。郡上其事于朝，请封如民所表。先是，岳州破时，韩氏为游卒所掠，以献诸主将。韩知必不免，乘间赴水死。越三日，有得其尸，于练裙中题五言长句曰："宋未有天下，坚正臣礼秉。开国百战功，每阵惟雄整。及侍周幼主，臣心常炯炯。帝曰卿北伐，山戎今有警。死狗莫击尾，此行当系颈。即日辞陛行，尽敌心欲逞。陈桥忽兵变，不得守箕颍。禅让法尧舜，民物普安静。有国三百年，仁义道驰骋。未改祖宗法，天胡肆大眚。细思天地理，中有幸不幸。天果丧中原，大似裂冠衽。君诚不独活，臣实无魏丙。失人焉得人，垂戒当耿耿。江南无谢安，塞北有王猛。所以戎马来，飞渡巴陵境。大江限南北，今此一舴艋。本期固封疆，谁谓如画饼。烈火燎昆冈，不辨金玉矿。妾本良家子，性僻守孤梗。嫁与尚书儿，衔署紫兰省。直以才德合，不弃宿瘤瘿。初结合欢带，誓比日月昺。鸳鸯会双飞，比目愿常并。岂期金石坚，化作桑榆景。旄头势正然，蚩尤气先屏。不意风马牛，复及此燕郢。一方遭劫虏，六族死俄顷。退鹢落迅风，孤鸾吊空影。簪坚折白玉，瓶沉断青绠。一死空冥府，忧心长炳炳。意坚志不移，改邑不改井。我本瑚琏器，安肯作溺皿。志节匪转石，气噎如吞鲠。不作爝火然，愿为死灰冷。贪生念曲蛾，乞怜羞虎阱。借此清江水，葬我全首领。皇天如有知，定作血面请。愿魂化精卫，填海使成岭。”此诗士大夫多称道之。韩名希孟，年十有八，魏公五世孙襄阳贾尚书之子琼之妇。死且三十余年，而其英爽不昧，复能托梦赵魏公，为书其诗，则节妇之名，因公之翰墨而愈不朽矣。又岳州徐君宝妻某氏，亦同时被虏来杭，居韩蕲王府。自岳至杭，相从数千里，其主者数欲犯之，而终以巧计脱。盖某氏有令姿，主者弗忍杀之也。一日，主者怒甚，将即强焉。因告曰："俟妾祭谢先夫，然后乃为君妇不迟也，君奚用怒哉?"主者喜诺，即严妆焚香，再拜默祝，南向饮泣，题《满庭芳》词一阕于壁上，已，投大池中以死。词曰："汉上繁华，江南人物，尚遗宣政风流。绿窗朱户，十里烂银钩。一旦刀兵齐举，旌旗拥、百万貔貅。长驱入，歌楼舞榭，风卷落花愁。　清平三百载，典章文物，扫地俱休。幸此身未北，犹客南州。破鉴徐郎何在，空惆怅、相见无由。从今后，断魂千里，夜夜岳阳楼。”杭徐子祥与韩府居相邻，尝闻长老嗟悼之，及见所书词，故能言其详。某氏，余偶忘其姓。噫！使宋之公卿将相贞守一节若此数妇者，则岂有卖降覆国之祸哉，宜乎秦、贾之徒为万世之罪人也。

岳鄂王

岳武穆王飞墓，在杭栖霞岭下，王之子云祔焉。自国初以来，坟渐倾圮。江州岳氏讳士迪者，于王为六世孙，与宜兴州岳氏通谱，合力以起废，庙与寺复完美。久之，王之诸孙有为僧者，居坟之西，为其废坏，庙与寺靡有孑遗，天台僧可观以诉于官。时何君颐贞为湖州推官，柯君敬仲九思以书白其事，田之没于人者复归，然庙与寺无寸椽片瓦。会李君全初为杭总管府经历，慨然以兴废为己任，而郑君明德元祐为作疏语曰："西湖北山褒忠演福禅寺，窃见故宋赠太师武穆岳鄂王，忠孝绝人，功名盖世。方略如霍骠姚，不逢汉武，徒结志于忘家;意气如祖豫州,乃遇晋元,空誓言于击楫。赐墓田栖霞岭下,建祀祠秋水观西。落日鼓钟,长为声冤于草木;空山香火,犹将荐爽于渊泉。岂期破荡子孙,尽坏久长规制。典祊田,堕佛宇,春秋无所烝尝;塞墓道,毁神栖,风雨遂颓庙貌。休留夜啼拱木,踯躅春开断垣。泪落路人,事关世教。盖忠臣烈士,每诏条有致祭之文;岂狂子野僧,搀国典出募缘之疏。望明有司告之台省,冀圣天子锡之珪璋。褒忠义在天之灵,激死生为臣之劝。周武封比干墓,事著遗经;唐宗建白起祠,恩覃异代。"疏成,郡人王华父一力兴建,于是寺与庙又复完美。且杭州路申明浙省,转咨中书,以求褒赠。适赵公子期在礼部,倡议奏闻,降命敕封并如宋,止加"保义"二字。自我元统一函夏以来,名人佳士,多有诗吊之,不下数十百篇。其最脍炙人口者,如叶靖逸先生绍翁云:"万古知心只老天,英雄堪恨亦堪怜。如公少缓须臾死,此虏安能八十年。漠漠凝尘空偃月,堂堂遗像在凌烟。早知埋骨西湖路,悔不鸱夷理钓船。"赵魏公孟頫云:"岳王坟上草离离,秋日荒凉石兽危。南渡君臣轻社稷,中原父老望旌旗。英雄已死嗟何及,天下中分遂不支。莫向西湖歌此曲,水光山色不胜悲。"高则诚先生明云:"莫向中州叹黍离,英雄生死系安危。内廷不下班师诏,绝漠全收大将旗。父子一门甘伏节,山河万里竟分支。孤臣尚有埋身地,二帝游魂更可悲。"潘子素先生纯云:"海门寒日澹无辉,偃月堂深昼漏迟。万灶貔貅江上老,两宫环珮梦中归。内园羯鼓催花发,小殿珠帘看雪飞。不道帐前胡旋舞,有人行酒著青衣。"林清源先生泉生云:"谁收将骨葬西湖,已卜他年必沼吴。孤冢有人来下马,六陵无树可栖乌。庙堂短计惭嫠妇,宇宙惟公是丈夫。往事重观如败局,一龛灯火属浮屠。"读此数诗而不堕泪者几希。然贼桧欺君卖国,虽擢发不足以数其罪,翻四海之波不足以湔其恶,而武穆之精忠,霭然与天地相终始,死犹生也。彼思陵者,信任奸邪,竟无父兄之念,亦独何心哉!故余亦有诗云:"精忠祠宇西湖上,再拜荒坟感昔游。断碣草深蒙赑屃,空山日落叫钩辀。天移宋祚难恢复,帝幸燕云困虏囚。逆桧阴图倾大业,昭陵无意问神州。偷安甫遂邦家志,饮痛甘忘父母仇。信使北和怜屈膝,策文南驻忍含羞。两宫五国瞻征帜,丹诏班师下节楼。万里长城真自坏，中兴武绩遂云休。乌乎竟死奸邪手，颠沛谁为社稷忧。黯黯冤魂游狴犴，纷纷雨泪泣貔貅。唯余满地苌弘血，不见中流祖逖舟。氛祲已尘金匼匝，冕旒终换铁兜鍪。姓名竹帛书千载，父子英雄土一丘。老树尚知朝禹穴，遗黎总解说王猷。复田起废怜僧寺，移檄褒嘉赖省侯。圣世即今崇祀典，伫看宠渥到松楸。”精忠，宋所赐庙额，此诗在未曾加封前作，故云。时至正己丑也。

木乃伊

回回田地有年七八十岁老人，自愿舍身济众者，绝不饮食，惟澡身啖蜜，经月，便溺皆蜜，既死，国人殓以石棺，仍满用蜜浸，镌志岁月于棺盖，瘗之，俟百年启封，则蜜剂也。凡人损折肢体，食匕许，立愈。虽彼中亦不多得。俗曰蜜人，番言木乃伊。

卷四

发宋陵寝

吴兴王筠庵先生国器，示余所藏《唐义士传》，读之不觉令人泣下，谨录之。传曰：辛亥秋，友人端叟倪君过余溪上，示《游杭杂藁》，中有识唐玉潜事一篇。余读大惊，顿足起立曰："异哉，今世乃有此人，有此事！愿详告我。"叟乃言曰：唐君名珏，字玉潜，会稽山阴人。家贫，聚徒授经，营滫瀡以养其母。岁戊寅，有总江南浮屠者杨琏真珈，怙恩横肆，势焰烁人，穷骄极淫，不可具状。十二月十有二日，帅徒役顿萧山，发赵氏诸陵寝，至断残支体，攫珠襦玉柙，焚其胔，弃骨草莽间。唐时年三十二岁，闻之痛愤，亟货家具，得白金百星许，执券行贷，得白金又百星许，乃具酒醪，市羊豕，邀里中少年若干辈，狎坐轰饮。酒且酣，少年起请曰："君儒者，若是将何为焉？"唐惨然具以告，愿收遗骸共瘗之。众谢曰："诺。"中一少年曰："发丘中郎将，眈眈饿虎，事露奈何？"唐曰："余固筹矣。今四郊多暴骨，取窜以易，谁复知之？"乃斫文木为匮，复黄绢为囊，各署其表曰某陵某陵，分委而散遣之，莼地以藏，为文而告。诘旦，事讫，来集，出白金羡余酬，戒勿泄。越七日，总浮屠下令裒陵骨，杂置牛马枯骼中，筑一塔压之，名曰镇南。杭民悲戚不忍仰视，了不知陵骨之犹存也。祸淫不爽，流传京师，上达四聪，天怒赫赫，飞风雷号令，捽首祸者北焉，山阴人始有籍籍传唐事者。由是唐之义风，震动吴越，声生势长，若胥江掀八月之涛。名虽高，困固自若。明年己卯后上元两日，唐出观灯归，忽坐殒，息奄奄，若将绝者。良久始苏，曰："吾见黄衣吏持文书来告曰：'王召君。'导我往，观阙巍峨，宫宇靓丽，殆非人间。有一冕旒坐殿上，数黄衣贵人逡巡降揖曰：'籍君掩骸，其有以报。'唐乃升谒，造王前。王谓曰：'汝受命窭且贫，兼无妻若子，今忠义动天，帝命锡汝伉俪子三人，田三顷。'拜谢，降出，遂觉，罔不知其何也。"逾时，越有治中袁俊斋至，始下车，为子求师。有以唐荐者，一见，置宾馆。一日，问曰："吾渡江，闻有唐氏瘗宋诸陵骨，子岂其宗耶?"左右指君曰："此是已。"袁大骇，拱手曰："君此举，豫让不能抗也。"曳之坐，北面而纳拜焉。礼敬特加，情款益笃。叩知家徒四壁，恻然嗟矜，语左右曰："唐先生家甚寒，吾当料理，使有妻有田以给。"左右逢迎，爰诹爰度，不数月，二事俱惬，聘妇偶故国之公女，负郭食故国之公田，所费一一自袁出。人固奇唐之节，而又奇唐之遇，两高之，曰："二公真义士。"义士尔后获三丈夫子，鼎立颀颀。凡梦中神所许，稽其数，无一不合，咄咄怪事乃如此。唐葬骨后，又于宋常朝殿掘冬青树，植于所函土堆上，作《冬青行》二首曰："马棰问髑形，南面欲起语。野麇尚纯束，何物敢盗取。余花拾飘荡，白日哀后土。六合忽怪事，蜕龙挂茅宇。老天鉴区区，千载护风雨。"又曰："冬青花，不可折，南风吹凉积香雪。遥遥翠盖万年枝，上有凤巢下龙穴。君不见，犬之年，羊之月，霹雳一声天地裂。"复有《梦中诗》四首曰："珠亡忽震蛟龙睡，轩弊宁忘犬马情。亲拾寒琼出幽草，四山风雨鬼神惊。""一坏自筑珠丘土，双匣亲传竺国经。只有春风知此意，年年杜宇哭冬青。""昭陵玉匣走天涯，金粟堆寒起暮鸦。水到兰亭转呜咽，不知真帖落谁家。""珠凫玉雁又成埃，班竹临江首重回。犹忆年时寒食节，天家一骑奉香来。"余客钱塘久，熟悉其事，唐至今无恙。灵卿既具闻始末，谓端叟曰："江左运穷，天水源涸，宋之亡，非有商辛流毒，为白旄黄钺之招也。直以千载河清，六合势一，木火运移，衣冠道尽，卧榻侧难容它人鼾睡耳。圣朝量包覆焘，恩完獝狘，煦育亡国遗胤，坦无惊猜，何物异端，无忌惮敢尔！至今言之，可为痛哭已。抑吾不能无慨，异时会稽近畿，世家林立，虽蓬莱清浅，陵岸变迁，岂无一二慷慨仅存者，卓哉斯举，乃出闾里一寒士，何欤？岂所养非所用，而民彝物则，独具于势卑位下者之资禀与?"余又怪世之言命者，穷通祸福，罔不在厥初生，一成而不可变。今忠义所感，定命靡常，六极转移，易若反掌。乃知元命自作，多福自求，枢机由人，虽天有所不能制，圣言岂欺我哉！一介行通神明，捷于景响，况力又有大者，其积弥厚，其泽当弥长，又可以概量乎哉！吾谓赵氏昔者家已破，程婴、公孙杵臼强育其真孤。今者国已亡，唐君玉潜匮藏其真骨。两雄力当，无能优劣。以其系人伦，关世教，有足多尚，援笔以纪，待编野史者采焉。此云溪罗先生有开所撰也。先生德兴人。董石林吉翁题其后曰："释焰熏天，墨毒残骨，不啻鞭尸刖骸之惨。势张威慑，孰撄其锋？儒流唐进士，念世籍阳和生育，雨露涵濡之恩，忠愤激发，毁室捐资，仗义集俦，潜遗骼于暴露之后，拔游魂于兽髑之中，身首免异处，支体脱烈炎，视漆身陨钺者尽在下风。精诚动天，奇节震世。锡佳丽偶，送麒麟儿，阳施阴报，捷若景响，善者劝矣。"詹厚斋载道复题曰："尝疑武王伐商剑钺斩击事，窃意王者之师，未必尔也。纣死矣，既击之，又断其首挂大白，不已甚乎？当时举天下无非之者，而西山饿夫独非之。昌黎颂之曰：若伯夷者，特立独行，穷天地，亘万古而不顾者也。会稽诸陵，非有商辛之虐，不幸而遭樊祟，当时曾无一人动孟阳之哀者，呜呼痛哉！唐生，一寒士耳，其势位非如孤竹君之子，徒以故国遗黎，不忍视其上之人之祸之惨，愤激于中，毁家取义，为人所不敢为于不可为之时，深谋秘计，全而归之。智名勇功，足以惊世绝俗，视伯夷固未易同日语，而一念之烈，行之而不顾，岂非韩子所谓千百年乃一人者与？余读罗君所为传，为之掩卷泣下。呜呼，尚忍言哉！天地惟一感应之理，有感必应，其得报固其理耳。不然，天者有时而难必，神者有时而难明，善者怠矣。厥后越有新治中来，闻其事，义其人，下车首物色得之，亟拜亟为礼，罗而致之馆下，又从而振德之。唐固义士，治中亦伟人，皆出秉彝好德之真。微唐君不能成治中之义，微治中不能著唐君之忠，是大有功于人伦世教者也，此传之所以不可不作也。皇庆二年夏五月题。"及见遂昌郑明德先生元祐所书《林义士事迹》云：宋太学生林德阳，字景曦，号霁山。当杨总统发掘诸陵寝时，林故为杭丐者，背竹箩，手持竹夹，遇物即以夹投箩中。林铸银作两许小牌百十，系腰间，取贿西番僧曰："余不敢，望收其骨，得高家孝家斯足矣。"番僧左右之，果得高、孝两朝骨，为两函贮之，归葬于东嘉。其诗有《梦中作》十首，其一绝曰："一坏未筑珠宫土，双匣亲传竺国经。只有东风知此意，年年杜宇哭冬青。"又曰："空山急雨洗岩花，金粟堆寒起暮鸦。水到兰亭更呜咽，不知真帖落谁家。”又曰：“乔山弓剑未成灰，玉匣珠襦一夜开。犹记去年寒食日，天家一骑捧香来。”余七首，犹凄怨，则忘之。葬后，林于宋常朝殿掘冬青一株，植于所函土堆上，又有《冬青花》一首曰：“冬青花，冬青花，花时一日肠九折。隔江风雨清影空，五月深山落微雪。石根云气龙所藏，寻常蝼蚁不敢穴。移来此种非人间，曾识万年觞底月。蜀魂飞绕百鸟臣，夜半一声山竹裂。”又一首有曰：“君不记，羊之年，马之月，霹雳一声山石裂。”闻其事甚异，不欲书。若林霁山者，其亦可谓义士也已。此五诗，与前所录语句微不同，诗中有双匣字，则是收两陵骨之意。得非林义士诗，而罗云溪以传者之误而写入传中乎？但曰移宋常朝殿冬青，植所函土上而作《冬青诗》，吾意会稽去杭，止隔一水，或者可以致之。若夫东嘉，相望千余里，岂能容易持去，纵持去，又岂能不枯瘁。作如此想，则又疑是唐义士诗。且葬骨一事，岂唐方起谋时，林已先得高、孝两陵骨耶？抑得唐所易之骨耶？盖各行其所志，不相知会，理固有之。载考之齐人周草窗先生密《癸辛杂识》所记云：至元二十二年乙酉八月，杨髡发陵之事，起于天长寺福僧闻号西山者，成于演福寺剡僧泽号云梦者。初，天长乃魏宪靖王坟寺，闻欲媚杨髡，遂献其寺。旋又发魏王冢，多得金玉，以此起发陵之想。泽一力赞成之，俾泰宁寺僧宗恺、宗允等，诈称杨侍郎、汪安抚侵占寺地为名告词，出给文书，将带河西僧及凶党如沈照磨之徒，部领人夫发掘。时有中官陵使罗铣者，守陵不去，与之极力争执，为泽痛棰，胁之以刃，令人逐去，大哭而出。遂先启宁宗、理宗、度宗、杨后四陵，劫取宝玉极多。惟理宗之陵，所藏尤多，启棺之初，有白气亘天，盖宝气也。理宗之尸如生，其下皆藉以锦，锦之下，承以竹丝细簟，一小厮攫取，掷地有声，乃金丝所成。或对云：“含珠有夜明者。”乃倒悬其尸树间，沥取水银，如此三日，竟失其首。或谓西番僧回回，其俗以得帝王髑髅，可以厌胜致富，故盗去耳。事竟，罗陵使买棺制衣收敛，大恸垂绝，邻里为之感泣。是夕，闻西山皆有哭声，凡昼夜不绝。至十一月，复发徽、钦、高、孝、光五帝陵，孟、韦、吴、谢四后陵。初，钦、徽葬五国城，数遣使祈请于金人，欲归梓宫，凡六七年，而后许以梓宫还行在。高宗亲至临平奉迎，易缌服，寓于龙德别宫，一时朝野以为大事。诸公论功受赏，费于官帑者不赀。先是，选人杨炜贻书执政，乞奏闻，命大臣取神榇之最下者斫而视之。既而礼官请用安陵故事，梓宫入境，即承之以椁，仍纳衮冕翚衣于椁中，不改敛。从之。至此，被发掘。钦、徽二陵皆空无一物，徽陵有朽木一段，钦陵有木灯檠一枚而已。盖当时已料其真伪不可知，不欲逆诈，亦以慰一时之人心耳。而二帝遗骸，浮沉沙漠，初未尝还也。高宗陵，骨发尽化，略无寸余，止锡器数件，端砚一只，砚为泽所得。孝陵亦蜕化无余，止顶骨小片，内有玉炉瓶一副，古铜鬲一只，亦为泽所得。昔闻有道之士能蜕骨而仙，未闻并骨蜕者，真天人也。若光宁与诸后，俨然如生，罗陵使亦如前棺敛，后悉从火化。可谓忠且义矣，当与张承业同传。陵中金钱以万计，皆为尸气所蚀，如铜铁状，以故诸凶弃而不取，往往为村氓所得。间有得猫睛异宝者。一村翁于孟后陵得一髻，其发长六尺余，其色绀碧，髻根有短金钗，遂取以归，以其帝后遗物，庋置佛堂中，奉事之，自此家道寖丰。凡得金钱之家，非病即死。翁恐甚，亟送龙洞中，而此翁今成富家矣。方移理宗尸时，泽在傍，以足蹴其首，以示无惧。随觉奇痛一点，起于足心，自此苦足疾数年，以致溃烂双股，堕落十指而亡。闻既得志，且富不义之财，复倚杨髡势，豪夺乡人产业，后为乡夫二十人伺道间，屠而脔之，罪不加众，各不过受杖而已。其恺与杨髡分赃不平，已受杖死，尚有允在。据此说，则云溪所传，岁月绝不同。盖尝论之，至元丙子，天兵下江南，至乙酉，将十载，版图必已定，法制必已明，安得有此事？然戊寅距丙子不三年，窃恐此时庶事草创，而妖髡得以肆其恶与？妖髡就戮，群凶接踵陨于非命，天之所以祸淫者亦严矣。但云高宗陵骨发尽化，孝宗陵顶骨小片，不知唐义士所易者何骨也，林义士所收者又何骨也。惜余生晚，不及识宋季以来老儒先生，以就正其是非，姑以待熟两朝典故之人问焉。

相术

国初有李国用者自北来杭，能望气占休咎，能相人。其人崖岸倨傲，而时贵咸敬之。谢后诸孙字退乐者，设早馔延致，至即据中位，省幕官皆坐下坐，不得其一言以及祸福。时赵文敏公谓之七司户，与谢姻戚，屈来同饭。文敏公风疮满面，李遥见，即起迎，谓坐客曰："我过江仅见此人耳。疮愈即面君。公辈记取，异日官至一品，名闻四海。"方襄阳未破时，世皇命其即军中望气。行逾三两舍，遄还，奏曰："臣见卒伍中往往有台辅器。"襄阳不破，江南不平，置此人于何地。噫，李之术亦神矣！国用，登州人，尝为卒，遇神仙，教以观日之法，能洞见肺腑，世称神相。

前辈谦让

延祐间，兴圣宫成，中官李丞相邦宁传奉太后懿旨，命赵集贤孟頫书额，对曰："凡禁扁皆李雪庵所书，公宜奏闻。"既而，命李、赵偕至雪庵处。雪庵曰："子昂何不书，而以属吾耶？"李因具言之，雪庵遂不固辞。前辈推让之风，岂后人所可企哉！

不苟取

胡汲仲先生长孺，号石塘，特立独行，刚介有守。赵松雪尝为罗司徒奉钞百锭，为先生润笔，请作乃父墓铭。先生怒曰："我岂为宦官作墓铭邪？"是日，先生正绝粮，其子以情白，坐上诸客咸劝受之，先生却愈坚。观此，则一毫不苟取于人，从可知矣，故虽冻馁有所不顾也。先生送蔡如愚归东阳诗有云："薄糜不继袄不暖，讴吟犹是钟球鸣。"语之曰："此余秘密藏中休粮方也。"

论诗

虞伯生先生集、杨仲弘先生载同在京日，杨先生每言伯生不能作诗。虞先生载酒请问作诗之法，杨先生酒既酣，尽为倾倒，虞先生遂超悟其理。继有诗送袁伯长先生桷扈驾上都，以所作诗介他人质诸杨先生。先生曰："此诗非虞伯生不能也。"或曰："先生尝谓伯生不能作诗，何以有此？"曰："伯生学问高，余曾授以作诗法，馀莫能及。"又以诣赵魏公孟頫，诗中有"山连阁道晨留辇，野散周庐夜属櫜"之句，公曰："美则美矣，若改山为天，野为星，则尤美。"虞先生深服之。故国朝之诗，称虞、赵、杨、范、揭焉。范即德机先生椁，揭即曼硕先生傒斯也。尝有问于虞先生曰："仲弘诗如何？"先生曰："仲弘诗如百战健儿。""德机诗如何？"曰："德机诗如唐临晋帖。""曼硕诗如何？"曰："曼硕诗如美女簪花。""先生诗如何？"笑曰："虞集乃汉廷老吏。"盖先生未免自负，公论以为然。

妻贤致贵

程公鹏举，在宋季被虏，于兴元板桥张万户家为奴。张以虏到宦家女某氏妻之，既婚之三日，即窃谓其夫曰："观君之才貌，非久在人后者，何不为去计，而甘心于此乎？"夫疑其试己也，诉于张。张命棰之。越三日，复告曰："君若去，必可成大器，否则终为人奴耳。"夫愈疑之，又诉于张。张命出之，遂鬻于市人家。妻临行，以所穿绣鞋一易程一履，泣而曰："期执此相见矣。"程感悟，奔归宋，时年十七八，以荫补入官。迨国朝统一海宇，程为陕西行省参知政事，自与妻别已三十余年，义其为人，未尝再娶。至是，遣人携向之鞋履，往兴元访求之。市家云："此妇到吾家，执作甚勤，遇夜未尝解衣以寝，每纺织达旦，毅然莫可犯。吾妻异之，视如己女。将半载，以所成布匹偿原鬻镪物，乞身为尼，吾妻施资，以成其志。见居城南某庵中。"所遣人即往寻见，以曝衣为由，故遗鞋履在地。尼见之，询其所从来。曰："吾主翁程参政使寻其偶耳。"尼出鞋履示之，合，亟拜曰："主母也。"尼曰："鞋履复全，吾之愿毕矣，归见程相公与夫人，为道致意。"竟不再出。告以参政未尝娶，终不出。旋报程，移文本省，遣使檄兴元路，路官为具礼，委幕属李克复防护其车舆至陕西，重为夫妇焉。

奇　　遇

揭曼硕先生未达时，多游湖湘间。一日，泊舟江涘，夜二鼓，揽衣露坐，仰视明月如昼，忽中流一棹，渐逼舟侧，中有素妆女子，敛衽而起，容仪甚清雅。先生问曰："汝何人？"答曰："妾商妇也，良人久不归，闻君远来，故相迓耳。"因与谈论，皆世外恍惚事。且云："妾与君有夙缘，非同人间之淫奔者，幸勿见却。"先生深异之。迨晓，恋恋不忍去。临别，谓先生曰："君大富贵人也，亦宜自重。"因留诗曰："盘塘江上是奴家，郎若闲时来吃茶。黄土作墙茅盖屋，庭前一树紫荆花。"明日，舟阻风，上岸沽酒，问其地，即盘塘镇。行数步，见一水仙祠，墙垣皆黄土，中庭紫荆芬然。及登殿，所设象与夜中女子无异。余往闻先生之侄孙立礼说及此，亦一奇事也。今先生官至翰林侍讲学士，可知神女之言不诬矣。

贤　　烈

戴石屏先生复古未遇时，流寓江右。武宁有富家翁爱其才，以女妻之。居二三年，忽欲作归计。妻问其故，告以曾娶。妻白之父，父怒，妻宛曲解释，尽以奁具赠夫，仍饯以词云："惜多才，怜薄命，无计可留汝。揉碎花笺，忍写断肠句。道傍杨柳依依，千丝万缕，抵不住一分愁绪。捉月盟言，不是梦中语。后回君若重来，不相忘处，把杯酒浇奴坟土。"夫既别，遂赴水死。可谓贤烈也已。

挽文丞相诗

宋丞相文公天祥，其事载在史册，虽使三尺之童，亦能言其忠义。翰林学士徐威卿先生世隆有诗挽之曰："大元不杀文丞相，君义臣忠两得之。义似汉王封齿日，忠如蜀将斫颜时。乾坤日月华夷见，岭海风霜草木知。只恐史官编不尽，老夫和泪写新诗。"可谓善风刺者矣。

虞伯生先生集亦有诗曰："徒把金戈挽落晖，南冠无奈北风吹。子房本为韩仇出，诸葛安知汉祚移。云暗鼎湖龙去远，月明华表鹤归迟。何须更上新亭饮，大不如前洒泪时。"读此二诗而不泣下者几希。

祷雨

往往见蒙古人之祷雨者，非若方士然，至于印令、旗剑、符图、气诀之类，一无所用，惟取净水一盆，浸石子数枚而已，其大者若鸡卵，小者不等。然后默持密咒，将石子淘漉玩弄，如此良久，辄有雨。岂其静定之功已成，特假此以愚人耶？抑果异物耶？石子名曰鲊答，乃走兽腹中所产，独牛马者最妙，恐亦是牛黄狗宝之属耳。

广寒秋

虞邵庵先生集在翰苑时，宴散散学士家，歌儿郭氏顺时秀者，唱今乐府，其《折桂令》起句云："博山铜细袅香风。"一句而两韵，名曰短柱，极不易作。先生爱其新奇，席上偶谈蜀汉事，因命纸笔，亦赋一曲曰："鸾舆三顾茅庐，汉祚难扶。日暮桑榆，深渡南泸。长驱西蜀，力拒东吴。美乎周瑜妙术，悲夫关羽云殂。天数盈虚，造物乘除。问汝何如，早赋归与。"盖两字一韵，比之一句两韵者为尤难。先生之学问该博，虽一时娱戏，亦过人远矣。《折桂令》一名《广寒秋》，一名《天香第一枝》，一名《蟾宫引》，今中州之韵，入声似平声，又可作去声，所以蜀术等字，皆与鱼虞相近。

无恙

《战国策》：赵威后问齐使："岁无恙耶？王亦无恙耶？"《楚辞·九辩》曰："还及君之无恙。"《说苑》魏文侯语仓庚曰："击无恙乎？"又曰："子之君无恙乎？"《汉书》元帝诏贡禹曰："今生有恙，何至不已？"乃上疏乞骸骨。《聘礼》亦曰："公问君，宾对，公再拜。"郑注云："拜其无恙者。”顾恺之与殷仲堪笺：“行人安稳，布帆无恙。”隋日本遣使，称日出处皇帝致书日没处皇帝无恙。《神异经》曰：“北方大荒中有兽，咋人则疾，名曰獇。獇，恙也。尝入人室屋，黄帝杀之。”人无忧疾，谓之无恙。《尔雅》曰：“恙，忧也。”应劭《风俗通》曰：“上古之时，草居露宿，恙，噬人虫也，善食人心，人患苦之，凡相问云无恙。”恙，或以为兽，或以为虫，或谓无忧。《广干禄书》兼取忧及虫，《事物纪原》兼取忧及兽。《广韵》獇字下云：“獇，兽，如狮子，食虎豹及人。”恙字下云：“忧也，病也，噬虫，善食人心。”是獇、恙二义，《神异经》合而一之，则误矣。

不乱附妾

维杨秦君昭妙年游京师，其执友邓载酒祖饯，既而舁一殊色小鬟至前，令拜秦，因指之曰：“此吾为部主事某人所买妾也，幸君便航，可以附达。”秦弗敢诺。邓作色曰：“纵君自得之，亦不过二千五百缗耳，何峻辞乃尔？”秦勉强从命。迤逦至临清，天渐暄，夜多蚊蚋可畏，内之帐中同寝，直抵都下，置舍馆主妇处，持书往见主事，问曰：“足下与家眷来耶？”曰：“无有。”主事意极不悦，随以小车取归。逾三日，谒谢曰：“足下长者也。昨已作答简附便驿报吾邓公，且使知足下果能不孤公付托之意矣。”遂相与痛饮，尽欢而散。夫柳下惠夜宿郭门，有女子来同宿，恐其冻死，坐之于怀，至晓不为乱。颜叔子独居，夜大雨，有女子投之，令其执烛，至明不二志。故千古以为美事。今秦之于此女子也，相从数千里，饮食起居无适而不同，又非造次颠沛者之比，可谓厚德君子矣。后秦之子孙咸至显宦。

卷五

角　　端

金华黄先生溍尝云："子将以举子经学取科第，有一赋题曰角端，亦曾求其事实否乎？"余曰："未也。"因记《史记·司马相如传》"兽则麒麟角觿"之语，退而阅之，按注，郭璞曰："角觿，音端，似猪，角在鼻上，堪作弓。"又云："似麒麟而无角。"《毛诗》疏云："麟黄色，角端有肉。"张楫云："角端似牛角，可以为弓。"以此推之，岂亦麟之属与？及考《符瑞志》、《名臣事略》、《癸辛杂识》等书，乃始得其详。盖太祖皇帝驻师西印度，忽有大兽，其高数十丈，一角如犀牛然，能作人语，云："此非帝世界，宜速还。"左右皆震慑。独耶律文正王进曰："此名角端，乃旄星之精也。圣人在位，则斯兽奉书而至，且能日驰万八千里，灵异如鬼神，不可犯也。"帝即回驭。载稽之前志：神禹氏治水功成，天降飞菟，日行三万里，而未尝善言也。又后土趺蹄之兽至，善言，而未闻其独角也。轩辕获飞黄而独角，汉武获兽并角而五蹄，又未尝闻其能言善驰也。及圣祖诞膺天命而角端出焉。夫一角者，所以明海宇之一，而万八千里之涉者，所以示无远弗届，此又天将开天下于大一统之象也。至正庚寅，江浙乡试，八月二十二日夜二鼓，院中仿佛见一物，驰过甚疾，其状若猛兽者，军卒从而喧哄，因出角端为赋题。

劈　正　斧

劈正斧，以苍水玉碾造，高二尺有奇，广半之，遍地文藻粲然，或曰自殷时流传至今者。如天子登极、正旦、天寿节、御大明殿会朝时，则一人执之，立于陛下酒海之前，盖所以正人不正之意。

兴　隆　笙

兴隆笙在大明殿下。其制，植众管于柔韦，以象大匏土鼓，二韦橐。按其管，则簧鸣。笙首为二孔雀，笙鸣机动，则应而舞。凡燕会之日，此笙一鸣，众乐皆作，笙止乐亦止。

尚食面磨

尚食局进御麦面，其磨在楼上，于楼下设机轴以旋之。驴畜之蹂践，人役之往来，皆不能及，且无尘土臭秽所侵。乃巧工瞿氏造者。

僧有口才

大德间，僧胆巴者，一时朝贵咸敬之。德寿太子病瘫薨，不鲁罕皇后遣人问曰："我夫妇崇信佛法，以师事汝，止有一子，宁不能延其寿邪？"答曰："佛法譬犹灯笼，风雨至，乃可蔽，若烛尽，则无如之何矣。"此语即吾儒死生有命之意，异端中得此，亦可谓有口才者矣。

邓　中　斋

邓光荐先生剡，号中斋，庐陵人。宋亡，以义行著。其所赋《鹧鸪诗》曰："行不得也哥哥！瘦妻弱子羸牸驮，天长地阔多网罗。南音渐少北语多，肉飞不起可奈何。行不得也哥哥！"其意可见矣。又有赞文丞相像曰："目煌煌兮，疏星晓寒。气英英兮，晴雷殷山。头碎柱兮璧完，血化碧兮心丹。呜呼，孰谓斯人，不在世间！"

汪　水　云

汪元量先生大有，号水云。天兵平杭日，诗曰："西塞山边日落处，北关门外雨来天。南人堕泪北人笑，臣甫低头拜杜鹃。”又曰：“钱塘江上雨初干，风入端门阵阵酸。万马乱嘶临警跸，三宫洒泪湿铃鸾。童儿剩遣追徐福，疠鬼终当灭贺兰。若说和亲能活国，婵娟应是嫁呼韩。”此语尤悲哽。先生诗有《水云集》。

厚德长者

徐文献公琰，字子方。至元间，为陕西省郎中。有属路申解到省，误漏圣字，案吏指为不敬，议欲问罪。公改其牍云：“照得来解内第一行脱去第三字，今将元文随此发下，可重别申来。”时皆称为厚德长者。

毁前朝玉玺

后至元间，太师伯颜出太府监所藏历代玉玺，磨去篆文，改造押字图书及鹰坠等物，以分散其党与，盖先已奏请故也。独唐武氏玺，玉色莹白，制作如官印，璞仅半寸许，因不可他用，遂付艺文监收之，竟获永存。岂武氏之智能逆料之乎？

披秉歌诀

天子郊祀与祭太庙日，百官陪位者皆法服，凡披秉须依歌诀次第，则免颠倒之失。歌曰：“袜履中单黄带先，裙袍蔽膝绶绅连。方心曲领蓝腰带，玉佩丁当冠笏全。”

三教

孛术鲁翀子翚公在翰林时，进讲罢，上问曰：“三教何者为贵？”对曰：“释如黄金，道如白璧，儒如五谷。”上曰：“若然，则儒贱耶？”对曰：“黄金、白璧，无亦何妨，五谷于世其可一日阙哉！”上大说。

授时历法

《授时历要法歌》曰："授时历法君要知，但以九年旧历推。古云：但看九年兔望日，便是今年正月一。月大月小起初一，看其初一天地支。天不言干者，为诗句所拘，然举支以见干也。当推九年前历，每月初一是何干支，便以此干支依后法数去。大月天干五支九，且如大月天干五、地支九。假令初一日甲子，甲至戊，五数也，子至申，九数也，即以戊申为今月朔。小月天四地八耦。且如小月，天干四，地支八。假令初一日丙寅，丙至己，四数也，寅至酉，八数也，即以己酉为今月朔。古云：前九之年起算法，大月五九小四八。月大三十日无差，如初一日己酉，数至次月朔见己卯，即月大也。月小分明只廿九。如月朔数至次月朔止廿九日，即月小也。节气只凭九年历，假若造甲午年历，则看丙戌年节气。二十四气真端的。要知今年节气，则看前九年中是何节气。天干三数地支七，假如癸亥日，癸见乙，三数，亥见已，七数也。熟记心中须历历。定时二十四年取，逢时遇八君无虑。如逢子时交节气，却用未时亦交也，中气如之。若依此法个中推，方省阴阳玄奥处。闰月本来中气无，古云：闰月无中气。何劳物外更他图。世人谙得神仙术，不是愚氓是丈夫。"又歌曰："九年二月半，便是正月一。前九年二月十五日辰，即今年正月初一日辰。该九十七个半月，二千八百八十日，六甲转四十八周。只九年中取，大小无差失。"又歌曰："若要求立春，相冲对食神。假如前九年甲子日立春，甲食丙，子冲午，即今年丙午日立春也。二十四气准此。闰月无中气，说与惺惺人。"又一法云：古有数九九之语，盖自至后起，数至九九，则春已分矣，正如至后一百六日为寒食之类。岂特此为然，凡推算皆有约法。《推闰歌括》云："欲知来岁闰，先算至之余。更看大小尽，决定不差殊。"谓如来岁合置闰，止以今年冬至后余日为率。且如今年十一月二十二日冬至，则本月尚余八日，则来年之闰，当在八月。或小尽，则七月。若冬至在上旬，则以望日为断，十二日足，则复起一数焉。《推节气歌括》云："中气与节气，但有半月隔。若要知仔细，两时零五刻。"谓如正月甲子日子时初初刻立春，则数至己卯日寅时正一刻，则是雨水节也。《推立春歌括》云："今岁先知来岁春，但隔五日三时辰。"谓如今年是甲子日子时立春，则明年合是己巳日卯时立春。若夫刻数，则用前法推之。

又《求节气歌》曰："惊蛰五时二刻求，清明十时四刻流，立夏一日三时六，芒种一日九时周，小暑二日二时二，立秋二日七时四，白露三日零六刻，寒露三日六时至，立冬三日十一二，大雪四日四时四，小寒四日九时六，五日三时交新岁，节遇子时加一日，此为捷法君须记。"又《一年约法》云："一周年，三百六十五日零三时。一月节，三十日零五时二刻。半月一气，十五日零二时五刻。"又《食神定法》云："甲食丙，乙食丁，丙食戊，丁食己，戊食庚，己食辛，庚食壬，辛食癸，壬食甲，癸食乙。"其捷要，但取我生之干，阳配阳，阴配阴是也。又《时刻约法歌》云："二十四气渐差除，循环时刻四同途。单逢正四换初一，正三依旧复初初。"又乘除法推算二十四气时刻云：其法不论何岁何月，但以日为百数，时为十数，刻为零数。初一至初十，于百上下数。如过初十，于千上下数。假如正月十一日亥正一刻立春，欲求中气，则先下一千一百数，十一日故也。再下十二数，亥时故也。如子一、丑二之类，复加一千五百二十五数，共得二七三三，则二十七日寅初二刻雨水也。何以知为初二刻？盖零一数初初刻，二数初一刻，三数初二刻，四数初三刻，五数正初刻，六数正一刻，七数正二刻，八数正三刻，此立成法也。今零三数，是乃初二刻矣。欲求二月节，则于前数上加一五二五，即前一千五百二十五也。此项数，节气中气皆以之加用。为前正月小尽，除去二十九日，如遇大月，除去三十日。算中气则不除大小月。剩下一三五八，则十三日辰时正三刻惊蛰也。余仿此。十二时为一日，如遇十三时以上，则退十二时为一日，八刻为一时。如遇九刻以上，则退八刻为一时也。

时刻约法图

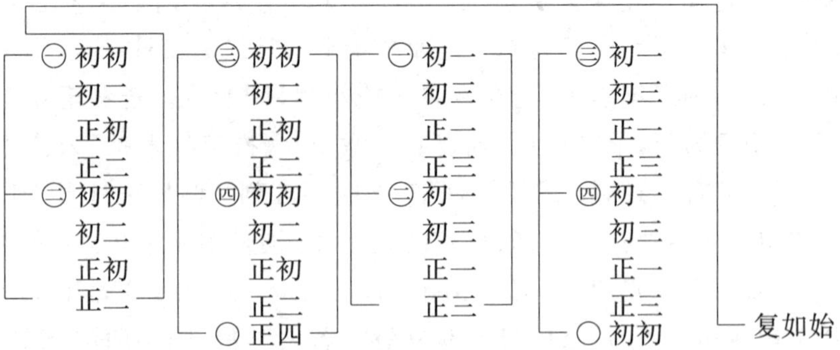

功　　布

《丧·大记》云："士葬用国车，国音辁，示专反。或作团。又误作国。二綍，无碑。比出宫，用功布。"注云："比出宫，用功布。"则出宫而止，至圹无矣。旧图云：功布，谓以大功之布长三尺以御柩，居前，为行者之节度。又隐义云：羽葆功布等，其象皆如麾。则旌旗无旒者，周谓之大麾。《既夕礼》云："商祝执功布以御柩，执披。"贾释云："谓以葬时乘人，故有柩车前执引者，及在柩车傍执披者，皆御治之。"又注云："居柩车之前，若道有低仰倾亏，则以布为抑扬左右之节，使执引者执披者知之也。"道有低，谓下阪时也。道有仰，谓上阪时也。倾亏，谓道之两边在柩车左右辙有高下也。若道有低，则抑下其布，使执引者知其下阪也。若道有仰，则扬举其布，使执引者知其上阪也。若柩车左边右边或高下倾亏，亦左右其布，使知道有倾亏也。假令车之东辙下，则抑下其布向东，使西边执披者持之。若车之西辙下，则抑下其布向西，使东边执披者持之。所以然者，使车不倾亏也。大夫御柩以茅，诸侯以羽葆，天子以纛指引，前后左右，皆如功布之施为也。又《既夕礼》："将葬启殡音异时，商祝免袒，执功布入，升自西阶。"注云："功布，灰治之布也，执之，以接神为有所拂扐。方罔反"贾释云："拂扐，犹言拂拭也。"故下经云："商祝拂柩用功布。"是拂拭去尘也。此始告神而用功布拂拭，谓拂拭去凶邪之气也。出聂崇义《三礼图》。

人　　中

钱唐陈鉴如，以写神见推一时。尝持赵文敏公真像来呈，公援笔改其所未然者，因谓曰："唇之上何以谓之人中？若曰人身之中半，则当在脐腹间。盖自此而上，眼耳鼻皆双窍，自此而下，口暨二便皆单窍。三画阴，三画阳，成《泰》卦也。"

发烛

杭人削松木为小片，其薄如纸，熔硫黄涂木片顶分许，名曰发烛，又曰焠儿，盖以发火及代灯烛用也。史载周建德六年，齐后妃贫者以发烛为业，岂即杭人之所制与？宋翰林学士陶公谷《清异录》云："夜有急，苦于作灯之缓，有知者批杉条，染硫黄，置之待用，一与火遇，得焰穗然，既神之，呼引光奴，今遂有货者，易名火寸。"按此，则焠寸声相近，字之讹也。然引光奴之名为新。

嫁故人女

沈仲说古，姑苏人，年四十，未有子。其妻邹氏候其他适，为置一年少貌美之妾。及归，命出拜，将以奉枕席。仲说询其乡贯祖父来历，始不肯言，询之再，泣而曰："妾范复初女也。父丧家贫，老母见鬻于此。"仲说恻然下泪，因嘱妻曰："此女父吴中名士，乃吾故人，岂可以为妾，当如己子视之。"即寻其母使择婿，仲说备奁具嫁之。邦人称之，至今不置。夫嫁人之女以为妾、为妓、为娼者，古有其人矣，今则未闻也，仲说诚贤矣哉。

平反

中书左丞李忠宣公德辉，字仲实，通州潞县人。至元七年庚午，公为户部尚书，岁旱蝗，世祖特命公录山西河东囚。行至怀仁，民有魏氏，发得木偶，持告其妻挟左道厌胜谋杀己。经数狱，服词皆具，自以为不免。公烛其诬，召鞠魏妾，搒掠一加，服不移晷。盖妒其女君，谓独陷以是罪，可必杀之也。即直其妻而杖其夫之溺爱受欺，当妾罪死。观者神之，或咨赏泣下。

勘　　钉

姚忠肃公，至元二十年癸未，为辽东按察使。武平县民刘义讼其嫂与其所私同杀其兄成。县尹丁钦，以成尸无伤，忧懑不食。妻韩问之，钦语其故。韩曰："恐顶卤有钉，涂其迹耳。"验之，果然。狱定，上谳。公召钦，谛询之，钦因矜其妻之能。公曰："若妻处子邪？"曰："再醮。"令有司开其夫棺，毒与成类，并正其辜，钦悸卒。时比公为宋包孝肃公拯云。

碑志书法

尝闻诸翰林大老云：古碑刻中，单书国号曰汉、曰宋者，盖其建国号诏曰汉、曰宋也。我朝大元二字在诏旨，不可单用。又凡书官衔，俱当从实，如廉访使、总管之类，若曰监司、太守，是乱其官制，久远莫可考矣。又篆盖二字，止可施诸圹石，若于碑，须曰篆额为是。

雕刻精绝

詹成者，宋高宗朝匠人，雕刻精妙无比。尝见所造鸟笼，四面花版，皆于竹片上刻成宫室，人物、山水、花木、禽鸟，纤悉具备，其细若缕，而且玲珑活动。求之二百余年来，无复此一人矣。

题　　跋

刘须溪先生会孟《题苏李泣别图》云："事已矣，泣何为？苏武节，李陵诗。噫！"冯海粟先生子振《题杨妃病齿图》云："华清宫，一齿痛；马嵬坡，一身痛；渔阳鼙鼓动地来，天下痛。"陈伯敷先生绎曾《题杨妃上马娇图》云："此索《清平调》词赴沉香亭时耶？抑闻渔阳鼙鼓声赴马嵬坡时耶？上马固相似，情状大不同，观者当审诸。"余观三先生之跋语，痛快严峻，抑扬感伤，使后世之为人君而荒于色，为人臣而失其节者，见之宁不知惧乎？

隆友道

张毅父先生千载，庐陵人，而宋丞相文公友也。公贵显时，屡以官辟不就。江南既内属，公自广还，过吉州城下，先生来见，曰："今日丞相赴北，某当偕行。"既至燕，寓于公囚所侧近，日以美馔馈，凡三载，始终如一。且潜制一椟，公受刑日，即以藏其首。复访求公之室欧阳氏于俘虏中，俾出焚其尸。先生收拾骸骨，袭以重囊，与先所函椟南归，付公家葬之。后公之子忽梦公怒云："绳锯发断。"明日启视，果有绳束发。其英爽尚如此。刘须溪纪其事，赞于公画像上曰："闲居忽忽，万古咄咄，天风惨然，如动生发。如何寻约，亦念束发，岂其英爽，犹累形躯。同时之人，能不颡泚，昔忌其生，今妒其死。"邓中斋题曰："目炯炯兮，疏星晓寒。气郁郁兮，晴雷殷山。头碎柱兮璧完，血化碧兮心丹。呜呼！曾谓斯人，不在世间。"

朱张

宋季年，群亡赖子相聚，乘舟钞掠海上，朱清、张瑄最为雄长，阴部曲曹伍之。当时海滨沙民富家以为苦，崇明镇特甚。清尝佣杨氏，夜杀杨氏，盗妻子货财去。若捕急，辄引舟东行，三日夜，得沙门岛，又东北过高句丽水口，见文登、夷维诸山，又北见燕山与碣石，往来若风与鬼，影迹不可得，稍怠，则复来，亡虑十五六返。私念南北海道此固径，且不逢浅角，识之。杭、吴、明、越、扬、楚与幽、蓟、莱、密、辽、解俱岸大海，固舟航可通，相传朐山海门水中，流积堆淤江沙，其长无际，浮海者以竿料浅深，此浅生角，故曰料角，明不可度越云。廷议，兵方兴，请事招怀，奏可。清、瑄即日来，以吏部侍郎左迁七资最下一等授之，令部其徒属，为防海民义，隶提刑，节制水军。江南既内附，二人者从宰相入见，授金符千户。时方挽漕东南供京师，运河隘浅，不容大舟，不能百里五十里，辄为堰潴水，又绝江、淮，溯泗水，吕梁、彭城，古称险处，会通河未凿，东阿、茌平道中，车运三百里，转输艰而糜费重。二人者建言海漕事，试之，良便。至元十九年也。上方注意向之，初年不过百万石，后乃至三百万石。二人者父子致位宰相，弟侄甥婿皆大官，田园宅馆遍天下，库藏仓庾相望，巨艘大舶帆交番夷中，舆骑塞隘门巷，左右仆从皆佩於菟金符，为万户、千户，累爵积资，气意自得。二人者既满盈，父子同时夷戮殆尽，没资产县官，党与家破禁锢，大德六年冬也。见胡石塘先生所撰《何长者传》。

交 谊

陈子方、闵仲达，同舍生也，皆待次杭府史。陈月日在前，闵以计力反先之，陈殊无怒意。因赴都，以荐举入仕，历官浙西廉访司佥事。闵方升书吏，闻陈来，叹曰："复何面目见之？"遂称疾不出。陈下车即问左右曰："闵仲达何在？"众以疾对。陈曰："必为我故，非疾也。"亟造其家。闵皇恐出肃。陈曰："吾与君气谊契厚，君昔先我而食禄者，命也，使非此，吾又能致是耶？今幸同一公署，惟有以教正之，幸甚，宁舍我与？"闵感激从事，相好如初。

假宅以死

吾乡周待制先生仁荣，字本心，筑一室，才落成，友人杨公道舆疾至门曰："愿假君新宅以死。"先生让正寝居之。妻子咸不然，先生弗顾。未几，杨死，箱财廿八，莫有主者。杨之弟诣先生求分财，先生曰："若兄寄死于我，意固在是。"丧事之费自己出，终不利其一毫，对众封籍，自平阳呼其子来，悉付与之。

清风堂尸迹

福州郑丞相府清风堂，石阶上有卧尸迹，天阴雨时，迹尤显。盖其当宋季，以暮年登科，未几拜相，至今闾巷表之曰耆德魁辅之坊。

郑显时,侵渔百姓,至夺其屋庐以广居宅,有被逼抑者,遂自杀于此。今所居为官势豪夺,子孙不绝如线。因记宋临川吴曾《能改斋漫录》云:建炎四年五月,杨勍叛卒由建安寇延平,道出小常村,掠一妇人,逼胁欲犯之,妇人毅然誓死不受污,遂遇害,横尸道傍。贼退,人为收瘗之,而其尸枕藉处,痕迹隐然不灭,每雨则其迹干,晴即湿,宛如人影,往来者莫不嗟异。乡人或削去之,随即复见。覆以他土,而其迹愈明,今三十年矣。与顺昌军员范旺事略同。但范现迹街砖,而此现于土上耳。范死以忠,妇死以节。小常村去剑浦县治二十里,以《漫录》言之,则二人之死,足以惊动万世,宜其英烈之气,不泯如此。若清风堂者,不过冤抑之志不伸,以决绝于一时耳,亦何为而然哉?岂幽愤所积结致是耶?此理殆不可晓。

坐右铭

翰林学士卢疏斋先生挚,字处道,涿郡人。坐右铭大书一"天"字,其下细注六字云:"有记性,不急性。"可谓知畏天者矣。

掘坟贼

杭玛瑙寺僧温日观,能书,所画蒲萄,须梗枝叶皆草书法也。性嗜酒,然杨总统饮以酒,则不一沾唇,见辄骂曰"掘坟贼,掘坟贼"云。

廉介

李仲谦思让,滕州邹县人。前至元间,由嘉兴路吏员补浙西按察司书吏,廉介有为。上侍父母,下抚两弟,每退食自公,则闭户读书,稽今考古,而教训之俸薄,奉养不给,妇躬纺绩,以益薪水之费。仲谦止有一布衫,或须浣濯补纫,必俟休假日。至是,若宾客见访,则俾小子致谢曰:"家君浴衣,弗可出。"雷彦正号苦斋者,清正慎许可人也,时为使,偶戏谓曰:"外郎穿布衲,到敢裹著珍珠。"仲谦略不答,徐至本案，书写辞退呈状，压几上而归。使知深悔失言，亲谒谢过，请其出，终不允。使去，他使来，复往请，始复役。后仕至宪官。

甲午节气

至元三十一年甲午岁节气：正月一日壬子，立春。二月二日癸未，惊蛰。三月三日癸丑，清明。四月四日甲申，立夏。五月五日甲寅，芒种。六月六日乙酉，小暑。七月七日乙卯，立秋。八月八日乙酉，白露。九月九日丙辰，寒露。十月十日丙戌，立冬。十一月十一日丁巳，大雪。十二月十二日丁亥，小寒。

先辈谦让

武林钱思复先生惟善尝言：年十六七时，以诗见息斋李公于州桥寓居。既拜公，公答拜，命坐，辞之再，公曰："仲尼之席，童子隅坐。"因不敢辞。徐永之先生为江浙提举日，客往访之者，无间亲疏贵贱，必送之于门外，客或请纳步，则曰："不可，妇人送迎不逾阈。"右二事，可见前辈诸老谦恭退抑，汲引后进，待人接物者如此。

双竹杖

白廷玉先生珽，号湛渊，钱唐人。家多竹，忽一竿上歧为二，人皆异之。赋《双竹杖》诗，未几，先生殁，先生有二子，或以为先兆云。

卷六

兰亭集刻

《兰亭》一百一十七刻，装褫作十册，乃宋理宗内府所藏，每版有内府图书钤缝玉池上，后归贾平章。至国朝有江南，八十余年之间，凡又易数主矣。往在钱唐谢氏处见之，后陆国瑞携至松江，因得再三披阅，并录其目，真传世之宝也。

甲集一十二刻州郡

修城本叶仲山跋。　定武阔行若合一契行阔。　定武肥　定武瘦　定武板刻霍子明跋。　定武缺石　定武断石　定武古刻　西京断石　永兴　古懿郡斋　宣城

乙集一十三刻

旧梅花　三衢板刻　安吉古苔真草　临川麻石　临贺　豫章二　静江府　复州　鼎州后有武陵二字。　古潭　新梅花　宣城南陵

丙集一十刻

苏州府治　福州府治　福州枣木　道州　金陵三米米芾、米尹仁、米尹知。　永嘉　古雪断石　隆州　郴州　兰亭重言

丁集一十刻

绍兴府治二　绍兴仓司　绍兴府学　绍兴古刻　余姚县治　曲水诗兰亭　曲水诗前　曲水诗后　婺州府治褚遂良摹。

戊集一十刻内府

高宗临定武米友仁跋。　唐贞观　太清开皇　秘省　内殿　内司四　京师玉堂

己集九刻杂集

玉枕　花石　柳诚悬大字。　唐人硬黄临　唐人双钩　晋唐刻　孙过庭草　京师鹅黄枣木黄纸印。　彭城小字

庚集一十一刻故家

蔡君谟临　薛绍彭　秦少游小字　安定家藏　辛道宗　建康晁谦之　绍兴汤氏　南昌京氏　庐陵故氏　蜀刘泾　唐摹刻

辛集一十四刻

吴诜草书　吴璜　刘无言临　龙潭潘氏　方朔习写　周平所藏　临江张氏　天台丁氏　新安汪氏　江西故家　庐山甲秀堂　九江陶氏　循王家藏米芾跋云："壬午闰六月九日，大江济川亭，舣宝晋斋，艎对紫金、浮玉群山，迎快风消暑，重装。"　番阳洪氏

壬集一十四刻

金陵毕氏　庐山吴氏　绍兴曾氏　绍兴石氏二　毗陵尤遂初　李忠愍所刻　新唐李氏　江阴丘氏二　东阳郭氏　昌谷曹氏三

癸集一十四刻

赵虚斋　吕氏家藏　建邺朱氏　大梁曾朴　陆子与　韩松　陆载之　胡氏将　玉林二　赵菊坡　不题名二　钱唐李和

禊帖考

姜白石先生《禊帖偏傍考》云：永字，无画，发笔处微折转。和字，口下横笔稍出。年字，悬笔上凑顶。在字，左反剔。岁字，有点在山之下、戈画之右。事字，脚斜拂，不挑。流字，内云字处就回笔，不是点。殊字，挑脚带横。是字，下疋凡三转，不断。趣字，波略反卷向上。欣字，欠右一笔，作章草发笔之状，不是捺。抱字，已开口。死生亦大矣，亦字，是四点。兴感，感字，戈边是直作一笔，不是点。未尝不，不字，下反挑脚处有一阙。右法如此甚多，略举其大概，持此法，亦可以观天下之兰亭矣。五字损本者，"湍、流、带、右、天"五字有损也。

丧师衰绖

顾德玉，字润之，槜李人。自幼从宁国路儒学教授俞观光先生

学，先生无子，尝与人曰："昔吾寝疾于杭，润之侍汤药，情至切，若父子，医为之感动，弗忍受金，今我行且老，必托之以死。"既而访医吴中，病且革，趣舟归润之，进次尹山卒，时后至元初元闰十二月戊子也。明日，乃至槜李。润之奉其尸敛于家，衰绖就位。邦人士为润之来吊者，润之拜之。越明年，葬于海盐，迩顾氏之先茔，岁时祭享惟谨。或曰："敛于家，礼与？"曰："吾闻师哭诸寝。又云：生于我乎养，死于我乎殡。非家敛之则将师尸委诸草莽。生服其训，死而委诸草莽，有人心者弗为也。"曰："师无服，而为衰绖，固近于掠美者矣。"曰："疑衰加麻之绖带，礼也。故曰：二三子绖而出，至葬，除之，心丧戚容终三年。夫民生于三，师居其一，于父也何异？今吾则加一等以行之，盖出于人心天理之本然，若之何其惑也。"闻者叹伏。先生讳长孺，越之新昌人。吁！圣远言湮，世道不古久矣。朝为师生而暮若途人者，比比皆是。润之乃独能行人之所难行于不可行之时，盖绝无而仅有者，真仁矣哉！天下后世之为人弟子而忘其师，闻润之之言，宁不有动于中与？

廉使长厚

徐文献公为浙西廉使时，治所尚在平江，有旨迁置于杭。岁云暮矣，择日启行。一书吏者掌照制支郡诸司案牍，官吏合受稽违罪责，已皆取状，至是引决。公谓曰："正旦在迩，此曹乃职官倖吏，礼宜陪位，望阙致贺，受刑而从事，无耻也，否则为不敬，盍别议之。"吏以白于幕官，因进曰："相公长厚之道固如此，然将若之何？"公曰："奚难，立案候明年分司施行可也。"庭下欢声如雷。此亦厚风化之一端，故记之。

私第延宾

公既迁司至杭，一日，有本路总管与一万户谒公私第，公以宾礼延之上坐。适书吏从外来，见而趋避。伺其退，入见曰："总管、万户，皆属官耳，得无体貌之过与？”公曰：“在公府，则有尊卑之辨，若私宅，须明主客之分。我辈能廉介，则百司自然知惧，何待恃威势以骄凌之然后为尊严乎？”吏赧甚。

句曲山房熟水

句曲山房熟水法：削沉香钉数个，插入林檎中，置瓶内，沃以沸汤，密封瓶口，久之乃饮，其妙莫量。

法帖谱系

法帖谱系云：熙陵以武定四方，载櫜弓矢，文治之余，留意翰墨，乃出御府所藏历代真迹，命侍书王著摹勒，刻版禁中，厘为十卷，各于卷尾题奉圣旨模勒入石，此历代法帖之祖。

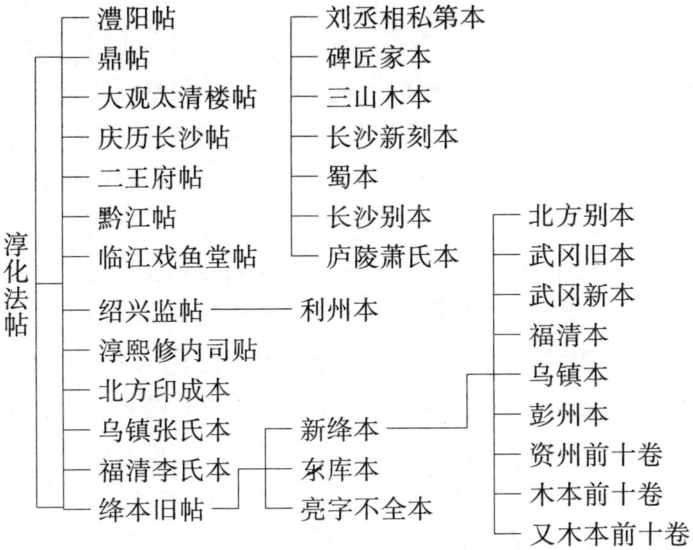

评　帖

刘后村先生云：阁帖为祖，十号。绛帖次之，二十号。临江又次之，潭又次之，武冈又次之。大观尤妙。武冈佳者可乱绛，临江佳者可乱阁。潭乃僧希白所模，有江左风味。希白工于摹字，拙于寻行数墨，文理错缪，然则虽工，其如难读何？其字比之淳化帖为胜，东坡推潭帖胜阁帖。韩侂胄家开群玉帖，字好。薛绍彭亦有家塾帖，好。

淳化祖石刻

大梁刘衍卿世昌云：大德己亥，妇翁张君锡携余同观淳化祖石帖，卷尾各有题识。第一卷边，高平范仲淹曾观，年月日题。第五卷，东坡、张文潜等题。又有姜白石小楷三四十字。第六卷，洛阳伊川老夫，不知为何人。又太学博士陈士元云，此正祖石。又有苏舜钦题。第七卷，陈简斋奉旨观于秋香亭下，云：魏晋法书，非人间合有，自我太宗皇帝刻石，宠锡下方，见不满十数，臣与义顿首谨书。第八卷，苏颂云：此帖世不多见，是日赏牡丹，得观于相君西斋。张舜民题亦在此卷。第十卷，太宗书：淳化四年六月廿二日，赐毕士安。赐字上宝。后段，毕丞相黄字书"子孙保享"等语百余字。逐卷有高宗内府印百余颗。后有贾氏长字印。又有一小印合缝，云是蔡太师印。山和尚锦装褫，签头题云"淳化祖石刻"。及见吴郡陆友仁又云：尝观褚伯秀所记，江南李后主命徐铉以所藏古今法帖入石，名升元帖，此则在淳化之前，当为法帖之祖。刘、陆之说，殊不相合。偶读刘跂《暇日记》，亦载此事，云马传庆说，此帖本唐保大年摹上石，题云：保大七年，仓曹参军王文炳摹勒，校对无差。国朝下江南，得此石。淳化中，太宗令将书馆所有，增作十卷，为版本，而石本复以火断缺，人家时收得一二卷。然阁帖于各卷尾篆书题云："淳化三年壬辰岁十一月六日，奉圣旨模勒上石。"此侍书王著笔也。而陈简斋亦云太宗刻石，则衍卿所谓祖石刻，岂即南唐时帖乎？抑太宗增刻者。但不知南唐亦作十卷否？徐铉、马传庆二说又不同。今世言淳化阁帖用银锭闩枣木板刻，而以澄心堂纸、李廷珪墨印者，则传庆板本之说合。故赵希鹄《洞天清禄集》亦云用枣木板摹刻，故时有银锭纹。用李廷珪墨打，手揩之，不污手。余尝见阁本数十，止三本真者，其纸墨法度，种种迥别，妙在心悟，固难以言语形容。然又传仁宗尝诏僧希白刻石于秘阁，前有目录，卷尾无篆书题字，所谓祖石刻者，岂即此与？

家　　翁

世言家之尊者曰家主翁，亦曰家公。唐代宗谓郭子仪曰："鄙谚有云：不痴不聋，不作家翁。"

奴　　材

世之鄙人之不肖者为奴材。郭子仪曰："子仪诸子，皆奴材也。"

沙　　魇

湖南益阳州，夜中同寝之人，无故忽自相打，每每有之，名曰沙魇。土人熟此，不以为异，唯取冷水喷噀，候稍息，饮之汤，徐就醒，然犹二三日如醉余，不知者殊用惊骇。

孝　　行

延祐乙卯冬，平江常熟之支塘里民朱良吉者，母钱氏，年六十余，病将死，良吉沐浴祷天，以刀剖胸，割取心肉一脔，煮粥以饮母，母食粥而病愈。良吉心痛，就榻不可起。邻里怜其且欲绝，乃裒财，命颐真观道士马碧潭者醮告神明，祈阴祐之。是日，邑人俞浩斋闻而过其家，视良吉胸间疮裂几五寸，气腾出，痛莫能言。俞为纳其心，以桑白皮线缝合，未及期月，已无恙矣。俞因述其事以为世劝。吴郡宋翠岩先生有诗纪之，其小序曰：夫孝为百行宗。人以父母遗体而生，乳哺鞠育，教诲劬劳，其恩号罔极。然而剖心刲股，恐其伤生而或死也。父母存而子死，故又有禁止之令焉。观今世降俗薄，悖逆其父母者，视良吉何如哉！如良吉者，自当旌异，为世教劝，而有司曾莫能省。原其一念之纯，剖心之际，动天地，感鬼神，固不待赏之于有司，而天地神明，固已阴录其孝矣。《太上感应篇》所谓"若人者人敬之，天祐之，福禄随之，众邪远之，神灵卫之。今日谢世，明日为地下主，进补仙阶"，若良吉者有焉。故为显白其孝，以为人子之劝省也。宗仪之先人，有孝感一事，人多传道之，会稽张君思廉尝书于杨铁崖先生所撰墓铭之后矣，今并录于此云：元故白云漫士陶明元氏，讳煜。弱冠时，用道家法，事所谓玄武神，甚谨。明元母病心痛，痛则拍张跳躅，啮床箦衾褥，号叫以纾苦楚。岁濒死者六七发，医莫能愈。明元每掏心嚼舌，以代母痛。一日，危甚，计无所出，走祷玄武前曰："刲股割肝，非先王礼，在法当禁，某非不知也。今事急矣，敢犯死取一脔为汤剂，神尔有灵，疾庶几其瘳。"祷毕，即引刀欲下。忽有二童自外跃入，叱曰："毋自损，我天医也！"明元大骇，伏地乞哀。童子取案上笔，书十数字于几面。掷笔，二童子咸仆地。随呼家人救之，噀以水，良久苏，乃邻氏儿也，叩之，无所知焉。视其书，药方也，随读随隐。明元私喜曰："此必玄武神也，吾母其瘳矣。"即如方治之。药甫及口，而痛已失，终母身不再举。张子曰：齐谐志怪，圣人不道。左氏尚诬，君子非之。明元之事，遂昌郑元祐状行，会稽先生杨维祯志墓，皆不书，非逸也，畏讥而削之也。彼以谓玄武神者，西北方之气也，莽苍无知，非如俞跗岐扁，能切脉察色，投汤熨火，抉肠剔胃，以取人疾，在理所不通，故不书。虽然，动天地，感鬼神，莫大乎孝。焉知冥冥中英魂烈气不散者，或如俞跗岐扁，依凭精魄，以遂孝子之请也。不然，何穹然漠然之体而有所谓天医乎？明元子宗仪与余友善，其寓殡又在玉笥山下，去余居不远，以是得其实尤详。故宁受左氏之讥，不敢没明元之孝。《书曰》："与其杀不辜，宁失不经。"先王之过盖如此。会稽张宪撰。

吾竹房先生

吾子行先生衍，太末人。大父为宋太学诸生，因家钱唐。先生旷放，高不仕之节。其所厌弃者或请谒，从楼上遥谓曰："吾出有间矣。"顾弹琴，吹洞箫，抚弄如意不辍。求室委巷，教小学常数十人，与客对笑谈喧，楼上下群童一是肃安。其所著述，有《尚书要略》、《听玄集》、《造玄集》、《九歌谱》、《十二月乐谱辞》、《重正卦气》、《楚史梼杌》、《晋文春秋》。兼通声音律吕之学，工篆书。初，先生年四十未娶，所知宛丘赵君天锡，为买酒家孤女为妾。年饥，女尝事人，后夫知妻在先生所，讼之，因逮妾父母。父母至，客先生家，又伪楮币事觉，因言舍主人。先生固弗知，因逻捽辱先生，南出数百步，录事张君景亮识先生，叱逻曰："是不知情，摄之何为？"即解纵遣归。先生不胜惭，明日，持玄绦缁笠，诣仇山村先生别。值晨出，因留诗一章，有"西泠桥外断桥边"之句，意将从灵均于斯。明日，有得遗履于桥上者。后卫大隐以六壬筮之，得亥子丑，顺流象，曰："是其骨朽渊泥九十日矣。"西湖多宝院僧可权，从先生学，闻先生之死，哭甚哀，乃葬先生遗文于后山，与其师骨塔相对，曰："皆吾师。"仍乞铭于胡石塘先生，庶几先生有后世名。铭曰："生弗渎，死弗辱，贞哉白。"余习篆书，极爱先生翰墨，得一纸半幅，如获至珍，以故于书法颇有助。偶与郑遂昌先生谈先生之始末，就识之。竹房、竹素、贞白，皆先生号也。

抗疏谏伐宋

何公巨川者，京师长春宫道士也。会世皇将取宋，乃上疏抗言宋未有可伐之罪，遂命副国信使翰林学士郝文忠公经使江南，殁于真州。至正间，诏追赠二品官。有人作诗悼之云："奇才不泄神仙事，抗疏曾干世祖知。每恨南邦本无罪，空留北使欲何为。忠魂久掩孤城馆，褒诏新镌二品碑。地上若逢奸似道，为言故国黍离离。"

发　　䐈

妇人头发有时为膏泽所黏，必沐乃解者，谓之䐈。按《考工记·弓人》注云："䐈，亦黏也，音职。"则发䐈之䐈，正当用此字。

鬼　　赃

陕西某县一老妪者，住村庄间，日有道流乞食，与之无吝色。忽问曰："汝家得无为妖异所苦乎？"妪曰："然。"曰："我为汝除之。"即命取火，焚囊中符篆。顷之，闻他所有震霆声。曰："妖已诛殛，才遁其一。廿年后，汝家当有难。今以铁简授汝，至时，亟投诸火。"言讫而去。自是久之，妪之女长而且美，一日，有曰大王者骑从甚都，借宿妪家，遣左右谓曰："闻尝得异人铁简，可出示否？"盖妪平日数为他人借观，因造一伪物，而以真者悬腰间，不置也，遂用伪献。留不还，谓曰："可呼汝女行酒。"以疾辞。大王怒，便欲为奸意。妪窃思道流之说，计算岁数又合，乃解所佩铁简投酒灶火内，既而电掣雷轰，烟火满室，须臾平息，击死猕猴数十，其一最巨，疑即向之逃者。所赍随行器用，悉系金银宝玉，走告有司，籍入官库。泰不华元帅为西台御史日，阅其案朱语曰鬼赃云。余亲闻泰公说甚详，且有钞具案文，惜不随即纪录，今则忘邑里姓名岁月矣。

居　　士

今人以居士自号者甚多。考之六经中，惟《礼记·玉藻》有曰"居士锦带"，注谓道艺处士也。吴曾《能改斋漫录》云：居士之号，始于商周之时。按《韩非子》书曰：太公封于齐，东海上有居士任矞、华仕昆弟二人，立议曰"吾不臣天子，不友诸侯，耕而食之，掘而饮之，吾无求于人，无上之名，无君之禄，不仕而事力"云云。然则居士云者，处士之类是已。

亲　　家

凡男女缔姻者，两家相谓曰亲家，此二字见《唐·萧嵩传》。今北方以亲字为去声。按卢纶作王驸马花烛诗云："人主人臣是亲家。"则是亦有所祖。亲家又曰亲家翁，《五代史·刘昫传》：昫与冯道为姻家，而同为相，道罢，李愚代之。愚素恶道之为人，凡事有稽失者，愚必指以诮昫曰："此公亲家翁所为。"苏氏《开谈录》：冯道与赵凤同在中书，凤有女适道中子，以饮食不中，为道夫人谴骂，赵令婢长号知院者来诉，凡数百言，道都不答。及去，但云："传语亲家翁，今日好雪。"

宝晋斋研山图

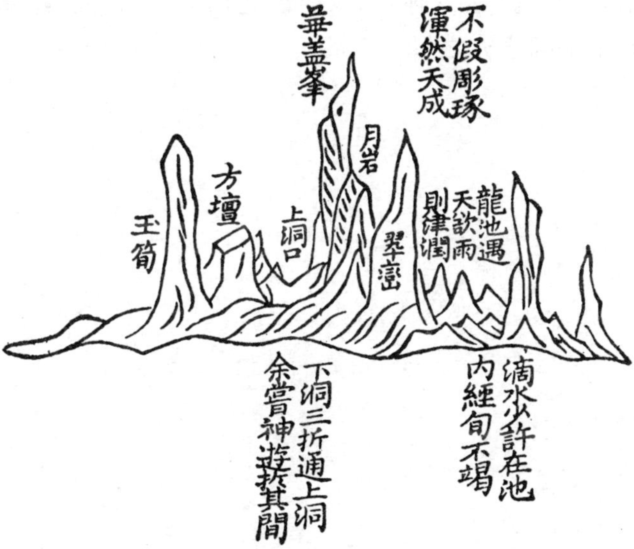

右此石是南唐宝石，久为吾斋研山，今被道祖易去。中美旧有诗云："研山不易见，移得小翠峰。润色裛书几，隐约烟朦胧。巉岩自有古，独立高崧茏。安知无云霞，造化与天通。立壁照春野，当有千丈松。崎岖浮波澜，偃仰蟠蛟龙。萧萧生风雨，俨若山林中。尘梦忽不到，触目万虑空。公家富奇石，不许常人同。研山出层碧，峥嵘实天工。淋漓上山泉，滴沥助毫端。挥成惊世文，主意皆逢原。江南秋色起，风远洞庭宽。往往入佳趣，挥扫出妙言。愿公珍此石，美与众物肩。何必嵩少隐，可藏为地仙。"今每诵此诗，必怀此石。近余亦有作云："研山不复见，哦诗徒叹息。唯有玉蟾蜍，向余频泪滴。"此石一入渠手，不得再见，每同交友往观，亦不出示，绍彭公真忍人也。余今笔想成图，仿佛在目，从此吾斋秀气尤不复泯矣。崇宁元年八月望，米芾书。余二十年前，嘉兴吴仲圭为画图，钱唐吴孟思书文。后携至吴兴，毁于兵。偶因清暇，默怀往事，漫记于此。

卫夫人

《翰墨志》云：卫夫人，名铄，字茂漪，晋汝阴太守李矩妻。善钟法，能正书，入妙，王逸少师之。《西溪丛语》云：夫人，廷尉展之弟，恒之从妹，中书郎李充之母。

卷七

赵魏公书画

魏国赵文敏公孟𫖯，以书法称雄一世，画入神品。其书，人但知自魏晋中来，晚年则稍入李北海耳。尝见《千字文》一卷，以为唐人字，绝无一点一画似公法度，阅至后，方知为公书。公自题云："仆廿年来写《千文》以百数，此卷殆数年前所书，当时学褚河南《孟法师碑》，故结字规模八分，今日视之，不知孰为胜也。田君良卿，于骆驼桥市中买得此卷，持来求跋，为书其后。因思自五岁入小学学书，不过如世人漫尔学之耳，不意时人持去，可以鬻钱，而吾良卿又捐钱若干缗以购之，皆可笑也。元贞二年正月十八日，子昂题。"则知公之书所以妙者，无帖不习也。又尝见公题所画马云："吾自幼好画马，自谓颇尽物之性，友人郭祐之尝赠余诗云：'世人但解比龙眠，那知已出曹韩上。'曹、韩固是过许，使龙眠无恙，当与之并驱耳。"然往往阅公所画马及人物、山水、花竹、禽鸟等图，无虑数十百轴，又岂止龙眠并驱而已哉！又闻公偶得米海岳书《壮怀赋》一卷，中阙数行，因取刻本摹拓，以补其阙，凡易五七纸，终不如意，乃叹曰："今不逮古多矣！"遂以刻本完之。公之翰墨，为国朝第一，犹且服善如此，近有一等人，仅能点画如法便自夸大者，于公宁不愧乎！

金鳌山

吾乡于佩远先生演题金鳌山诗曰："金鳌之山金碧浮，重玄宝坊居上头。钟声夜渡海门月，树色远揽丰山秋。龙伯国人真妙手，掣此巨灵镇江口。丹丘逸士来跨之，石洼为尊江当酒。黄须天子七宝鞭，黄头渔郎棹江船。百年尘迹果何在，芒砀云去山苍然。历试诸难固天造，中兴开国何草草。腹心有疾日月昏，英雄无声天地老。两宫不归汴水流，此地空传帝子游。惜无健笔驱风雨，一洗江山万古愁。”此诗至今脍炙人口。山枕海，属临海县章安镇。初，宋高宗在潜邸日，泰州人徐神翁云能知前来事，群阉言于徽宗，召至，以宾礼接之。一日，献诗于帝曰：“牡蛎滩头一艇横，夕阳西去待潮生。与君不负登临约，同上金鳌背上行。”及两宫北狩，匹马南渡，建炎庚戌正月三日，帝航海，次章安镇，滩浅阁舟，落帆于镇之福济寺前以候潮，顾问左右曰：“此何山？”曰：“金鳌山。”又问：“此何所？”曰：“牡蛎滩。”因默思神翁之诗，乃屏去警跸，易衣徒步登岸，见此诗在寺壁间，题墨若新，方信其为异人也。时住持僧方升坐，道祝圣之词，帝趾忽前，闻其称赞之语甚喜，戒左右勿惊怖，而谛听之。少焉，千乘万骑毕集，终知为六飞临幸。野僧初不闲礼节，恐怖失措，从行有司，教以起居之仪。山下曰黄椒村，村之妇女闻天子至，咸来瞻拜龙颜，欢声如雷，曰：“不图今日得睹天日。”帝喜，敕夫人各自遂便。故至今村妇皆曰夫人，虽易世，其称谓尚然不改。《宋史》但载御舟幸章安镇，而不见金鳌之详。偶与张善初话乡中旧事，因笔之。善初，章安人也。

委羽山

吾乡台之黄岩诸山，脉络相连，属大江越州治北。自州出南门，陆行四五里许，有委羽山，特立不倚，形如落舞凤，故得名。然州人与之朝夕者，俱弗自知其为胜。山旁广而中深，青树翠蔓，阴翳蓊郁，幽泉琮琤，若鸣珮环于修竹间，千变万态，不可状其略。中藏洞穴，仙家所谓空明洞天者是也。好道之士尝持炬入，行两日，不可穷，闻橹声乃出。洞之侧产方石，周正光泽，五色错杂，虽加琢磨，殆不是过，大者三四分，小者比米粒而小，以斧粉碎之，亦无不端方。见长老言，尝有素服靓妆飘飘若仙之女者，当风清月白时，则逍遥乎松杉竹柏之下，或时变服叩里人门求水火。里人所居，去洞所不能百步，异其状，密觇之，迤逦从洞中去。里人以为怪，粪其地。越数日，里人家夜失火，势张甚，不可灭，室宇一空，妻子仅以身免，遂离他处。识者以为厌秽仙境，故致此奇祸。自是仙女不复出矣。余幼时尚及见里人故址。至今有欲得方石者，裹粮撮许，往洞口撒之，随意拾地上土，则有石在土中，不尔，绝无有也。

斛铭

镇国上将军福建宣慰使费荣敏公松，余内子之曾大父也，吴兴人，今著籍松江之上海。器度弘厚，不以富贵骄人。轻财好施，勇于为义，人皆称曰费佛子。陵阳牟先生𪻐所撰墓志铭，载其事甚详。家之量衡无二致，刻铭于斛之四面曰："出以是，入以是，子孙永如是。"推此则真古仁人之用心者矣。内子之大父良显侯拱辰，父昭武大将军雄，皆世守其业，克不坠先志云。

孝感

越枫桥里人丁氏，母双目失明，丁至孝，每朝盥漱讫，即舐母之目，积有年矣。俄而母左目明，未久右目复明。宪司上其事于朝，表其闾曰孝子之门，至治年间也。因读《江南别录》：彭李者，世为义门陈氏之佣，夫丧明已久，有子一人，尝闻陈之子弟言，舜为父瞽叟舐目而致明，乃归效之，不旬日，父目忽然明朗。右二事，诚孝行所感。今段吉父先生母夫人刘，双目久失明，医弗能愈，先生中乡举，一目忽自见物，先生及第，一目又如之。虽夫人喜溢于中，不自知其然而然，亦先生学业有成所致与？传曰："立身扬名，以显于后世，孝之至也。"其此之谓焉。先生讳天祐，汴梁兰陵人，仕至江浙儒学提举。

火失剌把都

火失剌把都者，回回田地所产药也。其形如木鳖子而小，可治一百二十种证，每证有汤引。

屈戌

今人家窗户设铰具，或铁或铜，名曰环纽，即古金铺之遗意。北方谓之屈戌，其称甚古。梁简文诗："织成屏风金屈戌。"李商隐诗："锁香金屈戌。"李贺诗："屈膝铜铺锁阿甄。"屈膝，当是屈戌。

回回石头

回回石头，种类不一，其价亦不一。大德间，本土巨商中卖红剌一块于官，重一两三钱，估直中统钞一十四万锭，用嵌帽顶上。自后累朝皇帝相承宝重，凡正旦及天寿节大朝贺时则服用之。呼曰剌，亦方言也。今问得其种类之名，具记于后：

红石头四种，同出一坑，俱无白水。

剌淡红色，娇。　避者达深红色，石薄方娇。　昔剌泥黑红色。　苦木兰红黑黄不正之色，块虽大，石至低者。

绿石头三种，同出一坑。

助把避上等暗深绿色。　助木剌中等明绿色。　撒卜泥下等带石，浅绿色。

鸦鹘

红亚姑上有白水。　马思艮底带石，无光，二种，同坑。　青亚姑上等深青色。　你蓝中等浅青色。　屋扑你蓝下等如冰样，带石，浑青色。　黄亚姑　白亚姑

猫睛

猫睛中含活光一缕。　走水石新坑出者，似猫睛而无光。

甸子

你舍卜的即回回甸子，文理细。　乞里马泥即河西甸子，文理粗。　荆州石即襄阳甸子，色变。

黄巢地藏

赵生者，宋宗室子也。家苦贫，居闽之深山，业薪以自给。一日，伐木溪浒，忽见一巨蛇，章质尽白，昂首吐舌，若将噬己，生弃斧斤奔避，得脱。妻问故，具以言。因窃念曰："白鼠白蛇，岂宝物变幻邪？"

即拉夫同往，蛇尚宿留未去，见其夫妇来，回首溯流而上。尾之，行数百步，则入一岩穴中。就启之，得石，石阴刻押字与岁月、姓名，乃黄巢手瘗，治为九穴，中穴置金甲，余八穴金银无算。生掊取畸零，仍旧掩盖。自是家用日饶，不复事事。邻家疑其为盗，告其姊之夫尝为吏者。吏询之严，不敢隐，随馈白金五锭。吏贪求无厌，讼之官。生不获已，主一巨室，悉以九穴奉巨室，广行贿赂，有司莫能问。追帅府特委福州路一官往廉之，巨室私献金甲，因回申云："具问本根所以，实不曾掘发宝藏。"其事遂绝。路官得金甲，珍袭甚，至任满他适，其妻徙置榻下，一夕，闻绕榻风雨声，顷刻而止，颇怪之，夫归共取视，鐍钥如故，启笼乃无有也。生无子，夫妇终老巨室。嗟夫！天地间物苟非我有，虽得之亦终失也。巢之乱唐天下，剽掠宝货，历三四百年，至于我朝，而为编氓所得。氓固得之，不能保之，而卒归于富家。其路官得金甲，自以为子孙百世计，一旦作神物化去。是皆何为贪婪妄求者劝。

官　奴

今以妓为官奴，即官婢也。《周礼·天官·酒人》"奚三百人"注："今之侍史、官婢。"

梵　嫂

唐郑熊《番禺杂记》：广中僧有室家者，谓之火宅僧。宋陶谷《清异录》：京师大相国寺僧有妻，曰梵嫂。

房　老

王子年《拾遗记》：石季伦有妾名翔风，及色衰，退为房老。

鸳衾

孟蜀主一锦被，其阔犹今之三幅帛，而一梭织成。被头作二穴，若云版样，盖以叩于项下，如盘领状，两侧余锦则拥覆于肩，此之谓鸳衾也。杨元诚太史言，儿时闻尊人枢密公云，尝于宋官库见之。

奚奴温酒

宋季，参政家公铉翁，于杭将求一容貌才艺兼全之妾，经旬余，未能惬意。忽有奚奴者至，姿色固美，问其艺，则曰能温酒。左右皆失笑，公漫尔留试之。及执事，初甚热，次略寒，三次微温，公方饮。既而每日并如初之第三次。公喜，遂纳焉，终公之身，未尝有过不及时。归附后，公携入京，公死，囊橐皆为所有，因而巨富，人称曰奚娘子者是也。吁！彼女流贱隶耳，一事精至，便能动人，亦其专心致志而然。士君子之学为穷理正心修己治人之道，而不能至于当然之极者，视彼有间矣。

挂牌延客

江右胡存斋参政，能折节下士，宾客至如家焉。故南北士大夫有经过其地，无不愿见者。每虞阍人不为通刺，苟不出日，即于门首挂一牌云“胡存斋在家”。

买宅有谶

松江在城金世昌者，出继夏氏。尝买废宅，修葺前厅，梁内有凿成金世昌三字。必昔时客商所记姓名，人以为有定数云。

待　　士

恒阳廉文正王希宪，字善父，畏吾氏。由父孝懿王布渔凯官廉访使，氏焉。国初，拜平章政事。秉政日，中书右丞刘武敏公整，以初附为都元帅，骑从甚都，诣门求见。王之兄弟凡十人，后皆至一品，内王弟昭文馆大学士、光禄大夫、蓟国公希贡，犹布衣，为通报。王方读书，略不答。蓟公出，整复浼入言之。因令彻去坐椅，自据中坐，令整入。整展拜起，侧立，不予之一言。整求退，谓曰："此是我私宅，汝欲有所言，明日当诣政事堂。"及出，愧赧无人色。顷之，宋士之在羁旅者，寒饿狼狈，冠衣褴褛，袖诗求见，王之兄弟皆揶揄之。蓟公复为入言，急令铺设坐椅，且戒内人备酒馔，出至大门外，肃入，对坐，出酒馔，执礼甚恭，且录其居止。诸儒但言困苦，乞归。王明日遂言于世皇，皆遂其请。是夜，诸兄弟问曰："今日刘元帅者，主上之所倚任，反菲薄之，江南穷秀才，却礼遇如此其至，我等不能无疑。"王曰："我是国家大臣，言动嚬笑，系天下重轻。整虽贵，卖国叛臣也，故折辱之，令其知君臣义重。若寒士数十，皆诵法孔子者也，在宋，朝不坐，燕不与，何故而拘执于此？况今国家起朔漠，斯文不绝如线，我更不尊礼，则儒术且将扫地矣。"王之作兴斯文若此，是大有功于名教者也。

雇　仆　役

许鲁斋先生在中书日，命牙侩雇一仆役，特选一能应对闲礼节者进，却之，曰："特欲老实耳。"他日，领一蓬首垢面愚呆之人来，遂用之。侩请问其故，先生曰："谚云：马骑上等马，牛用中等牛，人使下等人。马上等能致远，牛中等良善，人下等易驯。若其聪明过我，则我反为所使矣。假如司马温公家一仆，三十年止称君实秀才，苏子瞻学士来谒，闻而教之，明日，改称大参相公，公惊问，以实告，公曰：'好一仆，被苏东坡教坏了。'这便是样子。"

志 异

至正壬辰春，自杭州避难居湖州。三月廿三日，黑气亘天，雷电以雨，有物若果核，与雨杂下，五色间错，光莹坚固，破其实食之，似松子仁，人皆曰娑婆树子。闰月十二日，复雨。八月，过杭州，因知三月十八日亦雨如湖州，郡人初不以为异。及九月十日，红巾犯省治，雨核之地悉被兵火，无有处屋宇如故。余弗之信。九月廿六日，湖州陷，仪凤桥四向焚戮特甚。追思雨核时，桥四向为最多，信前言不诬也。后闻池州亦然，与杭日同，池州之祸，尤可惨也。按白乐天诗集载月中尝坠桂子于天竺寺，叶石林《玉涧杂书》亦云仁宗天圣中，七月八月两月之望，有桂子从空降如雨，其大如豆，杂黄白黑三色，食之味辛，寺僧道式取以种，得二十五本。二书岂尽妄耶？此理殊不可晓。但今又为时谶，尤可异也。

课 马

俗呼牝马为课马者，《唐六典》：凡牝，四游五课，羊则当年而课之。课，岁课驹犊也。

客 作

今人之指佣工者曰客作，三国时已有此语，焦光饥则出为人客作，饱食而已。

咸 杬 子

今人以米汤和入盐草灰以团鸭卵，谓曰咸杬子。按《齐民要术》：用杬木皮淹渍，故名之。若用圆字写，则误矣。

官制资品

公服俱右衽幞头系舒脚	紫罗服，大独科花直径五寸，玉带		紫罗服，小独花直径三寸，花犀带		紫罗服，散答花直径二寸，荔枝金带		紫罗服，小杂花直径一寸，半荔枝金带		紫罗服，小杂花直径一寸半，乌犀带		六品七品绯罗服，小杂花直径一寸，乌犀带		八品九品明绿无纹罗服，乌犀带		路提控案牍府州都吏目典吏等檀褐罗窄衫，乌犀束带	
	正一	从一	正二	从二	正三	从三	正四	从四	正五	从五	正六	从六	正七	从七	正八	从八
爵	国公		郡公		郡侯		郡伯		县子	县男						
勋	上柱国	柱国	上护军	护军	上轻车都尉	轻车都尉	上骑都尉	骑都尉	骁骑尉	飞骑尉						
母妻	国夫人		郡公夫人		郡侯夫人		郡君		县君		恭人		宜人			
文	开府仪同三司 仪同三司	光禄大夫	资德大夫	正奉大夫	正议大夫	太中大夫	中议大夫	朝请大夫	奉政大夫	奉直大夫	承德郎	儒林郎	文林郎	徵事郎	登仕郎	登仕佐郎
	崇进特进	荣禄大夫	资政大夫	通奉大夫	通议大夫	中大夫	中宪大夫	朝散大夫	奉议大夫	奉训大夫	承直郎	承务郎	承事郎	从事郎	将仕郎	将仕佐郎
	金紫光禄大夫 银青荣禄大夫		资善大夫	中奉大夫	嘉议大夫	亚中大夫	中顺大夫	朝列大夫								

（续表）

公服俱右衽系头舒脚	紫罗服，大独科花直径五寸，玉带		紫罗服，小独花直径三寸，花犀带		紫罗服，散答花直径二寸，荔枝金带		紫罗服，小杂花直径一寸，半荔枝金带		紫罗服，小杂花直径一寸半，乌犀带		六品七品绯罗服，小杂花直径一寸，乌犀带		八品九品明绿无纹罗服，乌犀带		路提控案牍府州都吏目典吏等檀褐罗窄衫，乌犀束带	
武			龙虎卫上将军 金吾卫上将军 骠骑卫上将军	奉国上将军 辅国上将军 镇国上将军	昭武大将军 昭毅大将军 昭勇大将军	安远大将军 定远大将军 怀远大将军	广威将军 宣威将军 明威将军	信武将军 显武将军 宣武将军	武节将军 武德将军	武义将军 武略将军	承信校尉 昭信校尉	忠武校尉 忠显校尉	忠勇校尉 忠翊校尉	修武校尉 敦武校尉	保义校尉 进义校尉	保义副尉 进义副尉
司天						钦象大夫 正议大夫	明时大夫 颁朔大夫	保章大夫	司玄大夫	授时郎	灵台郎	侯仪郎	司正郎	平秩郎	正纪郎 挈壶郎	司历郎 司辰郎
太医						保康大夫 保宜大夫	保和大夫 保安大夫	保顺大夫	保冲大夫	保全郎	成安郎	成和郎	成全郎	医正郎	医效郎	医痊郎

（续表）

公服俱右衽幞头系舒脚	紫罗服，大独科花直径五寸，玉带		紫罗服，小独花直径三寸，花犀带		紫罗服，散答花直径二寸，荔枝金带		紫罗服，小杂花直径一寸，半荔枝金带		紫罗服，小杂花直径一寸半，乌犀带		六品七品绯罗服，小杂花直径一寸，乌犀带		八品九品明绿无纹罗服，乌犀带		路提控案牍府州都吏目典吏等檀褐罗窄衫，乌犀束带	
内侍			中散大夫	中引大夫	中仪大夫	中御大夫	中卫大夫	中涓大夫	通侍郎	通御郎	侍正郎	侍直郎	司谒郎	司阍郎	司仆郎	司奉郎 司引郎
教坊						云韶大夫 仙韶大夫	长宁大夫 德和大夫	协律大夫	嘉成大夫	纯和郎	调音郎	司乐郎	协乐郎	和乐郎	司律郎 司音郎	弘声郎 和节郎
文官子荫	正五	从五	正六	从六	正七	从七	正八	从八	正九	从九	省札六十月升从九品	务提领七十二月升从九	使一百八月升从九	监百四十四月升从九	大德四年八月奏准色目人比汉人高一等	
正五两考须历上州尹一任，如无上州尹缺，再历正五一任，方入四品，正从四品内外不分，通八十月与三品正从三品非有司定夺		三考升正五	两考升从五	三考升从五	两考升从六	三考升正七呈省	两考升从七	三考升从七	两考升从八	三考升从八	外任官转升例	至元六年三月奏准外任若三考不及九十月八十一月之上升，两考不及六十月五十五月之上升，所少月日后任贴补，朝官一考升一等，一十五月之上减外任一资，一十五月之上同一等所少月日后任贴补，通升三等止				

奎章政要

文宗之御奎章日，学士虞集、博士柯九思常侍从，以讨论法书名画为事。时授经郎揭傒斯亦在列，比之集、九思之承宠眷者则稍疏。因潜著一书曰《奎章政要》以进，二人不知也。万几之暇，每赐披览。及晏朝，有画"授经郎献书图"行于世，厥有深意存焉。句曲外史张雨题诗曰："侍书爱题博士画，日日退朝书满床。奎章阁中观政要，无人知有授经郎。"盖柯作画，虞必题，故云。

义奴

刘信甫，扬州人，郡富商曹氏奴。曹濒死，以孤托之。孤渐长，孤之叔利孤财，妄诉于府曰："某家资产未尝分析，今悉为侄所据。"郡守刘察其诈，直之。叔之子以父讼不胜，惭且愤，毒父死，而复诉于府曰："弟挟怨杀吾父。"适达鲁花赤马马火者，受署之初，与守不和，竟欲置孤法，并得以中守。引致百余人，皆抑使诬服，曰孤俾某等杀叔，守受孤贿若干。末鞫信甫，信甫曰："杀人者某也，孤实不知，守亦无贿。"既被锻炼无完肤，终无两辞。初，信甫先遣人密送孤至京师，避于一达宦家，嘱之曰："慎毋出。"至是，乃厚以金帛赂达鲁花赤，孤得无预，而信甫减死。既出，叩跸陈告，达鲁花赤以罪罢去，守复官。凡狱讼道里费盖巨万计，孤归，悉算偿。信甫曰："奴之富皆主翁之荫也。今主有难，奴救脱之，分内事耳，宁望求报哉！"力辞不受。

忠倡

至正壬辰秋，边寇陷常州，守吏望风奔溃。徐妇，倡者，寇命以佐燕，乃愤詈弗从，竟刺死之。未几，江浙平章定定来克复，儒流吴寅夫、赵君谟等以从逆伏诛。嘉兴张翔南翼作《忠徐倡诗》以白于世曰："西神峨峨，睢孽蔓乘。兵涂盱膏，国武乏兴。啃尔尸素营贿朋，城弗典守妖狐凌。彼章逢之徒，冠伦魁能，蒲伏袭服，倒授太阿俵以承。天廓不白暑雨冰，纲常沦堕，线绝罔凭。胡为优徐倡，冶容倚市矜。鬓妖驱之俾侑乐，瓶玉肆詈无凌兢。噤讴褫舞余，怒鬟植鬅鬙。铅为钢，刃划膺，载营霸，灼上升。顾守臣巨儒，汗恧衔愧死莫惩。二仪磅礴忠义气，独出下里孰可仍。桓桓执夷徒，乃反经沟塍。尔倡丹衷烛日月，易粉黛誉声绳绳。污渎流，回清澄。”盖吴尝室其少妹，且与生子，名教中所不齿者，一死固有余辜。赵颇纯谨老成，乃亦在列，可哀也已。《随隐漫录》载宋端平二年，李全据高邮城叛，召官奴毛惜惜佐酒，骂曰：“汝本健儿，官家何负于汝而反？吾有死耳，不能为反贼行酒！”全以刃裂口，立命脔之，骂至死不绝。后阃臣以闻，特封英烈夫人，且赐庙。潘紫岩有诗曰：“淮海艳姬毛惜惜，蛾眉有此万人英。恨无匕首学秦女，向使裹头真杲卿。玉骨花颜城下土，冰魂雪魄史间名。古今无限腰金者，歌舞筵中过一生。”噫！当是时也，奸凶得志，势焰熏天，虽厚禄重臣，峨冠世儒，罔不效力执事，战兢奔走于指麾之下，而倡优下贱，乃能奋不顾身，独何人与？夫徐氏之与英烈夫人，同一死耳，而无有为之举申朝廷，褒赠封号，以为世劝，惜哉！

鹰背狗

北方凡皂雕作巢所在，官司必令人穷巢探卵，较其多寡。如一巢而三卵者，置卒守护，日觇视之，及其成彀，一乃狗耳，取以饲养，进之于朝。其状与狗无异，但耳尾上多毛羽数根而已。田猎之际，雕则戾天，狗则走陆，所逐同至，名曰鹰背狗。

志怪

至正乙未正月廿三日，日入时，平江在城忽闻东南方军声且渐近，惊走觇视，他无所有，但见黑云一簇中，仿佛皆类人马，而前后火光若灯烛者，莫知其算，迤逦由西北方而没。惟葑门至齐门居民屋脊龙腰悉揭去，屋内床榻屏风俱仆。醋坊桥董家杂物铺失白米十余石，酱一缸，不知置之何地。此等怪事，竟不可晓。

鬻　爵

至正乙未春，中书省臣进奏，遣兵部员外郎刘谦来江南，募民补路府州司县官，自五品至九品，入粟有差，非旧例之职专茶盐务场者比。虽功名逼人，无有愿之者。既而抵松江时，知府崔思诚惟知曲承使命，不问民间有粟与否也，乃拘集属县巨室，点科十二名，众皆号泣告诉，曾弗之顾，辄施拷掠，抑使承伏，即填空名告身授之。平江路达鲁花赤卒不避谴斥，力争以为不可，竟无一人应募者。崔闻之，深自悔赧。

还金绝交

曹公克明鉴，号以斋，宛平人。为湖广行省员外郎日，麻阳主簿顾渊白致书问讯，且以辰砂一包见寄，未及启封，漫尔置箧笥中。后有宪官过访，因论制药，谓苦无好辰砂。公曰："我有一故人尝以此为惠，当奉送。"及取视，乃有砂金三两杂其内。公惊叹曰："渊白以我为何如人也？"时渊白已没，呼其子归之。其廉洁如此。官至礼部尚书，谥文穆。

画　鬼

王渊，字若水，钱唐人。善山水人物，尤长于花竹翎毛。幼时获侍赵魏公，故多得公指教，所以傅色特妙。天历中，画集庆龙翔寺两庑壁。时都下刘总管者总其事，刘命若水于门首壁上作一鬼，其壁高三丈余，难于著笔，因取纸连粘粉本以呈。刘曰："好则好矣，其如手足长短何？"若水不得其理，因具酒礼再拜求教于刘。刘曰："子能不耻下问，吾当告焉。若先配定尺寸，画为裸体，然后加以衣冠，则不差矣。"若水受教而退，依法为之，果善。

卷八

写 山 水 诀

黄子久散人公望，自号大痴，又号一峰，本姓陆，世居平江之常熟，继永嘉黄氏。颖悟明敏，博学强记。画山水宗董、巨，自成一家，可入逸品。其所作《写山水诀》，亦有理致，迩来初学小生多效之，但未有得其仿佛者，正所谓画虎刻鹄之不成也。

写 山 水 诀

近代作画，多宗董源、李成二家笔法，树石各不相似，学者当尽心焉。

树要四面俱有干与枝，盖取其圆润。

树要有身分，画家谓之纽子。要折搭得中，树身各要有发生。

树要偃仰稀密相间，有叶树枝，软面后皆有仰枝。

画石之法，先从淡墨起，可改可救，渐用浓墨者为上。

石无十步，真石看三面，用方圆之法，须方多圆少。

董源坡脚下多有碎石，乃画建康山势，董石谓之麻皮皴。坡脚先向笔画边皴起，然后用淡墨破，其深凹处，着色不离乎此，石着色要重。

董源小山石，谓之矾头。山中有云气，此皆金陵山景。皴法要渗软，下有沙地，用淡墨扫屈曲为之，再用淡墨破。

山论三远：从下相连不断，谓之平远；从近隔开相对，谓之阔远；从山外远景，谓之高远。

山水中用笔法，谓之筋骨相连，有笔有墨之分。用描处糊突其笔，谓之有墨；水笔不动描法，谓之有笔。此画家紧要处。山石树木皆用此。

大概树要填空，去声。小树大树，一偃一仰，向背浓淡，各不可相犯。繁处间疏处，须要得中。若画得纯熟，自然笔法出现。

画石之妙，用藤黄水侵入墨笔，自然润色。不可用多，多则要滞笔。间用螺青入墨，亦妙。吴妆容易入眼，使墨士气。

皮袋中置描笔在内，或于好景处见树有怪异，便当模写记之，分外有发生之意。登楼望空阔处气韵，看云采即是山头景物，李成、郭熙皆用此法。郭熙画石如云，古人云天开图画者是也。

山水中唯水口最难画。

远水无痕，远人无目。

水出高源，自上而下，切不可断派，要取活流之源。

山头要折搭转换，山脉皆顺，此活法也。众峰如相揖逊，万树相从，如大军领卒，森然有不可犯之色，此写真山之形也。

山坡中可以置屋舍，水中可置小艇，从此有生气。山腰用云气，见得山势高不可测。

画石之法，最要形象，不恶石有三面，或在上，在左侧，皆可为面。临笔之际，殆要取用。

山下有水潭，谓之濑，画此甚有生意，四边用树簇之。

画一窠一石，当逸墨撇脱，有士人家风。才多，便入画工之流矣。

或画山水一幅，先立题目，然后著笔，若无题目，便不成画。更要记春夏秋冬景色，春则万物发生，夏则树木繁冗，秋则万象肃杀，冬则烟云黯淡。天色模糊，能画此者为上矣。

李成画坡脚，须要数层，取其湿厚。米元章论李光丞有后代儿孙昌盛，果出为官者最多。画亦有风水存焉。

松树不见根，喻君子在野。杂树，喻小人峥嵘之意。

夏山欲雨，要带水笔。山上有石，小块堆在上，谓之矾头。用水笔晕开，加淡螺青，又是一般秀润画，不过意思而已。

冬景借地为雪，要薄粉晕山头。

山水之法，在乎随机应变，先记皴法不杂，布置远近相映，大概与写字一般，以熟为妙。纸上难画，绢上矾了，好著笔，好用颜色，易入眼。先命题目，此谓之上品。古人作画，胸次宽阔，布景自然。合古人意趣，画法尽矣。

好绢用水喷湿，石上槌眼匾，然后上帧子。矾法，春秋胶矾停，夏日胶多矾少，冬天矾多胶少。着色，螺青拂石上，藤黄入墨画树，甚色润好看。

作画只是个理字最紧要，吴融诗云"良工善得丹青理"。

作画用墨最难，但先用淡墨，积至可观处，然后用焦墨浓墨，分出畦径远近，故在生纸上有许多滋润处。李成惜墨如金是也。

作画大要去邪、甜、俗、赖四个字。

邓山房

平江会道观主邓山房道枢，绵州人，在宋季为道士，时斋法已精，际遇理、度两朝。一日，谢后遣巨珰召至内后门，泣降德音，且令其责军令状，使无泄，然后谓曰："吾昨夜梦见济王怒甚，以为吾且将兵由独松关入，灭汝社稷矣。吾此梦颇可怪，汝可就南高峰顶，为誉心章，哀告上帝。"已而黄头先锋斩关而来。宋亡后，邓遂筑今观。

狗站

高丽以北名别十八，华言连五城也。罪人之流奴儿干者，必经此。其地极寒，海亦冰，自八月即合，至明年四五月方解，人行其上，如履平地。征东行省每岁委官至奴儿干，给散囚粮，须用站车，每车以四狗挽之，狗悉谙人性。站有狗分例，若克减之，必啮其主者，至死乃已。

五马入门

吾乡陈刚中先生孚，临海县人。国初时，尝为僧，以避世变。一日，大书所作诗于其父执某之粉墙上云："我不学寇丞相，地黄变发发如漆。又不学张长史，醉后挥毫扫狂墨。平生绀发三千丈，几度和云眠石上。不合感时怒冲冠，天公罚作圆顶相。肺肝本无儿女情，亦岂惜此双鬓青。只忆山间秋月冷，搔首不见鬖髿影。”父执见之，曰：“此子欲归俗也。”呼来馆谷之，命养发。经半年余，谓曰：“汝当娶，吾将以女事汝。”先生辞谢再三。既而命寓他所，遣媒妁行言，择日迎归。父执喜曰：“五马入门矣。”先生虽获佳偶，自妻母以至妻之兄姊弟妹皆不然，遂挈家入京，馆阁诸老，交章荐举，入翰林。会朝廷遣使交趾，授先生礼部郎中，副之。至交州，尝有诗曰：“老母越南垂白发，病妻塞北倚黄昏。蛮烟瘴雨交州客，三处相思一梦魂。”及抵安南国，以文字言语谕之，其国遂降，将其世子并国相入朝。后以功授治中，典乡郡，终老焉。若父执者，可谓识人也已。

隐逸

吾乡吕徽之先生□□，家仙居万山中，博学能诗文，问无不知者，而安贫乐道，常逃其名，耕渔以自给。一日，携楮币诣富家易谷种，值大雪，立门下，人弗之顾。徐至庭前，闻东阁中有人分韵作雪诗，一人得“滕”字，苦吟弗就，先生不觉失笑。阁中诸贵游子弟辈闻得，遣左右诘之，先生初不言，众愈疑，亲自出见，先生露顶短褐，布袜草屦，辄侮之，询其见笑之由。先生不得已，乃曰：“我意举滕王蛱蝶事耳。”众始叹伏，邀先生入坐。先生曰：“我如此形状，安可厕诸君子间？”请之益坚，遂入阁。众以“藤、滕”二字请先生足之，即援笔书曰：“天上九龙施法水，人间一鼠啮枯藤。鹜鹅声乱功收蔡，蝴蝶飞来妙过滕。”复请粘“昙”字韵诗，又随笔写云：“万里关河冻欲含，浑如天地尚函三。桥边驴子诗何思，帐底羔儿酒正酣。竹委长身寒郭索，松埋短发老瞿昙。不如乘此擒元济，一洗江南草木惭。”写讫，便出门，留之不可得，问其姓字亦不答。皆惊讶曰：“尝闻吕处士名，欲一见而不能，先生岂其人邪？”曰：“我农家，安知吕处士为何如人？”惠之谷，怒曰：“我岂取不义之财。”必易之，刺船而去。遣人遥尾其后，路甚僻远，识其所而返。雪晴，往访焉，惟草屋一间，家徒壁立，忽米桶中有人，乃先生妻也，因天寒故坐其中。试问徽之先生何在，答曰："在溪上捕鱼。"始知真为先生矣。至彼果见之，告以特来候谢之意。隔溪谓曰："诸公先到舍下，我得鱼，当换酒饮诸公也。"少顷携鱼与酒至，尽欢而散。回至中途，夜黑，不良于行，暂憩一露棚下，适主人自外归，乃尝识面者，问所从来，语以故，喜曰："是固某平日所愿见者。"止客宿，翼旦，客别，主人蹑其踪，则先生已迁居矣。又一日，先生与陈刚中治中遇于道，治中策蹇驴，时犹布衣，见先生风神高简，问曰："得非吕徽之乎？"曰："然。足下非陈刚中乎？"曰："然。"握手若平生欢，共论驴故事。先生言一事，治中答一事，互至四十余事，治中止矣。先生曰："我尚记得有某出某书，某出某传。"又三十余事。治中深敬之。

关节梯媒

《杜阳杂编》云：元载宠姬薛瑶英，善为巧媚，载惑之。瑶英之父曰宗本，兄曰从义，与赵娟相递出入，以构贿赂，号为关节。赵娟本岐王爱妾，后出为薛氏妻，生瑶英三人，更与中书主吏卓倩等为腹心，而宗本辈以事告者，载未尝不颔之，天下赍宝货求大官，无不恃载权势，指薛卓为梯媒。又李肇《国史补》总叙进士科云："造请权要，谓之关节。"牛轲《牛羊日历》云："由是轻薄奔走，扬鞭驰骛，以关节紧慢为甲乙。"以此推之，则谚所谓打关节，有梯媒者，不为无祖矣。

利　市

利市之说，到处皆然。《易・说卦》："巽为利市三倍。"

志　苗

杨完者，字彦英，武冈绥宁之赤水人。为人阴鸷酷烈，嗜斩杀。初，群无赖啸聚溪洞，完者内深贼，持权诈，故众推以为长。王事日棘，湖广陶梦祯氏举师勤王，闻苗有众，习斗击，遣使往招之，由千户累阶至元帅。梦祯死，枢密院判阿鲁恢总兵驻淮西，仍用招纳。既得旁缘入中国，不复可控制，略上江，顺流而下，直抵扬州。禽兽之行，绝天逆理，民怨且怒，共起义，攻杀之。余党奔溃，度扬子，宿留广德、吴兴间。至正十六年春二月朔，淮人陷平江。时江浙行中书省丞相塔失帖木儿有旨得便宜从事，嘉兴北连平江，南去杭州无二百里，为藩镇喉舌，有司告援急星火，驿使交道中不绝，丞相兵少，策无所出，以完者来守之。完者取道自杭，以兵劫丞相，升本省参知政事，填募民入粟空名告身予之，即拜添设左丞。所统苗獠洞猺答剌罕等，无尺籍伍符，无统属，相谓曰阿哥，曰麻线，至称主将亦然。喜著斑斓衣，制衣袖广狭修短与臂同，衣幅长不过膝，袴如袖，裙如衣，总名曰草裙、草袴。固脰以兽皮，曰护项。束腰以帛，两端悬尻后若尾。无间晴雨，被毡毯，状绝类犬。按《邕管杂记》、《溪蛮丛笑》等书所载，五溪之蛮，尽槃瓠种属，曰貓，曰猺，曰獞，曰犵狑，曰犵狫，字皆从犬，则谚所谓苗犬者，信然。军中无金鼓，杂鸣小锣，以节进止。其锣若卖货郎担人所敲者。夜遣士卒伏路，曰坐草。军行尚首功，资抄掠。抄掠曰检刮，检刮者，尽取而靡有孑遗之意。所过无不残灭。掳得男女，老羸者、甚幼者、色陋者杀之，壮者曰土乖，幼者曰赖子，皆驱以为奴。人之投其党者，曰入火。妇人艳而皙者，畜为妇，曰夫娘。人有三四妇，多至十数，一语不合，即剸以刃，与之处者，得至日暮无恙，则心窃自贺。古云"好则人，怒则兽"，形容尽之矣。是月，丞相又以王与敬摄元帅事，守松江。与敬据郡应平江，完者遣部将萧亮员成来，与敬奔。苗有松江，火一月不绝，城邑殆无噍类。偶获免者，亦举刖去两耳。掠妇女，劫货财，残忍贪秽，惨不忍言。官庾尚有粟四十万余，籍为己有。越五十日，平江兵破淀湖栅，苗夜遁去。秋，平江兵入杭，苗将吴大旺败，完者自嘉兴来，驻兵城东菜市桥外，未即进，民自为战胜，完者兵淫刑以逞，嘉兴仅保孤城，城之外悉遭兵燹，有穷目力所至无寸草尺木处。完者虽阳浮尊事丞相，生杀予夺，于己是决，丞相仅得署成案。然浙江之南则行御史台总督官迈里古思，建德路则达鲁花赤古笃鲁丁，各自为守，苗不敢犯其境，完者之威令，仅行于杭州、嘉兴两郡而已。筑营德胜堰，周围三四里，子女玉帛皆在焉，且以为鄜坞计。用法刻深，任势立威，而邓子文、金希尹、王彦良之徒，又悉邪佞轻佻，左右交煽，气焰翕忽。时左丞李伯升、行枢密同知史文炳、行枢密同佥吕珍等，皆先魁淮旅而降顺者，丞相以其众攻杀之。既受围，遣吏致牲酒于文炳，为可怜之意曰："愿少须臾毋死，得以底里上露。"报不可。完者乘躁力战，败，尽杀所有妇女，自经以死。独平章庆童女，以先往在富阳，得免。平章女已尝许嫁亲王，为完者强委禽焉，至是未及三月，故数其罪者此居首。诸军开门纳款，惟恐弗先。文炳解衣裹尸瘗之，祭哭尽哀。十八年秋八月也。完者部将宋兴在嘉兴闭城自守，亦攻降之，城中燔毁者三之二，民遇害者十之七。南村野史曰：苗入华夏，民之不幸，亦国家之不幸也。国以民为本，本不固矣，邦奚以宁？为之将若相者，在于明黜陟，严赏罚，奉将天威，降者招之，逆者讨之，以培国家之本可也。顾于此而不为，又无他奇谋远略，而乃借重于非类，正犹开虎兕之柙而使赴犬羊耳，尚冀保民命为社稷计，一何愚哉！罪恶贯盈，天怒于上，败亡戮辱，身膏草野，民争以为快，实亦自取之也。惟完者则有说焉。完者宠荣过望，岂有贰志，忠君爱民之道，颇亦见诸行事，独矜己犯分，贪财好色，固夷性所然，君子责备贤者，于此可以略之，则罪亦未至于死也。兼以所部吏卒，视完者起身等寒微，故威令有所不信，急之则恐内变，缓之则坏法败度，遂卒至于如此，亦可哀矣。又惜乎草草之举，断自一时，吾恐国家之本铲刈殆尽，虽有智谋之士，亦无如之何矣。天乎人乎！吾不得而知也。

双　砚　堂

周待制月岩先生仁荣买地于府城之郑捏儿坊，创义塾以淑后进。筑础时，掘地深才数尺，有青石，获双砚，砚有款识，乃唐郑司户虔故物。塾既成，遂名双砚堂。尔后，先生之弟本道先生仔肩登庚申科，仕至惠州判官。虔字弱齐，俗讹为捏儿云。

嫁妾犹处子

先师钱先生璧，字伯全，壬申科进士。端重清慎，语不伤气。尝纳一女鬟，风姿秀雅，殊可人意。室氏劝先生私之，正色而答曰："我之所以置此者，欲以侍巾栉耳，岂有他意哉！汝乃反欲败吾德耶？"即具资嫁之，果处子也。先生，云间人。

聂碧窗诗

京口天庆观主聂碧窗，江西人，尝为龙翔宫书记。国初时，诏赦至，感而有诗曰："乾坤杀气正沉沉，又听燕台降德音。万口尽传新诏好，累朝谁念旧恩深。分茅列土将军志，问舍求田父老心。丽正立班犹昨日，小臣无语泪沾襟。"又哀被虏妇云："当年结发在深闺，岂料人生有别离。到底不知因色误，马前犹自买胭脂。"又咏胡妇云："双柳垂鬟别样梳，醉来马上倩人扶。江南有眼何曾见，争卷珠帘看固姑。"

玉　　腴

江邻几《杂志》云：丁正臣赍玉腴来馆中，沈休文云："福州人谓之佩羹。"即今鱼脬是也。

蟹　　断

陆龟蒙《蟹志》云：稻之登也，率执一穗以朝其魁，然后任其所之。蚕夜嘈沸指江而奔，渔者纬萧承其流而障之，名曰蟹断。然"纬萧"二字尤奇。

作今乐府法

乔孟符吉博学多能,以乐府称。尝云:"作乐府亦有法,曰凤头、猪肚、豹尾六字是也。大概起要美丽,中要浩荡,结要响亮,尤贵在首尾贯穿,意思清新,苟能若是,斯可以言乐府矣。"此所谓乐府,乃今乐府,如《折桂令》、《水仙子》之类。

岷江绿

太师伯颜擅权之日,剡王彻彻都、高昌王帖木儿不花皆以无罪杀。山东宪吏曹明善时在都下,作《岷江绿》二曲以风之,大书揭于五门之上。伯颜怒,令左右暗察得实,肖形捕之,明善出避吴中一僧舍。居数年,伯颜事败,方再入京。其曲曰:"长门柳丝千万缕,总是伤心处。行人折柔条,燕子衔芳絮,都不由凤城春做主。""长门柳丝千万结,风起花如雪。离别重离别,攀折复攀折,苦无多旧时枝叶也。"此曲又名《清江引》,俗曰《江儿水》。

温暾

南人方言曰温暾者,乃微暖也。唐王建《宫词》"新晴草色暖温暾"。又白乐天诗"池水暖温暾"。则古已然矣。

飞云渡

飞云渡风浪甚恶,每有覆舟之患。有一少年子,放纵不羁,尝以所生年月日时就日者问平生富贫寿夭,有告曰:"汝之寿莫能逾三旬。"及遍叩他日者,言亦多同。于是意谓非久于人世,乃不娶妻,不事生产作业,每以轻财仗义为志。尝俟船渡傍,见一丫鬟女子,徘徊悲戚,若将赴水,少年亟止之,问曰:"何为轻生如此?"答曰:"我本人家小婢，主人有姻事，暂借亲眷珠子耳环一双，直钞三十余锭，今日送还，竟于中途失去，宁死耳，焉敢归？”少年曰：“我适拾得，但不审果是汝物否？”方再三磨问颗数装束，实是，遂同造主人。主人感谢，欲赠以礼，辞不受。既而主人怒此婢，遣嫁业梳剃者，所居去渡所咫尺间。期岁，少年与同行二十有八人将过渡，道遇一妇人，拜且谢，视之，乃失环女也，因告其故于夫，屈留午饭。余人先登舟，俄风涛大作，皆葬鱼腹。盖少年能救人一命，而造物者亦救其一命以答之。后少年以寿终。渡在温之瑞安。

汉　子

今人谓贱丈夫曰汉子。按北齐魏恺自散骑常侍迁青州长史，固辞，文宣帝大怒曰：“何物汉子，与官不就！”又段成式《庐陵官下记》：韦令去西蜀时，彭州刺史被县令密论诉，韦前期勘知，屈刺史诣府陈谢。及回日，诸县令悉远迎，所诉者为首，大言曰：“使君今日可谓朱研益丹矣。”刺史笑曰：“则公便自研朱汉子也。”

长　年

吾乡称舟人之老者曰长年。长，上声。盖唐已有之矣。杜工部诗云：“长年三老歌声里，白昼摊钱高浪中。”《古今诗话》谓川峡以篙手为三老，乃推一船之最尊者言之耳。因思海舶中以司柁曰大翁，是亦长年、三老之意。

龙见嘉兴

檇李郭元之言：至正乙未秋七月三日，城东马桥上白龙挂，盲风怪雨，天暗黑若深夜然，坏民居五百余所，大木尽拔，木自半空坠下，悉折为二，杂以万瓦乱飞，溪水直立，人皆叫号奔走，不暇顾妻子。龙由马桥历城北北丽桥，望太湖而去。时方在家，家去城可三里许，如闻万屋齐压。急出户四望，黑云汹涌，失府城所在。经一二时，方乃开霁。不一年，为战斗之地。凡龙所过处，荆棘寒烟，衰草野磷，视昔时之繁华如一梦也。

星入月

松江孙元璘言：至正乙未七月六日夜，自平江归，泊舟城西栅口，方掀蓬露坐，忽见一星，大如杯碗，色白而微青，尾长四五丈，光焰烛天，戛然有声，由东北方飞入月中而止。此时月如仰瓦，正乘之，无偏倚，若人以手拾置其中者。尝记宋张端义《贵耳集》云：丁亥年，余为仪真录参。十月二十三日夜，因观天象，见一星入月。算历者邹淮绝早相别，云："昨夜星入月，恐两淮兵动，不可住，径唤渡过建康。"余问之："古有此否？"邹云："汉献帝时，一次星入月，今再见也。"十一月十二日，刘倬举兵僇孝姑，姑反戈，一城狼狈，仅以身免，继此兵祸未泯也。据此说，则松江之祸，亦非偶然。松江自丙申二月十八日军乱，越三日，苗来克复，首尾两月之间，焚杀掳掠，十里之城，悉化瓦砾之区，视他郡尤可畏。是则星入月不知此时在于何所分野，顾乃松江独应其兆与？

军中礼士

浙省参政董公抟霄，字孟起，以名行。当至正癸巳之间，总兵戍昱岭、独松、千秋三关日，号令严肃，民赖以安，及克复诸郡，不杀掳，不抄掠。其御将帅也，凛然不可犯，而四方之士归之者，礼遇勤至，尊酒在前，起立捧觞，既恭且和，然复取其所长而任之。若董公者，可谓得待士之体矣。

不耐烦

不耐烦三字，见《宋书》庾登之弟仲文传。

阿　谁

阿谁二字，见《三国志·庞统传》。

卷九

文章宗旨

卢疏斋先生《文章宗旨》云：大凡作诗，须用《三百篇》与《离骚》，言不关于世教，义不存于比兴，诗亦徒作。夫诗，发乎情，止乎礼义，《关雎》乐而不淫，哀而不伤，斯得性情之正，古人于此观风焉。赋者，古诗之流也。前极宏侈之规，后归简约之制，故班固《二都》之赋，冠绝千古，前极铺张巨丽，故后必称典谟训诰之作终焉。厥后十数作者，仿而效之，盖诗人之赋必丽以则也。古今文章，大家数甚不多见。六经不可尚矣。战国之文，反覆善辨，孟轲之条畅，庄周之奇伟，屈原之清深，为大家。西汉之文，浑厚典雅，贾谊之俊健，司马之雄放，为大家。三国之文，孔明之二表，建安诸子之数书而已。西晋之文。渊明《归去来辞》，李令伯《陈情表》，王逸少《兰亭叙》而已。唐之文，韩之雅健，柳之刻削，为大家，夫孰不知。然古文亦有数。汉文司马相如、扬雄，名教罪人，其文古。唐文韩外，元次山近古，樊宗师作为苦涩，非古。宋文章家尤多，老欧之雅粹，老苏之苍劲，长苏之神俊，而古作甚不多见。盖清庙茅屋谓之古，朱门大厦谓之华屋可，谓之古不可。大羹玄酒谓之古，八珍谓之美味可，谓之古不可。知此者，可与言古文之妙矣。夫古文以辨而不华，质而不俚为高，无排句，无陈言，无赘辞。夫记者，所以纪日月之远近，工费之多寡，主佐之姓名，叙事如书史法，《尚书·顾命》是也，叙事之后，略作议论以结之，然不可多，盖记者，以备不忘也。夫叙者，次序其语，前之说勿施于后，后之说勿施于前，其语次第不可颠倒，故次叙其语曰叙。《尚书》序、《毛诗》序，古今作序大格样。《书》序首言画卦书契之始，次言皇坟帝典三代之书，及夫子定书之由，又次言秦亡汉兴求书之事。《诗》序首言六义之始，次言变风变雅之作，又次言二南王化之自。碑文惟韩公最高，每碑行文，言人人殊，面目首尾，决不再行蹈袭。神道碑揭于外，行文稍可加详，埋文圹记，最宜谨严，铭字从金，一字不泛用。善为文者，宜如古诗雅颂之作，行实之作当取其人平生忠孝大节，其余小善寸长，书法宜略。为人立传之法亦然。跋，取古诗“狼跋其胡”之义，犯前则躐其胡，跋语不可多，多则冗，尾语宜峻峭，以其不可复加之意。说，则出自己意，横说竖说，其文详赡抑扬，无所不可，如韩公《师说》是也。真公编次古文，自西汉而下，它并不录，迄唐，惟存韩公四记、柳公游西山六记而已。古文之难，岂其然乎。

麻答把历

耶律文正王于星历、医卜、杂算、内算、音律、儒释、异国之书，无不通究。尝言西域历五星密于中国，乃作麻答把历，盖回鹘历名也。

续演雅发挥

白湛渊先生《续演雅》十诗发挥云：“‘海青羽中虎，燕燕能制之，小隙沉大舟，关尹不吾欺’者，海青，俊禽也，而群燕缘扑之即坠。物受于所制者，无小大也。”右一“‘草食押不芦，虽死元不死，未见涤肠人，先闻弃箦子’者，漠北有名押不芦，食其汁立死，然以它药解之即苏。华佗洗肠胃攻疾，疑先服此也。”右二“‘谁令珠玉唾，出彼藜藿肠，仁人不为宝，良贾宜深藏’者，和林有尼，能吐珠玉杂宝也。”右三“‘婴啼闻木枝，羝乳见茅茹，何如百年身，反尔无根据’者，漠北种羊角，能产羊，其大如兔，食之肥美。婴啼木枝，见《山海经》所载。”右四“‘西狩获白麟，至死意不吐，代北有角端，能通诸国语’者，角端，北地异兽也，能人言，其高如浮图。”右五“‘才脱海鹤喙，已登方物舆，仰面勿啾啾，我长非侨如’者，小人长仅七寸，夫妇二枚，形体毕具也。”右六“‘羯尾大如斛，坚车载不起，此以不掉灭，彼以不掉死’者，西漠有羯，尾大于身之半，非车载尾，不可行也。”右七“‘八珍殽龙凤，此出龙凤外，荔枝配江鲱，徒夸有风味’者，谓迤北八珍也。所谓八珍，则醍醐、麈沆、野驼蹄、鹿唇、驼乳糜、天鹅炙、紫玉浆、玄玉浆也。玄玉浆即马妳子。”右八“‘滦人薪巨松，童山八百里，世无奚超勇，惆怅度易水’者，取松煤于滦阳，即今上都，去上都二百里，即古松林千里，其大十围，居人薪之，将八百里也。”右九“‘两驼侍雪立，终日饥不起，一觉沙日黄，肉屏那足拟’者，沙漠雪盛，命两驼趺其旁，终夜不动，用断梗架片毡其上，而寝处于下，暖胜肉屏，且不起心兵也。”右十

面花子

今妇人面饰用花子，起自唐昭容上官氏所制，以掩黥迹。大历已前，士大夫妻多妒悍，婢妾小不如意，辄印面，故有月黥、钱黥。事见《酉阳杂俎》。

奇疾

今上之长公主之驸马刚哈剌咱庆王，因坠马，得一奇疾，两眼黑睛俱无，而舌出至胸，诸医罔知所措。广惠司卿聂只儿，乃也里可温人也，尝识此证，遂剪去之。顷间，复生一舌，亦剪之，又于真舌两侧各去一指许，却涂以药而愈。时元统癸酉也。广惠司者，回回之为医者隶焉。

磨兜鞬

襄州谷城县城门外道傍石人缺剥，腹上有字云：“磨兜鞬，慎勿言。”是亦金人之流也。距县西五十里，有石人二，相偶而立，腹上题刻，一云“已及”，一云“未匝”，不可得而详也。《浮休阅目集》

葛大哥

吾乡临海章安镇有蔡木匠者，一夕，手持斧斤自外归，道由东山。

东山，众所殡葬之处。蔡沉醉中，将谓抵家，扪其棺，曰："是我榻也。"寝其上。夜半酒醒，天且昏黑，不可前，未免坐以待旦。忽闻一人高叫，棺中应云："唤我何事？"彼云："某家女病损证，盖其后园葛大哥淫之耳，却请法师捉鬼，我与你同行一观如何？"棺中云："我有客至，不可去。"蔡明日诣主人曰："娘子之疾，我能愈之。"主人惊喜，许以厚谢。因问屋后曾种葛否，曰："然。"蔡遍地翻掘，内得一根，甚巨，斫之，且有血，煮啖女子，病即痊。

万柳堂

京师城外万柳堂，亦一宴游处也。野云廉公一日于中置酒，招疏斋卢公、松雪赵公同饮。时歌儿刘氏名解语花者，左手折荷花，右手执杯，歌《小圣乐》云："绿叶阴浓，遍池亭水阁，偏趁凉多。海榴初绽，朵朵蹙红罗。乳燕雏莺弄语，对高柳鸣蝉相和。骤雨过，似璚珠乱撒，打遍新荷。人生百年有几，念良辰美景，休放虚过。富贫前定，何用苦张罗。命友邀宾宴赏，饮芳醑，浅斟低歌。且酩酊，从教二轮，来往如梭。"既而行酒，赵公喜，即席赋诗曰："万柳堂前数亩池，平铺云锦盖涟漪。主人自有沧洲趣，游女仍歌白雪词。手把荷花来劝酒，步随芳草去寻诗。谁知只尺京城外，便有无穷万里思。"此诗集中无。《小圣乐》乃小石调曲，元遗山先生好问所制，而名姬多歌之，俗以为"骤雨打新荷"者是也。

树鸣

金石草木之变异，杂见于传记，数年来，天下扰攘，怪事尤甚，信前人之书不诬也。至正丙申，浙西诸郡皆有兵，正月，嘉兴枫泾镇戴君实门首柳树若牛鸣者三，主人与仆从悉闻之，斩其树。不一月，苗军抄掠资产。又两月，屋毁于兵。是岁寒食日，海盐州赵初心率子侄辈诣先垅汛扫松楸，忽闻如老鹳作声，戛戛不绝，审听所在，乃是一柏树。顷间，众树同声和之，一二时方止，举家惶惑。至八月，苗军火其居。明年六月，红军掠货财妇女，而侄善如死于难。余亲见君实馆宾黄伯成与初心之孙元衡说。元衡，善如子也。其事虽迟速不同，而二家之遭祸则一。吁，诚异哉！

松江官号

至正丙申正月，常熟州陷，松江府印造官号，给散吏兵佩带，以防奸伪。号之制作，画为圆圈，绕圈皆火焰，圈之内一府字，以府印印府字上，圈之外四角，府官花押。民间谣曰："满城都是火，府官四散躲，城里无一人，红军府上坐。"不二月，城破，悉如所言。

割势

杭州赤山之阴曰筲箕泉，黄大痴所尝结庐处。其徒弟沈生，狎近侧一女道姑，同门有欲白之于师，沈惧，引厨刀自割其势，几死。众救得活，而疮口流血，经月余不合。偶问诸阉奴，教以煆所割势，捣粉酒服。如其言，不数日而愈。

题屏谢客

三宝柱，字廷珪，色目人，颇以才学知名。虽湛于酒色，而能练达吏事，刚正有守。为浙省郎中日，大书四句于门屏之上曰："逆刮蛟龙鳞，顺捋虎豹尾，若将二伎论，尤比干人易。"其意盖以杜绝人之求请耳，然亦隘矣哉，终不大显达，而死于难。

婚启

至元间，平原郡公赵氏与芮，宋福王也，其子娶全竹斋少保之女，婚启内一联云："依光蓟北，苟安公位之居；回首江南，惟重母家之念。"尽有味。

陶母碑

陶侃母得古正之道，发人伦之本，将示教于天下，谓朴散俗坏，乐溃礼阙，有子不教，不至于道，若失大训，不可登于伟望。乃求师傅，延英茂，终日迫于用，不欲子却客。俄而车盖载止，饩馈并竭，苟失其人，子将不进。计画始成，确然独断，谓发可弃，训不可失。乃金刀既止，鬒发云散，怡然无咨嗟之色，俨若待宾之具。上恐不足以显恭，下未可谓训子。顾其母激忿填膺，寸晷是学，不追于至，以超圣人之域，焕乎贤者之业。且礼信仁义，君子之事，妇人何得而知？盖世道大丧，其俗已乱，故妇人贤者，得以行其事。千古之下，厥行独明。当时为人之父，为人之母，睹斯行，闻斯举，得不激厉乎？苟天下皆如陶母之志，则天下皆陶之子也。盖人谓子幼而蒙稚，不致精训，致悖大道，乱人纪，良可惜哉。铭曰：发也者，为养之具。宾也者，致教之英。苟非异礼，孰能作世之程。千载之下，如陶之母，安可继乎齐英。宗仪因读唐皇甫持正先生湜文集，见《陶母碑》，不觉泣数行下。追惟先妣拳拳于教子，真有陶母之志，是故今翰林承旨蜕庵张先生翥所撰墓铭有曰“夫家贫，劬力纺绩，以给诸子，无废学”之辞，自顾不肖，不克勉于学，以成令名，罪莫大焉，谨录于此，庶亦可以自惧也。

许文懿先生

婺州许白云先生谦，字益之，隐居金华山，四十年不入城府，著书立言，足以垂教后世。浙东廉使王公继学访先生于山中，谓先生清气逼人可畏。既退，明日以学行荐于朝。有录其举文至者，先生方讲说，目不一少视，其无意于仕宦如此。先生殁，追谥文懿先生。

谣言

后至元丁丑夏六月，民间谣言朝廷将采童男女，以授鞑靼为奴婢，且俾父母护送，抵直北交割。故自中原至于江之南，府县村落，凡品官庶人家，但有男女年十二三以上，便为婚嫁，六礼既无，片言即合。至于巨室，有不待车舆亲迎，辄徒步以往者。盖惴惴焉惟恐使命戾止，不可逃也。虽守土官吏，与夫韃靼色目之人，亦如之，竟莫能晓。经十余日才息。自后有贵贱、贫富、长幼、妍丑匹配之不齐者，各生悔怨，或夫弃其妻，或妻憎其夫，或讼于官，或死于夭，此亦天下之大变，从古未之闻也。吴中僧祖柏号子庭者，素称滑稽，口占绝句曰："一封丹诏未为真，三杯淡酒便成亲。夜来明月楼头望，惟有姮娥不嫁人。"又有人集古句云："翡翠屏风烛影深，良宵一刻值千金。共君今夜不须睡，明日池塘是绿阴。"可谓深于命意者矣。

兽医

世以疗马者曰兽医，疗牛者曰牛医。《周礼·天官冢宰》篇"兽医下士八人"，注："兽，牛马之属。"按此，则疗牛者亦当曰兽医矣。

想肉

天下兵甲方殷，而淮右之军嗜食人，以小儿为上，妇女次之，男子又次之。或使坐两缸间，外逼以火，或于铁架上生炙。或缚其手足，先用沸汤浇泼，却以竹帚刷去苦皮。或盛夹袋中，入巨锅活煮。或刲作事件而淹之。或男子则止断其双腿，妇女则特剜其两乳。酷毒万状，不可具言。总名曰想肉，以为食之而使人想之也。此与唐初朱粲以人为粮，置捣磨寨，谓啖醉人如食糟豚者无异，固在所不足论。唐张鷟《朝野佥载》云：武后时，杭州临安尉薛震，好食人肉，有债主及奴诣临安，止于客舍，饮之醉，并杀之，水银和煎，并骨销尽。后又欲食其妇，妇知之，逾墙而遁，以告县令。令诘之，具得其情，申州录事奏，奉敕杖一百而死。段成式《酉阳杂俎》云：李廓在颍州，获火光贼七人，前后杀人，必食其肉。狱具，廓问食肉之故，其首言："某受教于巨盗，食人肉者，夜入人家，必昏沉，或有魇不寤者。"《卢氏杂说》云：

唐张茂昭为节镇，频吃人肉。及除统军到京，班中有人问曰："闻尚书在镇好人肉，虚实？"笑曰："人肉腥而且肕，争堪吃？"《五代史》云：苌从简家世屠羊，从简仕至左金吾卫上将军，尝历河阳、忠武、武宁诸镇，好食人肉，所至多潜捕民间小儿以食之。赵思绾好食人肝，及长安城中食尽，取妇女幼稚为军粮，每犒军，辄屠数百人。《九国志》云：吴将高澧好使酒，嗜杀人而饮其血，日暮，必于宅前后掠行人而食之。宋庄季裕《鸡肋编》云：自靖康丙午岁，金狄乱华，盗贼官兵以至居民更互相食，全躯暴以为腊。登州范温，率忠义之人，泛海到钱唐，有持至行在犹食者。老瘦男子瘦词谓之饶把火，妇人少艾者名之不羡羊，小儿呼为和骨烂。又通目为两脚羊。赵与时《宾退录》云：本朝王继勋，孝明皇后母弟，太祖时，屡以罪贬，后以右监门卫率府副率分司西京，残暴愈甚，强市民间子女，以备给使，小不如意，即杀而食之。太宗即位，会有诉者，斩于洛阳。又知钦州林千之，坐食人肉削籍隶海南。嗟夫！食人之肉，人亦食其肉，此兵革间之流惨耳，君子所不愿闻者。其薛震辈，当天下宴安之日，而又身为显宦，岂无珍羞美膳足以厌其口腹，顾乃喜啖人肉，是虽人类而无人性者矣，终至于诛斩窜逐而后已，天之报施，不亦宜乎！

王眉叟

王眉叟寿衍，号溪月，杭州人。出家为道士，受知晋邸，后以弘文辅道粹德真人管领郡之开元宫。浙省都事刘君时中致者，海内名士也，既卒，贫无以为葬，躬往吊哭，周其遗孤，举其柩葬于德清县，与己之寿穴相近，春秋祭扫不怠。然此事行之于异教中，尤不易得。

钱唐

钱唐二字，其来甚远。按《史记·始皇本纪》：至云梦，浮江下丹阳，至钱唐，临浙江，上会稽，立石刻颂秦德。《西汉·地理志》亦有钱唐县。今唐字从土，则误矣。盖以钱易土，及捐钱筑塘等事，皆傅会之辞，自注《世说》者已然，况后世乎？

漱芳亭

道士张伯雨，雨号句曲外史，又号贞居，尝从王溪月真人入京。初，燕地未有梅花，吴闲闲宗师全节时为嗣师，新从江南移至，护以穹庐，扁曰漱芳亭。伯雨偶造其所，恍若与西湖故人遇，徘徊既久，不觉熟寝于中。真人终日不见伯雨，深以为忧，意其出外迷失街道也。梦觉，日已暮矣，归道所由，嗣师笑曰："伯雨素有诗名，宜作诗以赎过。"伯雨遂赋长诗，有"风沙不惮五千里，将身跳入仙人壶"之句。嗣师大喜，送翰林集贤尝所往来者袁学士伯长、谢博士敬德、马御史伯庸、吴助教养浩、虞修撰伯生和之。他日，伯雨往谒谢诸公，惟虞先生全不言儒者事，只问道家典故，虽答之，或不能详。末问："能作几家符篆？"曰："不能。"先生曰："某试书之，以质是否。"连书七十二家。伯雨汗流浃背，辄下拜曰："真吾师也。"自是托交甚契，故与先生书，必称弟子焉。伯雨，杭州人。

食品有名

水之咸淡相交处产河豚。河豚，鱼类也，无鳞颊，常怒气满腹，形殊弗雅，然味极佳。煮治不精，则能杀人，所以东坡先生在资善堂与人谈河豚之美云："据其味，真是消得一死。"浙西惟江阴人尤珍之，每春首初出时，必用羞祭品毕，然后作羹，而邻里间互相馈送以为礼。腹中之脺曰西施乳。夫西施，一美妇耳，岂乳亦异于人耶？顾千载而下，乃使人道之不置如此，则夫差之亡国非偶然矣。若鲚鱼子名螳螂子，及松江之上海、杭州之海宁人，皆喜食蟚蜞螯，名曰鹦哥嘴，以有极红者似之故也，二物象形而云，又非西施乳之比矣。按《类编·鱼部》引《博雅》云："鯸鮧盈之反。鲀也，背青腹白，触物即怒，其肝杀人。"正今人名为河豚者也。然则豚当为鲀。

火　灾

至正辛巳暮春之初，江浙行省平章政事只理瓦台入城之任之日，衣红，儿童谣曰："火殃来矣。"至四月十九日，杭州灾，毁官民房屋公廨寺观一万五千七百五十五间，烧死七十四人。明年壬午四月一日，又灾，尤甚于先，自昔所未有也。数百年浩繁之地，日就凋弊，实基于此。

落水兰亭

余尝见落水《兰亭》一卷，乃五字不损本，今吴中分湖陆氏所藏，而赵彝斋之物也。彝斋宋宗室子，讳孟坚，字子固，彝斋其自号。居嘉兴之广戌，酷嗜古法书名画，能作墨花，于水仙尤长。此帖，姜白石旧藏，后归霅川俞寿翁，彝斋复从寿翁易得，喜甚，乘夜回棹，至升山，大风覆舟，行李皆渰溺无余，彝斋立浅水中，手持此帖，示人曰："《兰亭》在此，余不足介吾意也。"因题八字于卷首云："性命可轻，至宝是保。"

阴府辩词

李子昭者，松江府提控案牍李宗庆子也。侧室刁氏有娠，妻怒之，棰挞苦楚，昼夜不息，数次自经与溺，以省觉不得死。窃自念曰："我若就蓐，亦必死耳，等死，何自求早死之为幸?"因多食海蛰与冷水，胎既落，血上冲心，而身随亡。不数日，鬼怪百出。妻得奇疾，宛若死者，但只心胸微温，支体不僵，其家就床褥作一窍，任其便溺，时以少饭纳口中辄咽，不与亦不言饥。经三年余，形骸枯槁，无复生理，家人益厌之。一夕，忽诣舅姑所，叩寝室户。舅姑曰："汝恶得至此?必为鬼矣。"曰："妾已复生，实非鬼也，愿见舅姑，具告所然。"舅姑惊恐，呼家人悉起，取火烛之，果此病躯，及觇其卧榻已空，始信之。因问其详，曰："妾为亡婢诉冤，摄至阴府，即今岳祠也。命妾与婢对词，妾以汝怀孕时打骂则或有之，然未尝令汝吞药损堕。婢仇执甚坚，妾不得白，遂招承。枷禁幽圄中，日得小叔以饼饵粥饭之类相馈，故不馁。今复得送妾还。入门，弄其儿，戏挞之一下，儿哭，遂推妾置灶上，即若梦觉者，但觉怠倦，故勉强至此。"舅姑曰："汝既被禁，何自得释？"曰："会上帝有赦故也。"急呼小郎妻问之，曰："适间儿子惊啼，云梦见乃父击其首。"小郎盖提控之次子泰甫，先为其妹夫金可大所杀者。此妇至今强健，与夫见寓府城西郭，又复生两子矣。志怪古或多，然漫书于此，以为世之妒妇劝。

诗　　法

赵魏公云：作诗用虚字殊不佳，中两联填满方好，出处才使唐已下事，便不古。

姓　名　考

庄绰《鸡肋编》云：太史公作《伯夷传》，但云"伯夷、叔齐，孤竹君之二子也。"而《论语音注》引《春秋少阳篇》，谓伯夷姓墨，名允，一名元，字公信。叔齐名智，字公达。夷、齐，谥也。陆德明取之。不知《少阳篇》何人所著，今世犹有此书否？吾衍《闲居录》云：孤竹君，姓墨，音眉。名台，音怡。初见《孔丛子》注。中子名伯辽，见周昙《咏史诗》注。伯，当作仲。若如吾说，则伯夷、叔齐似又是名，非谥矣。

女　谏　买　印

淮海龚翠岩先生开寓吴门日，一僧权道衡者，颇聪慧，识道理，先生与之游。偶市肆鬻汉印一颗，权尝酬价，归取镪，先生适见，主人以实告，遂用十五缗买之，语诸女。女曰："大人乃亦夺人所好。"先生惊悟，即持送权，遇诸道，权曰："先生爱而收藏，奚以赠？"曰："在彼犹在此也。”权固辞曰：“在彼犹在此也。”相让久之，沉诸渊而别。吁，若先生者，可谓善矣！孰谓异端中有此哉！然先生之女，尤可敬也。

吴江塔颠箭

吴江华严寺浮图之颠，望之，二矢著其上，簳羽宛然可辨。相传宋南渡初，金人粘罕乘快一发而中。又贾似道出督时，祝矢自誓，亦中焉。故留题者有“至今塔杪留遗镞，犹是元戎金仆姑”之句。大德庚子春，寺主僧善信大修浮图，更其颠而新之，视向二矢，实圆铁条二，交贯横亘，盖必昔人以是辅颠，且以防鹳鹘之巢故耳，传者所谓，乃大妄也。因著此，以祛后世之惑。长乐郭德基，尝有《华严塔颠辨疑》行于时，盖郭尝官此州，目击其非。

素　领

项后白发曰素领。汉冯唐白首为郎官，素发垂领。

卷十

御史五常

周景远先生，驰名能文，为南台御史时，分治过浙省，每日与朋友往复。其书吏不乐，似有举刺之意，大书壁上曰："御史某日访某人，某日某人来访。"御史忽见之，呼谓曰："我尝又访某人，汝乃失记，何也？第补书之。"因复谓曰："人之所以读书为士君子者，正欲为五常主张也。使我今日谢绝故旧，是为御史而无一常。宁不为御史，不可灭人理。"吏赧服而退。

官仓入粟

今官府收敛秋粮之际，比先涓吉启仓，于青龙方厫房入粟六石六斗六升六合以应日。盖国家初无定制，不知各处何以一皆如此，余意必取上下四方六合之意耳。

食物相反

凡食河豚者，一日内不可服汤药，恐内有荆芥，盖与此物大相反，亦恶乌头、附子之属。余在江阴时，亲见一儒者因此丧命。其子尤不可食，能使人胀死，尝水浸试之，经宿，颗大如芡实。世传中其毒者，亟饮秽物乃解，否则必亡。又闻不必用此，以龙脑浸水，或至宝丹，或橄榄，皆可解。后得一方，用槐花微炒过，与干燕支各等分，同捣粉，水调灌，大妙。

先辈谐谑

赵魏公刻私印曰“水晶宫道人”，钱唐周草窗先生密以“玛瑙寺行者”属比之，魏公遂不用此印。后见先生同郡崔进之药肆悬一牌曰“养生主药室”，乃以“敢死军医人”对之，进之亦不复设此牌。魏公语人曰：“吾今日方为水晶宫吐气矣。”先辈虽谐谑，自是可喜。

马判

冯公士启梦弼尝言，为八番云南宣慰司令史日，尝因公差抵一站，日已暮矣，站吏告曰：“今夜马判上岸，麻线须暂停驿程以避之。”问其故，闭目摇手不敢言。公怒，便上马，行数十里，至大溪，忽见一物如屋，所谓乌剌赤者，下马跪泣，若告诉状，呼问何为，亦闭目摇手弗答。于是下马祝之曰：“某许昌人，窃禄来此，苟天命合尽，尔其啖之，否则容我行。”祝毕即转入溪中，腥风臭雾，触人口鼻。既而各上马，比曙，抵前站。站吏惊曰：“是何麻线，大胆若是耶？”公问此为何物，始敢言曰：“马蟥精也。”麻线，方言曰官人。乌剌赤，站之牧马者。公官至礼部尚书。

字训

善字训多字，《诗·载驰》：“女子善怀。”郑笺：“善，犹多也。”《汉书》“岸善崩”，善亦多也。

丘真人

大宗师长春真人，姓丘氏，名处机，字通密，号长春子，登州栖霞县滨都里人也。祖父业农，世称善门。金皇统戊辰正月十九日生。生而聪敏，有日者相之曰：“此子当为神仙宗伯。”大定丙戌，年十九，辞亲居昆仑山，依道者修真。丁亥，谒重阳全真开化王真君嘉于海宁，请为弟子。戊申，召见阙下，随还终南山。贞祐乙亥，太祖平燕城，金主奔汴。丙子，复召，不起。己卯，居莱州，时齐鲁入宋，宋遣使来召，亦不起。是年五月，太祖自乃蛮国遣近侍刘仲禄持手诏致聘，十二月，至隐所。诏文云："制曰：天厌中原，骄华太极之性；朕居北野，嗜欲莫生之情。反朴还淳，去奢从俭，每一衣一食，与牛竖马圉，共弊同飧。视民如赤子，养士若兄弟。谋素和，恩素畜。练万众以身人之先，临百阵无念我之后。七载之中成大业，六合之内为一统。非朕之行有德，盖金之政无恒。是以受天之祐，获承至尊。南连赵宋，北接回纥，东夏西夷，悉称臣佐。念我单于国千载百世以来，未之有也。然而任太守，重治平，犹惧有阙。且夫刳舟剡楫，将欲济江河也；聘贤选佐，将以安天下也。朕践祚已来，勤心庶政，而三九之位，未见其人。访闻丘师先生，体真履规，博物洽闻，探赜穷理，道冲德著。怀古君子之肃风，抱真上人之雅操。久栖岩谷，藏身隐形。阐祖宗之遗化，坐致有道之士，云集仙径，莫可称数。自干戈而后，伏知先生犹隐山东旧境，朕心仰怀无已。岂不闻渭水同车，茅庐三顾之事，奈何山川悬阔，有失躬迎之礼。朕但避位侧身，斋戒沐浴，选差近侍官刘仲禄，备轻骑素车，不远千里，谨邀先生暂屈仙步，不以沙漠悠远为念，或以忧民当世之务，或以恤朕保身之术，朕亲侍仙座，钦惟先生将咳唾之余，但授一言斯可矣。今者，聊发朕之微意万一，明于诏章，诚望先生既著大道之端要，善无不应，亦岂违众生之愿哉。故兹诏示，惟宜知悉。五月初一日笔。"庚辰正月，北行。二月，至燕，欲俟驾回朝谒，仲录令从官曷剌驰奏，真人进表陈情。表曰："登州栖霞县志道丘处机，近奉宣旨，远召不才。海上居民，心皆恍惚。处机自念谋生太拙，学道无成，辛苦万端，老而不死。名虽播于诸国，道不加于众人。内顾自伤，衷情谁测。前者南京及宋国屡召不从，今者龙庭一呼即至，何也？伏闻皇帝天赐勇智，今古绝伦；道协威灵，华夷率服。是故便欲投山窜海，不忍相违；且当冒雪冲霜，图其一见。兼闻车驾只在桓抚之北，及到燕京，听得车驾遥远，不知其几千里，风尘澒洞，天气苍黄，老弱不堪，切恐中途不能到得。假之皇帝所，则军国之事，非已所能,道德之心,令人戒欲,悉为难事。遂与宣差刘仲禄商议,不若且在燕京德兴府等处盘桓住坐,先令人前去奏知。其刘仲禄不从,故不免自纳奏帖。念处机肯来归命,远冒风霜,伏望皇帝早下宽大之诏,详其可否。兼同时四人出家,三人得道,惟处机虚得其名,颜色憔悴,形容枯槁,伏望圣裁。龙儿年三月日奏。”十月,曷剌回,复奉敕旨曰:“成吉思皇帝敕真人丘师,省所奏应召而来者,具悉。惟师道逾三子,德重多方。命臣奉厥玄纁,驰传访诸沧海。时与愿适,天不人违。两朝屡召而弗行,单使一邀而肯起。谓朕天启,所以身归,不辞暴露于风霜,自愿跋涉于沙碛。书章来上,喜慰何言。军国之事,非朕所期,道德之心,诚云可尚。朕以彼酋不逊,我伐用张,军旅试临,边陲底定,来从去背,实力率之故。然久逸暂劳,冀心服而后已。于是载扬威德,略驻车徒。重念云轩既发于蓬莱,鹤驭可游于天竺。达磨东迈,元印法以传心;老氏西行,或化胡而成道。顾川途之虽阔,瞻几杖以非遥。爰答来章,可明朕意。秋暑,师比平安好,旨不多及。十四日辛巳。”十一月,至邪迷思干城。壬午三月,过铁门关。四月,达行在所。时上在雪山之阳,舍馆定,入见。上劳曰:“它国征聘皆不应,今远逾万里而来,朕甚嘉焉。”赐坐,就食,设二帐于御幄之东以居之,约日问道。以回纥叛,亲征,不果。至九月,设庭燎,虚前席,延问至道。真人大略答以节欲保躬,天道好生恶杀,治尚无为清净之理。上说,命左史书诸策。癸未,乞东还。赐号神仙,爵大宗师,掌管天下道教。甲申三月,至燕。八月,奉旨居太极宫。丁亥五月,特改太极为长春。七月九日,留颂而逝,年八十。至元己巳正月,诏赠五祖七真徽号,而曰长春演道主教真人。已上见《蟠溪集》、《鸣道集》、《西游记》、《风云庆会录》、《七真年谱》等书。初,真人自行在归,道由宣德日,一富家新居落成,礼致下顾,将冀一言以为福。既入其室,默然无语,辄以所持铁拄杖于窗房墙壁上,颇毁数处而出。主人再拜希解悟,曰:“尔屋完矣美矣,完而必毁,理势然也。吾不尔毁,尔将无以图厥终。今毁矣,尔宜思其毁而欲完,克保全之,则尔与尔子子孙孙,庶几歌斯哭斯,永终弗替。”主人说服。吁,真人真知道哉!

南池蛙

宋季，城信州，掘土处为濠百亩许，在郡南，曰南池。池之旁可居，旧为里人屋。归附后，达鲁花赤灭彻据有其地。每春夏之交，群蛙聒耳，寝食不安。会三十八代天师张广微与材朝京回，因以告。天师朱书符篆新瓦上，使人投池中，戒之曰："汝蛙毋再喧。"自是至今寂然。

雁子

《汉书》："太液池中，凫雏雁子，布满充积。"用雁子甚佳。王维诗"芦笋穿荷叶，菱花罥雁儿"，又新。

趁办官钱

浙省广济库，岁差杭城谭实户若干名充役库子，以司出纳。比一家中侵用官钱太多，无可为偿。府判王某，素号残忍，乃拘其妻妾子女于官。又无可为计，则命小舟载之，求食于西湖，以资纳官。鬼妾鬼马，不肖辈群趋焉。鲜于伯几先生枢作《湖边曲》云："湖边荡桨谁家女，绿惨红愁羞不语。低回忍泪傍郎船，贪得缠头强歌舞。玉壶美酒不须忧，鱼腹熊蹯弃如土。阳台梦短匆匆去，鸳锁生寒愁日暮。安得义士掷千金，遂令桑濮歌行露。"后王之子孙有为娼者，天之报施一何捷也。

鼎作牛鸣

义兴王子明，家饶于财，所藏三代彝鼎，六朝以来法书名画，实冠浙右。每年必祈一签于烈帝庙，以卜休咎。一岁，签词有曰"开沟凿井，当得古鼎"，殊不以为意。家人以商贾至汴，夹谷郎中者藏一商彝，绝精妙，示之曰："恐尔主翁未必有此物也。"归以白，即遣赍金购得之，比旧藏，皆不能及。至正壬辰，寇起蕲黄，将由义兴取道犯浙西，子明罄其所藏，凿深窖以埋之，彝亦在列。既入窖，作牛鸣者七夜，颇可怪，取出寄田家。其窖后遭发掘，独此彝获存。

鏖 糟

俗语以不洁为鏖糟。按《霍去病传》"鏖皋兰"下注："世俗谓尽死杀人为鏖糟。"然义虽不同，却有所出。

越 民 考

迈里古思，字善卿，西夏人，侨居松江。家贫，授徒以养母。性至孝，然落落不羁，善谐谑，名人士多与之游。至正甲午，进士及第，授绍兴路录事司达鲁花赤。比视篆，天下云扰，所在悉痌瘝，君抚字周至，民爱之如父母。乙未秋，杭破，遄即克复。浙省左丞杨完者以本部苗将持露布至，统洞蛮甚众，意实觇视虚实，又将流毒于我民也。纵虐恣暴，民皆束手，惴惴不敢与争。无故劫府架阁照磨陈修家，妻妾几被污。君激怒填膺，指挥吏兵收之，郡民欢呼从事，苗遂尽死。后完者闻越民结义且固，终不敢调兵渡浙江。方集庆陷时，江南行台官流避抵庆元，奉旨置治所于越，遂檄君总督义民，护城池。君更募得勇悍者二千余人，以果毅二字为号，曰果毅军。练习武事，分拨守要害。乃日与常所往来者，击鲜饫酴，酣咏叫啸，以为娱乐，虽户外上官坌至，不少延纳。永康寇起，据有县境，君收复，朝廷旌其功，除江南浙西道廉访司知事。未上，又除江东建康道经历。浙省丞相塔失帖木儿便宜除行枢密院判官，君即自署诸参谋为幕官，曰经历，曰都事者，不可枚举。时御史大夫拜住哥任奸黠吏为爪牙，又自统军三千，曰台军，纪律不严，民横被扰害。有诉于君，君辄抑之，众军皆怨怒，然拜委琐龌龊，惟以钩距致财为务，君不礼之。或以谏君，曰："吾知上有君，下有民耳，安问其他。"拜颇闻，衔之，遂与台军元帅列占、永安张某、万户阎塔思不花、王哈剌帖木儿等谋杀之,未得间。戊戌十月廿二日,首事,出兵逾曹娥江,与平章方国珍部下万户冯某斗,既不利,驻军东关,单骑驰归,拜意决矣。廿三日迟明,召君私第议事。入至中门,左右以铁槌挝杀之。初甚秘,守阍军自相谓,无已杀总督官,我辈幸也。民始有闻之者,走白君部将浙东佥元帅黄中。诸参谋闻变,奔避不顾,至有坠城以出行四五十里者。初夜二鼓,中提军入城,屯戒珠山,拜未及知。中卧病,方饮药,得少汗,尚昏溃困顿,左右扶翼,擐甲上马,遇台军于江桥,斗十数合,破阵陷坚,身当矢石。郡民老幼皆号泣曰:"杀我总督官,我尚何生为?"壮者助中军殊死战,台军一败涂地,屠其二营。入拜家,姬侍奴隶,死者相枕藉,一女为队官陈某所掠。举君尸,无元,大索三日,得于溺池中。拜与二子匿梵宇幽隐处,民搜见之,齐唾其面,且骂曰:"瞎贼!我总督官何罪,而令致于此耶?"不自杀,执以归中,冀中杀之。中解其缚,率诸军罗拜之曰:"总督官忠肝义胆,照映天地,人神所共知。公信任憸邪,使国之柱石陨于无辜。我之复仇,明大义也。杀我主将者既已斩之,公幸毋罪。"拜执中以泣曰:"我之罪尚何言,尚何言!"既而军民为君持服为位以祭,私谥曰越民考。越六日,拜自劾,纳印绶去。其印是夜遗失,中以白金百两购得于一卒以还行台者。君未死先三日,有星大如杯碗,红光烛天,坠镇粤门,化为石。及君出师,识者已卜君之有死兆矣,至是果验云。南村野史曰:兵,凶器也。战,逆德也。圣人不得已而用之。故吾夫子必以临事而惧,好谋而成,答子路行三军之问。夫迈里古思受任之初,殊有古贤县令之风。一握兵柄,志满意得,酣贪废事,轻谋首乱,不旋踵而身首异处,盖亦平昔越己之过有以酿成此祸与?微中,则老母稚子,亦皆几上之肉矣。原其忠君爱民之心,昺然与日星相昭明者,则无可议也。拜住哥为国大臣,坐镇四省,百官庶司,孰不听令。迈之不奉台檄,擅兴师旅,明问其罪,黜之可也,斩之可也,而乃阴结小丑,作为此态,是盗杀之,非公论矣。民心之所以不服,良以是也。噫!享有尊爵重禄,而当国步艰难之日,既不思涓埃补报之道,又不责自己贪饕之非,反以谋害忠良为先务,谓之无罪,得乎?故其妻妾子女遭罹戮辱,实自取之,尚复何怜哉!

三姑六婆

三姑者，尼姑、道姑、卦姑也。六婆者，牙婆、媒婆、师婆、虔婆、药婆、稳婆也。盖与三刑六害同也。人家有一于此，而不致奸盗者，几希矣。若能谨而远之，如避蛇蝎，庶乎净宅之法。

不中用

不中用，不可用也。《左传》成二年：郤子曰："克于先大夫无能为役。"杜预注："不中为之役使。"

国字

杜清碧先生本，字伯原，有所编《五声韵》，自大小篆分隶真草，以至外化蕃书，及国朝蒙古新字，靡不收录，题曰《华夏同音》。至正壬午，中书奏修三史，以翰林待制聘先生。起至武林，辞疾不行，盘桓久之，浙省平章康里子山公巎巎时来访，一日，语及声律之学，因问国字何以用不喉音，有音无字。字为首。先生曰："正如婴儿初堕地时作此一声，乃得天地之全气也。"平章甚说服。

水畜

陶朱公《养鱼经》曰：夫治生之法有五，水畜第一。水畜，鱼也。此二字亦奇。

缠足

张邦基《墨庄漫录》云：妇人之缠足，起于近世，前世书传，皆无所自。《南史》：齐东昏侯为潘贵妃凿金为莲花以帖地，令妃行其上，曰："此步步生莲花。"然亦不言其弓小也。如古乐府、《玉台新咏》，皆六朝词人纤艳之言，类多体状美人容色之姝丽，及言妆饰之华，眉目唇口腰肢手指之类，无一言称缠足者。如唐之杜牧之、李白、李商隐之辈，作诗多言闺帏之事，亦无及之者。韩偓《香奁集》有咏屧子诗云"六寸肤圆光致致"，唐尺短，以今校之，亦自小也，而不言其弓。惟《道山新闻》云：李后主宫嫔窅娘，纤丽善舞，后主作金莲，高六尺，饰以宝物细带缨络，莲中作品色瑞莲，令窅娘以帛绕脚，令纤小，屈上作新月状，素袜舞云中，回旋有凌云之态。唐镐诗曰"莲中花更好，云里月长新"，因窅娘作也。由是人皆效之，以纤弓为妙。以此知扎脚自五代以来方为之，如熙宁、元丰以前人犹为者少。近年则人人相效，以不为者为耻也。

溺水不跃

漳州龙溪县澳里人陈端才之妻蔡氏三玉，后至元间，本处寇起，掠其里，里媪集里中妇女同舟避难，寇追及，三玉亟以水渍衣，寇视三玉有姿色，欲先污之。三玉绐曰："衣湿，更求衣。"间寇取衣，投水死。寇曰："溺者必跃。"以长竿络钩，俟其跃而举之。尸竟不跃。寇退，三玉之父端广，舟次上流，尸逆流附父舟，捭之不去。移舟溯河而上，尸从之上者三。父异甚，视则其女也。夫三玉，一妇人耳，宁死不辱，出于天性，宜其贞爽不昧如此。

锁阳

鞑靼田地野马或与蛟龙交，遗精入地，久之，发起如笋，上丰下俭，鳞甲栉比，筋脉联络，其形绝类男阴，名曰锁阳，即肉从容之类。或谓里妇之淫者就合之，一得阴气，勃然怒长。土人掘取，洗涤去皮，薄切晒干，以充药货，功力百倍于从容也。

辊吝谝三卦

淮南潘子素纯尝作《辊卦》，讥世之人以突梯滑稽而得显爵者，虽曰资一时之谑浪调笑，不为无补于名教。卦辞曰："辊亨，可小事，亦可大事。彖曰：'辊亨，天地辊而四时行，日月辊而昼夜明，上下辊而万事成，辊之时义大矣哉。'象曰：'地上有木，辊，君子以容身固位。'初六，辊出门，无咎。象曰：'出门便辊，又何咎也。'六二，傅于铁辖。象曰：'傅于铁辖，天下可行也。'六三，君子终日辊辊，厉无咎。象曰：'终日辊辊，虽危无咎也。'九四，模棱吉。象曰：'模棱之吉，以随时也。'六五，神辊。象曰：'六五神辊，老于事也。'上六，或锡之高爵，天下揶揄之。象曰：'以辊受爵，亦不足敬也。'"此篇或者又谓自宋末即有，非潘所造，未审是否。后平江蔡宗鲁卫作《吝卦》以配之，曰："吝亨，利居闲，不利有所为。彖曰：'吝，鄙啬也。利居闲，无所求也。不利有所为，恐致祸也。'初六，居富，吝于周急，悔亡，无攸利。象曰：'吝于周急，莫恤其贫也。悔亡，无攸利，已终有望也。'六二，听妇言，至吝，不养其亲，不恤其弟，贞凶。象曰：'听妇言，昵于私也。不养其亲，忘大恩也。不恤其弟，失大义也。虽养弗时，亦致灾也，故贞凶。'九三，极吝，吝其财，不吝其身，于行非宜。象曰：'吝其财，斯致富也。不吝其身，乃轻生也。'六四，太吝，君子吉，小人凶。象曰：'吝于君子，虽有言，无尤也。吝于小人，虽不有言，终有悔也。'六五，不吝于色，务所欲，终以死亡，凶，朋来，吝于酒食，弗克欢，无咎。象曰：'不吝于色，惑于淫也。务所欲，乐其顺从也。终以死亡，凶可知也。朋来，从其类也。吝于酒食，诚大谬也。虽弗克欢，可无咎也。'上九，居其家，不吝于内，吝于教子，弗叶吉。象曰：'居其家，妄自尊也。不吝于内，畏寡妻也。吝于教子，终无所成也。'"近扶风马文璧琬又作《谝卦》曰："谝，贞亨，初吉终凶，利见小人，不利于君子。彖曰：'贞，正也。亨，通也。通乎正言，谝或庶几也。终凶，谝不由初也。利见小人，犹同类也。不利于君子，入于邪也。'象曰：'丽口掉舌，谝，君子以求名干禄。'初九，谝于同朋，无咎。象曰：'同朋于谝，又谁咎也。'九二，略施于民，吉。象曰：'九二之吉，以新众听也。'六三，来其谝，酒食用享。象曰：'来其谝，民取则也。享其酒食，以崇功也。'九四，饰言如簧，以娱彼心，乃获南金。象曰：'娱人获金，不足道也。'九五，君子终日高谝，王用征，安车以迎，终岁弗宁，后有凶。象曰：'以谝受征，不羞也。终岁弗宁，只足烦劳也。后有凶，不副实也。'上六，莽谝不已，四方欲杀之。象曰：'莽谝取怒，杀之何过也。'"右三卦切中时病，真得风刺之正，因并录之。

乌 蜑 户

广海采珠之人，悬絙于腰，沉入海中，良久得珠，撼其絙，舶上人挈出之，葬于鼋鼍蛟龙之腹者，比比有焉。有司名曰乌蜑户。蜑，音但。仁宗登极，特旨放免。时敬公威卿为江西行省参知政事，俾该管掾史立案，令广东帅府抄具乌蜑户一一籍贯姓名，置册申解他省。官曰："中书咨文无是，恐不必也。"公曰："万一申明旧典，庶不害及良民。"未几，太后中使至，人咸服公先见之明。

重 台

凡婢役于婢者，俗谓之重台。按《左氏传》昭公五年："日之数十，故有十时，亦当十位，自王以下，其二为公，其三为卿。"注云："日中为王，食时为公，平旦为卿，鸡鸣为士，夜半为皂，人定为舆，黄昏为隶，日入为僚，晡时为仆，日昳为台，隅中日出，阙不在第，尊王公，旷其位。"又昭公七年："天有十日，人有十等，故王臣公，公臣大夫，大夫臣士，士臣皂，皂臣舆，舆臣台。"则所谓台者，十等之至卑，今岂亦本是与？然加以重字，尤有意。

日 子

《文选·曹公檄吴将校部曲文》："年月朔日子。"注："发檄时也。"

卷十一

写　像　诀

王思善绎，自号痴绝生，其先睦人，居杭之新门，笃志好学，雅有才思。至正乙酉间，檇李叶居仲广居寓思善之东里教授，余从永嘉李五峰先生孝光往访之。时思善在诸生中，年方十二三，已能丹青，亦解写真。先生即俾作一圆光小像，面部仅大如钱，而宛然无毫发异。先生喜，作文以华之。尔后余复托交于其尊人日华晔，遂与思善为忘年友。思善继得吴中顾周道逵绪言开发，益造精微，是故于小像特妙，非惟貌人之形似，抑且得人之神气。尝授余秘诀并采绘法，今著于此，与好事者共之。

写　像　秘　诀

凡写像，须通晓相法。盖人之面貌部位，与夫五岳四渎，各各不侔，自有相对照处，而四时气色亦异。彼方叫啸谈话之间，本真性情发见，我则静而求之，默识于心，闭目如在目前，放笔如在笔底，然后以淡墨霸定，逐旋积起。先兰台廷尉，次鼻准。鼻准既成，以之为主。若山根高，取印堂一笔下来，如低，取眼堂边一笔下来，或不高不低，在乎八九分中，则侧边一笔下来。次人中，次口，次眼堂，次眼，次眉，次额，次颊，次发际，次耳，次发，次头，次打圈。打圈者，面部也。必宜如此一一对去，庶几无纤毫遗失。近代俗工，胶柱鼓瑟，不知变通之道，必欲其正襟危坐，如泥塑人，方乃传写，因是万无一得，此又何足怪哉！吁，吾不可奈何矣。

采绘法

凡面色，先用三朱、腻粉、方粉、藤黄、檀子、土黄、京墨合和衬底，上面仍用底粉薄笼，然后用檀子、墨水斡染。面色白者，粉入少土黄，燕支不用，燕支则三朱。红者，前件色入少土朱。紫堂者，粉檀子老青入少燕支。黄者，粉土黄入少土朱。青黑者。粉入檀子、土黄、老青各一点，粉薄罩，檀墨斡。已上看颜色清浊加减用，又不可执一也。

口角，燕支淡，如要带笑容，口角两笔略放起。

眼中，白染瞳子外两笔，次用烟子点睛，墨打圈，眼梢微起，有折，便笑。

口唇上，燕支蓦。

鼻色，红燕支微笼。

面雀斑，淡墨水斡。麻，檀水斡。

髯色，黑者，依鬓发渲。紫者，檀墨间渲。黄红者，藤黄、檀子渲。

发，先用墨染，次用烟子渲。有间渲、排渲、乱渲，当自取用。

手指甲，先用燕支染，次用粉染根。

凡染妇女面色，燕支粉衬，薄粉笼，淡檀墨斡。

凡染法，白纸上先染后却罩粉，然后再染提掇，绢则先衬背后。

凡调合服饰器用颜色者：绯红，用银朱紫花合。桃红，用银朱燕支合。肉红，用粉为主，入燕支合。柏枝绿，用枝条绿入漆绿合。黑绿，用漆绿入螺青合。柳绿，用枝条绿入槐花合。官绿，即枝条绿是。鸭头绿，用枝条绿入高漆绿合。月下白，用粉入京墨合。柳黄，用粉入三绿标，并少藤黄合。鹅黄，用粉入槐花合。砖褐，用粉入烟合。荆褐，用粉入槐花、螺青、土黄标合。艾褐，用粉入槐花、螺青、土黄、檀子合。鹰背褐，用粉入檀子、烟墨、土黄合。银褐，用粉入藤黄合。珠子褐，用粉入藤黄、燕支合。藕丝褐，用粉入螺青、燕支合。露褐，用粉入少土黄、檀子合。茶褐，用土黄为主，入漆绿、烟墨、槐花合。麝香褐，用土黄、檀子入烟墨合。檀褐，用土黄入紫花合。山谷褐，用粉入土黄标合。枯竹褐，用粉土黄入檀子一点合。湖水褐，用粉入三绿合。葱白褐,用粉入三绿标合。棠梨褐,用粉入土黄、银朱合。秋茶褐,用土黄入三绿槐花合。油里墨,用紫花、土黄、烟墨合。玉色,用粉入高三绿合。鮀色,用粉漆、绿标墨入少土黄合。氁子,用粉、土黄、檀子入墨一点合。蓝青,用三青入高三绿合。金黄,用槐花粉入燕支合。雅青,用苏青衬,螺青罩。鼠毛褐,用土黄粉入墨合。不老红,用紫花、银朱合。蒲萄褐,用粉入三绿紫花合。丁香褐,用肉红为主,入少槐花合。杏子绒,用粉墨、螺青入檀子合。氁绫,用紫花底,紫粉搭花样。番皮,用土黄、银朱合。鹿胎,用白粉底,紫花样。水獭毡,用粉土黄合。牙笏,用好粉一点,土黄粉凝。皂靴,用烟墨标。柘木交椅,用粉、檀子、土黄、烟墨合。金丝柘,同上,不入墨。紫袍,用三青、燕支合。其余不能一一备载,在对物用色可也。

凡合用颜色细色,头青、二青、三青、深中青、浅中青、螺青、苏青、二绿、三绿、花叶绿、枝条绿、南绿、油绿、漆绿、黄丹、飞丹、三朱、土朱、银朱、枝红、紫花、藤黄、槐花、削粉、石榴、颗绵、燕支、檀子。其檀子,用银朱浅入老墨、燕支合。

相地理

江阴州,宋季时,兵马司在州治东南里许平地上,司之后置土牢。归附后,有善地理者,以为宜帝王居之。人问其故,曰:“君山龙脉正结于此,是以知其然也。”皆弗之信。越数年,就其上起盖三皇庙。亦奇术哉!君山,州之主山也。

狎娼遭毒

姑苏郑君辅,放浪不羁,为漕府小吏,时督运至直沽,狎游群娼,挑达太甚,殊弗堪之。或有进药于郑曰:“此助阳奇剂也。”郑试傅之,数日后,阴器消缩,若阉宦然,竟以此终其身。漫书为后人戒。

梦

应之绍才，钱唐人，以乡贡下第，任嘉兴学正。丁父忧，仍寓居授徒。至正壬辰秋，避难于其诸生李氏子家，去城数十里，曰奉贤乡。李之从祖号太无，为道士，住持紫虚观。之绍一见，若平生欢。八月廿九日，太无得中风疾，之绍馈药疗之，获苏，日一再诣问。九月四日，又自紫虚问疾，还寓，忽得疾，一中而殂。其妻杨氏，太史同佥瑀之女，就所馆治丧，且以讣其母若弟于海宁及嘉兴城中。紫虚之徒以其疾与太无同，不以告。是夜将半，太无忽呼弟子卓处潜辈谓曰："适得梦甚怪。"俾取纸笔书之。云于本观所奉岳祠之前，见有某姓名吏，及卒二人，押男女各一，并持公文而来。因读其词，曰："嘉兴路城隍司准海宁州城隍司牒，为陆小莲告至正八年内溺水事，冤屈未伸。今发陈喜儿、应伟，前去勒要应才，同解岳祠周府君取问。"太无询来使之详，答曰："陆小莲者，嘉兴百福坊人，而应才之婢也。为其妻妒，逐之，遂赴水死。陈喜儿者，才之母也，时居海宁。伟，字之奇，才之弟也，居嘉兴城东，谓彼时不为救护，故连逮耳。"太无见陈氏带锁，衣白衣黄裙。问之，年六十有四。应伟荷校，衣青衣。录其罪状，皆历历可记。来使云："今若贵司移牒温都统，为之解释，则尚可也。"遂觉。始知之绍已逝。王昌言与之绍有交承之好，同寓其所，明旦，来紫虚。太无因问应母之年及之奇之貌，皆如所梦，乃以告之。昌言驰报杨氏。杨即诣紫虚，拜恳太无于床下，谓梦中事皆实有之，复自诉其详，且言其夫胸间尚温，手足犹软，故求移文解释。仍躬祷岳祠，冀之绍之复生也。是日午后，之奇自城东来，衣青衣，云昨日亦得疾，与兄同，所见如太无梦，今虽少苏，犹愦愦莫知所以然。至夜，杨氏以忧惧，亦疾作，旋即无他。而之绍气已绝矣。时建德邵清溪偶宿紫虚，目击其事，翼日遂行，不知往讣陈氏者归报何如，及之奇之死生耳。

白　　醉

开元时，高太素隐商山，起六逍遥馆，各制一铭，其三为“冬日初出”，铭曰：“折胶堕指，梦想负背，金锣腾空，映檐白醉。”见《清异录》。楼攻愧尝取“白醉”二字以名阁。

贤母辞拾遗钞

聂以道宰江右一邑日，有村人早出卖菜，拾得至元钞十五锭，归以奉母。母怒曰：“得非盗来而欺我乎？纵有遗失，亦不过三两张耳，宁有一束之理？况我家未尝有此，立当祸至，可急速送还，毋累我为也。”言之再，子弗从。母曰：“必如是，我须诉之官。”子曰：“拾得之物，送还何人？”母曰：“但于元拾处俟候，定有失主来矣。”子遂依命携往。顷间，果见寻钞者。村人本朴质，竟不诘其数，便以付还。傍观之人，皆令分取为赏。失主靳曰：“我元三十锭，今才一半，安可赏之？”争闹不已，相持至厅事下。聂推问村人，其辞实，又暗唤其母审之合，乃俾二人各具失者实三十锭得者实十五锭文状在官后，却谓失主曰：“此非汝钞，必天赐贤母以养老者。若三十锭，则汝钞也，可自别寻去。”遂给付母子。闻者称快。

女奴义烈

朵那者，杭城东伟兀氏之女奴也。年十九，勤敏谨愿。主卒某郡官所，朵那奉主妇日谨，主妇亦委以腹心。至正壬辰秋七月初十日，寇陷杭，劫官民府库。至伟兀氏家，不得物，乃反接主妇柱下，拔刀砺颈上。诸侍婢皆散走，朵那独以身覆主妇，请代死，且告曰：“将军利吾财，岂利杀人哉！凡家之货宝，皆我所藏，主母固弗知，若免主母死，我当悉与将军不吝。”寇允解主妇缚，朵那乃探金银珠玉币帛等散置堂上，寇争夺，竟又欲犯朵那身。朵那持刀欲自屠，曰：“我主二千石，我誓不奴他姓主，况汝贼乎？”寇惊异，舍而去。朵那泣拜主妇曰：“弃主货，全主命，权也。妾受命主钥货，今失货而全身，非义也，请从此死。”遂自杀。时人莫不称之曰义烈、义烈云。

龙广寒

龙广寒，江西人，移居钱唐。挟预知之术，游湖海间，咸推为异人，或谓专持寂感报耳秘咒故尔。寂感，即俗所谓万回哥哥之师号也。《释氏传灯录》：师姓张，九岁乃能语，兄戍安西，父母遣问讯，朝往夕返，以万里而回，号万回。又《护法论》：虢州阌乡张万回法云公者，生于唐贞观六年五月五日，有兄万年，久征辽左，相去万里，母程氏思其信音，公早晨告母而往，至暮持书而还。《护法论》乃宋无尽居士张商英撰，必有所据。按此，则师之灵通容有之。广寒又行服气导引之法，常佩小龟十数于身，至晚仍解饲之。事母至孝，六月一日母生辰，方举觞为寿，忽见北窗外梅花一枝盛开，人皆以为孝行所感，士大夫遂称之曰孝梅，赠诗者甚多，惟张菊存一篇最可脍炙，曰：“南风吹南枝，一白点万绿。岁寒谁知心，孟宗林下竹。”至治初间，广寒卒，时年百有八岁，犹童颜绿发云。

夜航船

凡篙师于城埠市镇人烟凑集去处，招聚客旅装载夜行者，谓之夜航船，太平之时，在处有之。然古乐府有《夜航船》曲，皮日休诗有“明朝有物充君信，携酒三瓶寄夜航”之句，则此名亦古矣。

不快

世谓有疾曰不快。陈寿作《华佗传》已然。

雷雪

至正庚子二月六日，浙西诸郡震霆掣电，雪大如掌，顷刻积深尺许，人甚惊异。后阅李复中《青唐杂记》云：宋元符二年九月廿一日夜，镇洮大雷，自初更至四鼓，凡一百三十余雷，雪深二尺。后旬日，西羌叛，以有备无患，出师大捷。又周密《癸辛杂识》云：庚寅正月二十九日癸酉，余至博陆，大雷，雪下如织，而雷不止，天地为之陡黑，平生所未见。据二说如此，然杭州自去岁十二月被围至三月兵退，岂即青唐之谶与？

分疏

人之自辨白其事之是否者，俗曰分疏。疏，平声。《汉书·袁盎传》"不以亲为解"，颜师古注曰："解者，若今分疏矣。"《北齐书·祖珽传》：高元海奏珽不合作领军，并与广宁王交结，珽亦见帝，令引入自分疏。

西皮

髹器称西皮者，世人误以为犀角之犀，非也。乃西方马鞯，自黑而丹，自丹而黄，时复改易，五色相叠，马镫磨擦有凹处，粲然成文，遂以髹器仿为之。事见《因话录》。

暖屋

今之入宅与迁居者，邻里醵金治具，过主人饮，谓曰暖屋，或曰暖房。王建《宫词》"太仪前日暖房来"，则暖屋之礼，其来尚矣。

鬼　　室

温州监郡某，一女及笄，未出室，貌美而性慧，父母之所钟爱者。以疾卒，命画工写其像，岁序张设哭奠，常时则庋置之。任满，偶忘取去。新监郡复居是屋，其子未婚，忽得此，心窃念曰："娶妻能若是，平生愿事足矣。"因以悬于卧室。一夕，见其下，从轴中诣榻前，叙殷勤，遂与好合。自此无夜不来。逾半载，形状羸弱。父母诘责，以实告，且云："至必深夜，去以五鼓，或赍佳果啖我，我答与饼饵，则坚却不食。"父母教其此番须力劝之。既而女不得辞，为咽少许，天渐明，竟不可去，宛然人耳，特不能言语而已，遂真为夫妇，而病亦无恙矣。此事余童子时闻之甚熟，惜不能记两监郡之名。近读杜荀鹤《松窗杂记》云：唐进士赵颜，于画工处得一软障，图一妇人，甚丽。颜谓画工曰："世无其人也，如可令生，余愿纳为妻。"工曰："余神画也，此亦有名，曰真真。呼其名百日，昼夜不歇，即必应之。应则以百家彩灰酒灌之，必活。"颜如其言，乃应曰"诺"，急以百家彩灰酒灌之，遂活，下步言笑，饮食如常。终岁，生一儿。儿年两岁，友人曰："此妖也，必与君为患，余有神剑，可斩之。"其夕，遗颜剑。剑才及颜室，真真乃曰："妾，南岳地仙也，无何为人画妾之形，君又呼妾名，既不夺君愿，今疑妾，妾不可住。"言讫，携其子却上软障。睹其障，惟添一孩子，皆是画焉。读竟，转怀旧闻，已三十余年，若杜公所书不虚，则监郡子之异遇有之矣。

牙　　郎

今人谓驵侩者为牙郎，本谓之互郎，谓主互市事也。唐人书互作牙，互与牙字相似，因讹而为牙耳。

墓尸如生

松江蟠龙塘普门寺侧，一无主古墓，至正己亥春，为其里之张雕盗发，有志石，乃宋时钱参政良仁妹，讳惠净，以该恩奏封孺人，生一男五女，年六十有五，尝舍田入寺，因于绍熙四年十月，祔夫墓之右。破棺，无秽气，颜色如生，口脂面泽，若初傅者，冠服鲜新，亦不朽腐，得金银首饰器皿甚多。至脱其绣履，传相玩弄，人以为异。余闻汉广川王去疾发魏王子且渠冢，无棺椁，有石床，床下悉是云母，床上二尸，一男一女，皆年二十余，东首裸卧，颜色如生人，鬓发亦如生人。此恐是云母之功。今此妇葬日距今百七八十年，而亦不损坏，其理又何邪？

枯井有毒

平江在城峨眉桥叶剃者，门首檐下有一枯井，深可丈许。偶所畜猫坠入，适邻家浚井，遂与井夫钱一缗，俾其取猫。夫父子诺。子既入井，久不出。父继入视之，亦不出。叶惶恐，系索于腰，令家人次第放索，将及井底，亟呼救命。比拽起，下体已僵木如尸，而气息奄奄。乡里救活之，白于官。官来验视，令笼火下烛，仿佛见若有旁空者。向之死人，一横卧地上，一斜倚不倒。钩其发提出，遍身无它恙，止紫黑耳。众议以恐是蛟蜃之属，实之土焉。余意山岚蛮瘴，尚能杀人，何况久年干涸，阴毒凝结，纳其气而死，复奚疑哉？此事在至正己亥秋八月初旬也。后读《酉阳杂俎》，有云：凡冢井间气，秋夏多杀人，先以鸡毛投之，直下无毒，回舞而下者不可犯，当以泔数斗浇之，方可入矣。得此一章，信余意之诚是也。

贤孝

前至元间，杭州有郑万户者，天性峻急，不能有所容，而奉事母夫人备极孝道。母诞日垂至，预市文绣氁段，制袍为寿。针工持归，缝缀既成，为油所污。时估贵重，工莫能偿，自经不死。邻妇有识其母者，潜送入白之。至日，卧不起。子至，候问安否，见有忧色，请其故。曰："昨暮偶视新袍，适几上油缶翻，溅渍成玷，我情思殊不佳耳。"子告曰："一袍坏，复制一袍可也，夫人何重惜乃尔！"母阳为自解，遂起受子孙拜贺，如常岁仪。人咸以此为贤母，而益见万户之孝。国朝妇人礼服，达靼曰袍，汉人曰团衫，南人曰大衣，无贵贱皆如之。服章但有金素之别耳，惟处子则不得衣焉。今万户有姓者而亦曰袍，其母岂达靼与？然俗谓男子布衫曰布袍，则凡上盖之服或可概曰袍。

事物异名

暇日读书，遇事物之异名者，偶记一二，以备采览云。

割政　割剥之政也。《史记》帝纪三。

毳布　罽也。《说文》曰："西胡毳布。"

藏鱼　《说文》："鲊，藏鱼也。"

猊糖　狮子乳糖也。《后汉·显宗纪》。

毛席　毡也。《后汉·西域传》注。

竹萌　笋也。《说文》。

南威　橄榄也。《太平广记》。

木蜜　枣子也。同上。

脂炬　烛也。《杜阳杂编》。

调香　和香也。《华严经》曰："鬻香长者善调香。"

毛布　褐也。《诗·七月》笺。

玉窪　酒器也。《纬略》。

浃辰　辰，十二辰，自子至亥也。《左传》成九年。

父马　牡马也。《史记·平准书》。

香物　《梦书》曰："梦得香物，妇女归也。"

请室　狱也。《史记·袁盎传》。

令草　宜男花也。傅玄赋。

竹练　竹布也。庾翼与燕王书曰："竹练三端。"

练香　和香也。李贺诗"练香熏宋鹊。"

石蜜　樱桃也。同上。

杂馥　合香也。《通典》四十三。

竹胎　笋也。《说文》。

猎碣　石鼓曰猎碣。苏勖《载记》。

浃日　从甲至癸，凡十日也。《周礼·天官》。

丹若　石榴也。《酉阳杂俎》。

金镵刺肉

木八剌，字西瑛，西域人，其躯干魁伟，故人咸曰长西瑛云。一日，方与妻对饭，妻以小金镵刺脔肉，将入口，门外有客至，西瑛出肃客，妻不及啖，且置器中，起去治茶。比回，无觅金镵处。时一小婢在侧执作，意其窃取，拷问万端，终无认辞，竟至陨命。岁余，召匠者整屋扫瓦瓴积垢，忽一物落石上有声，取视之，乃向所失金镵也，与朽骨一块同坠。原其所以，必是猫来偷肉，故带而去，婢偶不及见，而含冤以死，哀哉！世之事有如此者甚多，姑书焉，以为后人鉴也。

杭人遭难

杭民尚淫奢，男子诚厚者十不二三，妇人则多以口腹为事，不习女工，至如日用饮膳，惟尚新出而价贵者，稍贱便鄙之，纵欲买又恐贻笑邻里。至正己亥冬十二月，金陵游军斩关而入，突至城下，城门闭三月余，各路粮道不通，城中米价涌贵，一斗直二十五缗。越数日，米既尽，糟糠亦与常日米价等，有资力人则得食，贫者不能也。又数日，糟糠亦尽，乃以油车家糠饼捣屑啖之。老幼妇女，三五为群，行乞于市，虽姿色艳丽而衣裳济楚，不暇自惭也。至有合家父子、夫妇、兄弟，结袂把臂，共沉于水，亦可怜已。一城之人，饿死者十六七。军既退，吴淞米航凑集，藉以活，而又太半病疫死。岂平昔浮靡暴殄之过，造物者有以警之与？

承天阁

平江承天寺，初畜大木，将造千佛阁。会浙省灾，责有司籍所在木植，官酬以价。寺一黠僧，于阁木上皆凿万岁阁三字，于是有司不敢取。及阁成，其字固在。诸寺观凡起造必作俪语题两梁间，其余则记住持檀越主名，此所必然，独承天诸殿俱否。至正丙申春，今张太尉士诚未归顺时，伪称诚王，国号大周，改元天祐，历曰明时，由淮渡浙，攻破平江，即承天以居，尽撤去殿上像，设坐于其中，且以僧元凿字名其阁。岂亦有定数乎？

阿　瘖　瘖

淮人寇江南日，于临阵之际，齐声大减"阿瘖瘖"以助军威。按《朝野佥载》：武后时，沧州南皮县丞郭胜静，每巡乡，唤百姓妇，托以缝补而奸之。其夫至，缚胜静，鞭数十。主簿李懋往救解之，胜静羞，讳其事，低身答云："忍痛不得，口唱阿瘖瘖，胜静不被打，阿瘖瘖。"据此，乃有所本。

海　运

国朝海运粮储，自朱清、张瑄始，以为古来未尝有此。按杜工部诗《出塞》云："渔阳豪侠地，击鼓吹笙竽。云帆转辽海，粳稻来东吴。"又《昔游》云："幽燕盛用武，供给亦劳哉。吴门持粟帛，泛海凌蓬莱。"如此，则唐时已有海运矣，朱、张特举行耳。

夫妇死孝

杜阳父友开，江阴人，隐居教授，妻吴辟纑以资之。天历间，浙右灾荒，米价腾踊，学徒散去，困于饥饿。吴之兄弟，屡劝斩丘木、鬻墓地，以少延余息，阳父坚持不可。继欲挈吴归，吴曰："夫既尽孝，妾独不以义自处？宁不食若粟。"遂相枕藉而卒。

猪　妖

至正辛卯春，江阴永宁乡陆氏家，一猪产十四儿，内一儿，人之首面手足而猪身。

卷十二

园　池　记

唐南阳樊宗师，字绍述。所撰《绛守居园池记》，艰深奇涩，读之往往昧其句读，况义乎哉！韩文公谓其文不蹈袭前人一言一句，观此记，则诚然矣。宋王晟、刘忱尝为解释，今不复有。偶得滦阳赵仁举字伯昂笺注本，句分字析，词理焕然。因书其记，传其句读，以使披览云。有未解者，又须观全注可也。点法：○为句，◯为读。记曰：绛即东雍○雍去声。为守去声。理所○禀参所今切。实沈分○分去声。气畜两河润○有陶唐冀遗风余思○思去声。晋韩魏之相剥剖○世说总其土田士人○令无磽口交切。杂扰○宜○得地形胜泻水施法○岂新田又蕞猥不可居○州地或自有兴废○州字或属上句。人因得附为奢俭○将为守悦致平理与○与平声。益侈心耗物害时与○与平声。自将失敦穷华○终披夷不可知○陴缅音睥睨也。缅疑作陑。孤颠○跒倔○上苦下切下渠勿切。玄武踞○守居割有北○自甲辛苞大池泓○横硖旁○潭中癸次○木腔瀑三丈○余○或属上句。涎玉沫珠○子午梁贯亭曰洄涟○虹霓雄雌○穹鞠觑蠡○时忍切。碍佷胡恳切。岛坻○音池。淹淹委委○平声。莎靡缦○莫半切。萝蔷翠蔓红刺相拂缀○南连轩井○阵中涌曰香○承守寝睟虽遂切。思○西南有门曰虎豹○左画虎搏补各切。立○万力千气○底音旨。发○彘匿地○努肩脑口牙快抗○电火雷风黑山震将合○右胡人鬅○黄帣于元切。累力追切。珠○丹碧锦袄○身刀囊靴梲绦○上刀切。白豹玄斑○饫距○掌胛○意相得○东南有亭曰新○前含音颔。曰槐○有槐屃虚器切。护○霄郁荫后颐○渠决决缘池西直南折庑赴○可宴可衙○又东骞渠曰望月○骞音轩。又东骞穷角池○研云曰柏○有柏苍官青士○拥列与槐朋友○巉钼衔切。阴洽色○北俯渠○憧憧来○刮级回西○巽隅疑作隅。间○黄原玦天○汾水钩带○白言谒○行旦艮间○远冈青萦○近楼台井闾点画察○可四时合奇士○

观云风霜露雨雪○所为去声。发生收敛赋歌诗○正东曰苍塘○蹲濒西漭望○瑶翻碧潋○光文切镂○梨深挠挠奴巧切。收穷○正北曰风堤○乘携左右○堤势北回股努○墆徒计切。捩力计切。蹴墉○衔渠歆池○南楯楹○景怪烛○蛟龙钩牵○宝龟灵鼊○薄猛切一音脾。文文章章○阴歆呼合切。垫都念切。龡○呼恬切。烟溃霭聚桃李兰蕙○神君仙人衣裳雅冶○可会脱赤热○西北曰鳌○蛴音灰。原○开哈呼来切。储○虚明茫茫○嵬眼澒耳○可大客旅钟鼓乐○提鹇挈鹭○佰音弼。池豪渠○憎乖怜围○正西曰白滨○荟乌外切。深○梨○素女雪舞百佾○水翠披○噋噋虚郭切。千幅○迎西引东土长崖○挟横埒○埒字音劣。日卯酉○日或作自。樵途坞径幽委○虫鸟声无人○风日灯火之○昼夜漏刻诡娩鱼毁切。绚化○大小亭馆池渠间○走池堤上亭后前○陴乘墉○如连山群峰拥○地高下○如原隰堤溪壑○水引古○自源三十里○凿高○槽绝○窦墉○为或作其。池沟沼渠瀑潨音丛潺终出○汩汩于笔切。音骨,非。街巷蛙町阡陌间○入汾○巨树木○资土悍○水沮○沮将预切。宗族盛茂○旁荫远映○锦绣交果枝香○畹丽○又上下可通作一句。绝他郡○考其台亭沼池之增○盖豪王才侯袭以奇意相胜○至今过客尚往往有指可创起处○余退常吁○后其能无○果有不○音否。补建者○池由于炀○及当作反。者雅文安○薛雅裴文安二人。发土筑台为拒○几平。附于污宫○水本于正平轨○病井卤生物瘠○引古○沃浣人便○几附于河渠○呜呼○为附于河渠则可○为附于污宫其可○书以荐后君子○长庆三年五月十七日记。又见一本,亦注解者,不著姓名,所分句读与前略有不同处,并附于此:绛△即东雍为守理所作一句。世说△土田△士人△宜△得地形胜△自将失敦穷华△陴缅孤颠△跒倔玄武△守居○割有北△自甲辛苞大池△泓横硖旁作一句。潭中△癸次木腔作一句。△瀑三丈余作一句。△子午梁△虹霓雄雌穹鞠觑蠡作一句。△莎靡缦△南连轩井△阵△左画虎搏立△万力千气底发作一句。△堯匿地△电火△雷风△右胡人△鬅△黄帑累珠△丹碧锦袄△身刀△囊△靴△挝△绦△白豹玄班△饫距掌胛作一句。有槐屃护雽作一句。△郁荫△渠决决△缘池西△直南折庑赴△拥列△与槐朋友△巽隅间△白言谒行△旦艮间△远冈青萦△近△可四时合奇士△观云△风△霜△露△雨△雪△所为发生收敛△正东曰苍塘蹲濒西漭望作一句。△瑶翻碧潋△正北曰风堤乘携左右作一句。△堤势北回股努壖捩蹴墉作一句。△南楯楹△景怪烛△蛟龙钩牵△烟溃霭聚△开哈储△虚明茫茫△提鹇△挈鹭△暾暾千幅△迎西引东△日卯酉樵途坞径幽委○虫鸟声○昼夜○大小亭饾○池渠间○间作去声。走池堤上○亭后前陴乘墉作一句。如连山群峰△拥地高下作一句。凿高槽作一句。绝窦墉作一句。为此作其。池沟沼渠瀑潨每字。△汩汩街巷△畦町阡陌每字。△间入汾作一句。水沮宗族茂盛作一句。旁荫远映△锦绣交果枝香畹△丽绝地郡作一句。考其台亭沼沚之增△后其能无果有不补建者作一句。池由于炀及者雅文安作一句。诛△此本多此字。病井卤△生物瘠△引古沃浣作一句。人便几附于河渠作一句。

厕　　筹

今寺观削木为筹，置溷圊中，名曰厕筹。《北史》：齐文宣王嗜酒淫泆，肆行狂暴，虽以杨愔为相，使进厕筹。然则愔所进者，岂即此与？按《说文》厕，清也，从广，则声。韵书初吏切，间也，杂也，次也，圊也。居高临垂边曰厕，高岸夹水曰厕。《史记·太仓公传》：竖奉剑从王之厕。《汲黯传》：卫青大将军侍中，上踞厕见之。注：如淳曰："厕，音则，谓床边，据床视之。"一云：溷，厕也。厕，床边侧。《汉书》注：如淳曰："厕，溷也。"孟康曰："厕，边侧也。"师古曰："如说是也。"仲冯曰："厕，当从孟说。"愚意古者见大臣，则御坐为起，夫武帝固以奴隶待青，亦不应踞溷圊而见之。然汉文居灞北，临厕，使慎夫人鼓瑟。注：韦昭曰："高岸夹水为厕。"即此推之，则凡厕者，皆取其在两物间为义。又《郅都传》：贾姬如厕，有野彘入厕，命都击之。则此之如厕，亦恐非是溷圊。它如《刘安别传》：谪守都厕三年。《庄子·庚桑篇》"适其偃"，注："偃，屏厕也。"屏厕则以偃溲。《仪礼·既夕礼》：甸人筑坅坎，隶人湼厕塞厕。《万石君传》：建取亲中裙厕牏，身自浣洒。注：孟康曰："厕，行清，牏，行中受粪函也。"至于晋侯食麦胀如厕陷而卒，赵襄子如厕执豫让，高祖鸿门会如厕召樊哙等，及如厕见柏人，金日磾如厕擒莽何罗，范睢佯死置厕中，李斯如厕见鼠，陶侃如厕见朱衣，王敦如厕食枣，刘寔误入石崇厕，郭璞被发厕上，刘季和厕上置香炉，沈庆之梦卤簿入厕中，崔浩焚经投厕中，钱义厕神，李赤厕鬼，蒯聩盟孔悝于厕，曹植戒露顶入厕之类，则真溷圊矣。

拗　花

南方或谓折花曰拗花。唐元微之诗："试问酒旗歌板地，今朝谁是拗花人。"又古乐府："拗折杨柳枝。"

连　枝　秀

京师教坊官妓连枝秀，姓孙氏，盖以色事人者。年四十余，因投礼逸士风高老为师，而主教者褒以空湛静慧散人之号，挟二女童，放浪江海间。偶至松江，爱其风物秀丽，将结数椽为栖息所。郡人陆宅之居仁尝往访焉，秀颇不以礼貌。因其请作募缘疏，遂为撰之，疏曰：京师第一部教坊，占排场曾使万人喝彩。道德五千言公案，抽锁钥只因片语投机。向林下得大道高风，指云间问前缘福地。一跳身才离了百戏棚中圈子，双摆手便作个三清门下闲人。赤紧地无是无非，到大来自由自在。识尽悲欢离合幻，打开老病生死关。交媾功成，阴阳炭烧空欲海；修持行满，雌雄剑劈破愁城。七星冠刚替下凤头钗，合欢带生纫做鹿皮袋。空非空，色非色，色即是空；道可道，名可名，强名曰道。往常时红裙翠袖生绡帕，猛可里草履麻衣匾皂绦。销金帐冷落风情，养丹炉消磨火性。半世连枝带叶，算从前历尽虚花；一朝划草除根，到此际方成结果。寻几个烟霞外逍遥伴侣，抵多少尘埃中浮浪男儿。存一点志诚心，百事可做；少几处风流债，一笔都勾。试问他浊酒狂歌，争如我清茶淡话。迷魂阵当时落陷，人负我，我负人，总是虚脾；玄关窍今日点开，心即道，道即心，无非妙用。牢着眼看乌飞兔走，急回头怕鹤怨猿啼。五陵人买笑追欢，掉头不顾；三岛客谈玄论道，稽首相迎。大都来几个知音，多管是前生有分。玉楼花下千钟酒，几番歌《白苎》，遏行云；纸帐梅边一炷香，从此诵《黄庭》，消永日。桃花扇深藏明月影，椰子瓢长醉白云乡。皓齿细腰，打叠少年歌舞;锦心绣腹,宣扬老子经文。发科打诨,不离机锋;课嘴撩牙,长存道眼。烧夜香非寻佳偶,披鹤氅星月下礼拜茅君;登春台不望远人,驾鸾车云霄上追寻萧史。歌馆化为仙馆静,戏房翻作道房幽。净洗燕支,见全真本来面目;轻敲檀板,听步虚别是宫商。人尽夸七真台添上个小孙姑,我只道五城山册立了新王母。不比寻常钩子,曾经老大钳锤。百炼不回,万夫莫敌。畴昔微通一笑,白面郎争与缠头;如今顿悟三生,青眼人便当抬手。既不作入梦朝云暮雨,也须撇等闲秋月春风。若教了蒲团上工夫,便可到蓬壶中境界。肯庄严一处千年香火,是成就到头陆地神仙。金银钞等物,是必大块子舍来;福禄寿利钱,拟定加倍儿还你。得道者多助,看琳宫宝殿,日月交辉;爱人者必亲,仗玉磬金钟,晨昏报德。疏文一出,远迩传诵,以资笑谈。秀不可留,遂宵遁。然文虽新奇,固近于俳,视厚德君子有间矣,而其帷簿之不修者,岂偶然哉。

却鞭

文贞王阿怜帖木儿之夫人举月思的斤,以贤行称。一日,有献马鞭于王者,鞭内暗藏一铁简,拔靶取之则得。王喜,持示夫人,将酬以币。夫人曰"君平昔若尝害人,则防人之必我害也。苟无此心,焉用为?"王悟,亟还之。

奉母避难

泰州人袁氏,兄弟二人,同居养母。至正壬辰,红巾压境,兄弟负母逃避。至中途,兄念妻子不置,辞母归,惟弟与母借居田舍。后城陷,其一房尽遭杀戮,独弟之妻子获免,乘间奔避,适夫妇父子相会,时传为孝行所感。

匠官仁慈

杭州行金玉府副总管罗国器世荣，郡人也，天性仁慈。有匠人程限稽违，案具，吏请引决。罗曰："吾闻其新娶，若责之，舅姑必以新妇不利，口舌之余，不测系焉，姑置勿问，后或再犯，重加惩治可也。"夫罗职在造作耳，尚能知此，而受民命之寄者，则反贪墨苛惨，惟以鞭扑立威为务，哀哉！

著衣吃饭

谚云："三代仕宦，学不得著衣吃饭。"按《魏书》，文帝诏群臣云："三世长者知被服，五世长者知饮食。"则古已有此语。

文章政事

吕仲实先生思诚佥浙西宪司事时，有自首不合令女习学讴唱者。先生案议云："男女无父母之命，私有所从，王法不许。父母违男女之愿，置之非地，公论岂容。所首宜不准，合依律杖断。"又有年七十之上而殴人者，案议云："既能为不能为之事，必当受不当受之刑。"先生文章政事，皆过人远甚，而廉洁不污，家甚贫。至正间，官至中书左丞。先生未显时，一日，晨炊不继，欲携布袍贸米于人，室氏有吝色，因戏作一诗曰："典却春衫办早厨，老妻何必更踌躇。瓶中有醋堪烧菜，囊里无钱莫买鱼。不敢妄为些子事，只因曾读数行书。严霜烈日皆经过，次第春风到草庐。"后果及第。

浙江潮候

浙江，一名钱唐江，一名罗刹江。所谓罗刹者，江心有石，即秦望山脚，横截波涛中，商旅船到此，多值风涛所困而倾覆，遂呼云。此事见吴越时僧赞宁传载中。其昼夜二潮甚信，上人以诗括之曰："午未未未申，申卯卯辰辰，巳巳巳午午，朔望一般轮。"此昼候也。初一日午未，初二日未初，十五日如初一，夜候则六时对冲，子午丑未之类。汉东宣伯聚先生昭尝作《浙江潮候图说》云：大江而东，凡水之入于海者，无不通潮，而浙江之潮独为天下奇观，地势然也。浙江之口，有两山焉，其南曰龛山，其北曰赭山，并峙于江海之会，谓之海门。下有沙滩，跨江西东三百余里，若伏槛然。潮之入于浙江也，发乎浩渺之区，而顿就敛束，逼碍沙滩，回薄激射，折而趋于两山之间，拗怒不泄，则奋而上隮，如素霓横空，奔雷殷地，观者胆掉，涉者心悸，故为东南之至险，非他江之可同也。原其消长之故者，曰天河激涌，曰地机翕张。揆其晨夕之候者，曰依阴而附阳，曰随日而应月。地志涛经，言殊旨异，胡可得而一哉！盖圆则之运，大气举之，方仪之静，大水承之，气有升降，地有浮沉，而潮汐生焉。月有盈虚，潮有起伏，故盈于朔望，虚于两弦，息于朓朒，消于朏魄，而大小准焉。月为阴精，水之所生，日为阳宗，水之所从，故昼潮之期，日常加子，夜潮之候，月必在午，而晷刻定焉。卯酉之月，阴阳之交，故潮大于余月。大梁析木，河汉之津也。朔望之后，天地之变，故潮大于余日。寒暑之大，建丑未也。一晦一明，再潮再汐，一朔一望，再虚再盈，天一地二之道也。月经于上，水纬于下，进退消长，相为生成，历数可推，豪厘不爽，斯天地之至信，幽赞于神明，而古今不易者也。杭之为郡，枕带江海，远引瓯闽，近控吴越，商贾之所辐凑，舟航之所骈集，则浙江为要津焉。而其行止之淹速，无不毕听于潮汐者。或违其大小之信，爽其缓急之宜，则必至于倾垫底滞，故不可以不之谨也。某承乏兹郡，属兵革未弭之秋，信使之往来，师旅之进退，虽期会纷纭，边陲警急，必告之曰："谨候潮汐，毋躁进以自危。"然而迹累肩摩，晨驰夕骛，有不能人喻而户说之者。考之郡志，得《四时潮候图》，简明可信，故为之说，而刻石于浙江亭之壁间，使凡行李之过此者，皆得而观之，以毋蹈夫触险躁进之害，亦庶乎思患而预防之之意云。此说博极群书，辞理超诣，而古今之论潮候者盖莫能过之矣，因并录之。

贞烈墓

千夫长李某戍天台县日，一部卒妻郭氏有令姿，见之者无不啧啧称赏，李心慕焉。去县七八十里，有私盐出没处，李分兵往戍，卒遂在行。既而日至卒家，百计调之，郭氏毅然莫犯。经半载，夫归，具以白，为属所辖，罔敢谁何。一日，李过卒门，卒邀入，治茶，忽忆得前事，怒形于色，亟转身持刃出，而李幸脱，走诉于县。县捕系穷竟，案议，持刃杀本部官，罪死，桎梏囹圄中。从而邑之恶少年，与官之吏胥皂隶辈，无有不起觊觎之心者。郭氏躬馈食于卒外，闭户业绩纺，以资衣食，人不敢一至其家。久之，府檄调黄岩州一狱卒叶其姓者至，尤有意于郭氏。乃顾视其卒，日饮食之，情若手足，卒感激入骨髓。忽传有五府官出。五府之官，所以斩决罪囚者。叶报卒知，且谓曰："汝或可活，我与为义兄弟。万一不保，汝之妻尚少，汝之子若女才八九岁耳，奚以依？顾我尚未娶，宁肯俾为我室乎？若然，我之视汝子女犹我子女也。"卒喜诺。叶遂令郭氏私见卒。卒谓曰："我死有日，此叶押狱性柔善，未有妻，汝可嫁之。"郭氏曰："汝之死，以我之色，我又能贰适以求生乎？"既归，持二幼痛泣而言曰："汝爷行且死，娘死亦在旦夕，我儿无所怙恃，终必死于饥寒，我今卖汝与人。娘岂忍哉，盖势不容已，将复奈何！汝在他人家，非若父母膝下比，毋仍如是娇痴为也。天苟有知，使汝成立，岁时能以卮酒奠父母，则是我有后矣。"其子女颇聪慧，解母语意，抱母而号，引裾不肯释手。遂携二儿出市，召人与之，行路亦为之堕泪。邑人有怜之者，纳其子女，赠钱三十缗。郭氏以三之一具酒馔，携至狱门，谓叶曰："愿与夫一再见。"叶听入，哽咽不能语。既而曰："君扰押狱多矣，可用此少礼答之。又有钱若干，可收取自给。我去一富家执作，为口食计，恐旬日不及看君故也。"相别垂泣而出，走至仙人渡溪水中，危坐而死。此处水极险恶，竟不为冲激倒仆。人有见者，报之县。县官往验视，得实，皆惊异失色，为具棺敛，就葬于死所之侧山下，又为申达上司，仍表其墓曰"贞烈郭氏之墓"，大书刻石墓上。至正丙戌，朝廷遣奉使宣抚循行列郡，廉得其事，原卒之情，释之，人遂付还子女，终身誓不再娶。

特　健　药

《墨薮》载《徐氏书记》云：平一龆龀之岁，见育宫中，尝睹先后阅书法数轴，将拓以赐藩邸，令女学内人，出六十余函，于亿岁殿曝之，多装以镂牙轴紫罗縹，云是太宗时所装。其中有故青绫縹玳瑁轴者，云是梁氏旧迹，楷书，每函可二十余卷，别有一小函有十余卷，所记忆者，是扇书《乐毅》、《告誓》、《黄庭》。私访于所主女学，问其函出尽否，答云："尚有，不知其几。"至中宗神龙初，贵戚宠盛，官禁不严，御府之珍，多归私室，先尽金璧，次及书法。嫔主之家，因此擅出。或有报安乐公主者，于内出二十余函。驸马武延秀久践虏庭，无功于此，徒闻二王之迹，强效宝持，时呼薛稷、郑愔及平一，详其善恶，诸人随事答称。上者，登时去牙轴紫縹，易以漆轴黄麻纸縹，题云"特健药"，云是虏语其书合作者，时有太宗御笔于后题之，叹其雄逸云云。及考之《书苑菁华》，特健药作特健乐，恐是锓梓者之误耳。

乞　　求

世之曰乞求，盖谓正欲若是也。然唐时已有此言。王建《宫词》："只恐他时身到此，乞求自在得还家。"又花蕊夫人《宫词》："种得海柑才结子，乞求自过与君王。"

张　道　人

暨阳之南门桥军人张旺者，人咸称之曰张牌，素凶狠无赖。尝夜盗城西田父菜，被执，濡其首溺池而释之，以故恨入骨髓，每思有以为报而未能。一夕，宿火瓦罂往烧其家，道由观沟，时月色微明，画师吴碧山尚未寝，偶闻步履声，穴窗窥之，见张前行，而殇鬼百数踵其后。饭顷，又闻步履声，复窥之，则张回，而青衣童子二人前导焉。吴甚惊怪，盖张乃吴常所厚善者，诘旦，往叩张，张初不承。及语之审，因以前事告，且曰："我实欲毁其室，以快所愤，因念冤冤相报，无有了时，遂弃火归，他无见也。"吴乃告以其详。张大感悟，曰："一念之顷，可不谨哉！"即舍俗出家，人又咸称之曰张道人。后竟得道云。此在至正五年事也。

阴德延寿

昔真州一巨商，每岁贩鬻至杭。时有挟姑布子之术曰鬼眼者，设肆省前，言皆奇中，故门常如市。商方坐下坐，忽指之曰："公大富人也，惜乎中秋前后三日内数不可逃。"商惧，即戒程。时八月之初，舟次扬子江，见江滨一妇，仰天大号。商问焉，答曰："妾之夫作小经纪，止有本钱五十缗，每买鹅鸭过江货卖，归则计本于妾，然后持赢息易柴米，余资尽付酒家，率以为常。今妾偶遗失所留本钱，非惟饮食之计无所措，亦必被棰死，宁自沉。"商闻之，叹曰："我今厄于命，设令铸金可代，我无虞矣。彼乃自夭其生，哀哉！"亟赠钱一百缗，妇感谢去。商至家，具以鬼眼之言告父母，且与亲戚故旧叙永诀，闭门待尽。父母亲故宛转宽解，终弗自悟。逾期，无他故，复之杭。舟阻风，偶泊向时赠钱处，登岸散步。适此妇襁负婴孩，遇诸道，迎拜，且告曰："自蒙恩府持拔，数日后乃产，妾母子二人没齿感再生之赐者，岂敢忘哉！"商至杭，便过鬼眼所，惊顾曰："公中秋胡不死？"乃详观其形色而笑曰："公阴德所致，必曾救一老阴少阳之命矣。"商异其术，捐钱若干以报之。

帝师

巴思八帝师法号曰：皇天之下，一人之上，开教宣文，辅治大圣，至德普觉真智祐国，如意大宝法王，西天佛子，大元帝师板的达巴思八八合失。

卷十三

中书鬼案

中书省准陕西行省咨，察罕脑儿宣慰司呈，八匝街礼敬坊王弼告：至正三年九月内，到义利坊平易店，见有算卦王先生，因问来历致争。当月廿九日夜，睡房窗下，似风吹葫芦声，不时有之。请到李法师遣送，虚空人言，算卦先生使我来，哭声内称冤枉。弼祝之曰："尔神，尔鬼，明以告我。"鬼云："我是丰州黑河村周大亲女月惜，至正二年九月十七日夜，因出后院，被这王先生将我杀了，做奴婢使唤，如今教在尔家作怪。"哭者索要衣服。抄写所说，赴官陈告。差卢捕盗等与社长吴信甫，于王先生房内，搜获木印二颗，黑罗绳二条，上钉铁针四个，魇镇女身，小纸人八个，五色彩，五色绒，上俱有头发相缠。又小葫芦一个，上拴红头绳一条，内盛琥珀珠二颗，外包五色绒，朱书符命一沓。又告：十二月初三日，有鬼空中言："我是奉元路南坊开张机房耿大第二男顽驴，这先生改名顽童。我年一十八岁，被那老先生引三个伴当杀了我。"二十二日，又有鬼空中云："我是察罕脑儿李帖家孩儿延奴，又名抢灰，那老贼杀了我，改名买卖。我被杀时，年一十四岁。"勘问得犯人王万里，即王先生状招，年五十一岁，江西省吉安路民，于襄阳周先生处习会阴阳课命。至顺二年三月内，到兴元府，逢见刘先生，云："我能使术法迷惑人心，收采生魂，使去人家作祸，广得财物。我有收下的，卖与你一个。"随于身畔取出五色彩帛，并头发相结一块，言称这个小名唤延奴。我课算，拣性格聪明的童男童女，用符命法水咒语迷惑，活割鼻、口唇、舌尖、耳朵、眼睛，咒取活气，剖腹掏割心肝各小块晒干，捣罗为末，收裹，及用五色彩帛同生魂头发相结，用纸作人形样，符水咒遣往人家作怪。根随到伊下处，至夜，刘先生焚香念咒烧符，听得口言，不见形影，问："师父，你教我谁家里,索甚去?”刘先生分付:“李延奴,你与这先生做伴去。”说罢,将咒语收禁。万里与讫钞七十五两,买得五色彩帛头发相结一块,称说我改名买卖,传教采生,遣使,收禁符命咒水。又云牛狗肉破法,休吃。续后于房州山地面经过,逢见广州旧识邝先生,云:“我亦会遣使鬼魂,我有收下的生魂,卖与你。”万里与讫钞一锭。邝先生取出五色彩帛头发相结纸人儿一个,云此名耿顽童。万里将与李买卖一处遣使,以课算为由,前到大同路丰州黑河村地面往来。至正二年八月内,到于周大家课命,将伊女周月惜八字看算,性格聪慧,要将杀害,收采生魂。至九月十七日夜,于周大住宅后院墙下黑影内潜藏间,见一人往后院内来,认得系是月惜,在彼出后,万里密念咒语,向前拖拽,往东奔走,将月惜禁止端立,脱下沿身衣服,用原带鱼刀,将其额皮割开,扯下悬盖眼睛,及将头发割下一缕,用纸人并五色彩帛绒线结成一块,如人形样,然后割下鼻、口唇、舌、耳尖、眼睛、手十指梢、脚十趾梢,却剖开胸腹,才方倒地气绝。又将心、肝、肺各割一块,晒干捣末,装于小葫芦内。至正三年九月内,来到察罕脑儿平易店安下,开张卦肆,与王弼相争挟仇,令生魂周月惜等三名,前往伊家作祸。为买马肉食,因店内将牛肉作马肉卖与,因此不能收禁,事发到官。及责得李福宝,即李帖,状结,生到孩儿延奴,常有疾病,于五岳观口许出家,落在纸灰内,改名抢灰。天历二年二月内,令其赶牛牧放,不归,此时饥荒,想得被人亏害,不曾根寻。及行移奉元路咸宁县并大同路丰州,照勘耿顽童、周月惜致死缘由相同,呈乞咨请施行。准此,送据刑部,拟得王万里残忍不道,合令凌迟处死,其妻子迁徙海南安置。

乌 宝 传

余幼时,尝见胡石塘先生《玄宝传》,今不能记其全篇。有人出永嘉高则诚明《乌宝传》相示,虽曰以文为戏,要亦有关于世教。传曰:乌宝者,其先出于会稽褚氏,世尚儒,务词藻,然皆不甚显。至宝,厌祖父业,变姓名,从墨氏游,尽得其通神之术,由是知名。初,宝之先有钱氏者，亦以通神之术显，迨宝出，而钱氏遂废，然其术亦颇相类，故不知者犹以为钱云。宝轻薄柔默，外若方正，内实垢污。善随时舒卷，常自得圣人一贯之道，故无入而不自得，流俗多惑之。凡有谋于宝，小大轻重，多寡精粗，无不曲随人所求。自公卿以下，莫不敬爱。其子姓蕃衍，散处郡国者，皆官给庐舍而加守护焉。其有老死者，则官为聚其尸而焚之，盖知墨之末俗也。宝之所在，人争迎取邀致，苟得至其家，则老稚婢隶，无不忻悦，且重扃邃宇，敬事保爱，惟恐其他适也。然素趋势利，其富室势人，每屈辄往，虽终身服役弗厌，其窭人贫氓，有倾心愿见，终不肯一往。尤不喜儒，虽有暂相与往来者，亦终不能久留也。盖儒墨之素不相合若此。宝好逸恶劳，爱俭素，疾华侈。常客于弘农田氏。田氏朴且啬，宝竭诚与交，田氏没，其子好奢靡，日以声色宴游为事，宝甚厌之，邻有商氏者，亦若田氏父之为也，遂挈其族往依焉，盖墨之道贵清净故也。然其为人多诈，反覆不常，凡达官势人，无不愿交，而率皆不利败事。故其廉介自持者，率不与宝交。自宝之术行，挟诈者往往伪为宝术以售于时，后皆败死，故宝之术益尊。是时，昆仑抱璞公、南海玄珠子、永昌从革生，皆能济人，与世俯仰，曲随人意，而三人者亦愿与宝交，苟得宝一往，则三人亦无不可致，故时誉咸归于宝焉。宝族虽伙，然其状貌技术，亦颇相似，知与不知，咸谓之乌宝云。论曰：乌氏见于《春秋》、《世本》、《姓苑》，若存余技乌获，皆为显仕。至唐，承恩重，胤始盛，迨宝而益著。宝裔本褚氏，而自谓乌氏，则变诈亦可知矣。宝之学虽出于墨，而其害道伤化尤甚，虽孟轲氏复生，不能辟也。然使宝生于唐虞三代时，其术未必若是显。然则宝之得行其志者，亦其时有以使之。呜呼，岂独宝之罪哉！

绿窗遗稿

新喻傅汝砺先生若金尝志其妻殡云：君讳淑，字蕙兰，姓孙氏，其先汴人。年二十三，归我于湘中，五月而卒。君高朗秀惠，生六岁，母卒，父教以书。稍长，习女工。晨起，独先盥栉，适父母所，问安毕，佐诸母具食饮，退治女工。晡时，观经史，或鸣琴自休。既夕，聚家人瞑坐，说古贞女孝妇传。烛至，治女工如初。富贵家多求婚，父不许。及以许余，家人不悦。一日，有幸余疾者，欲因动之。君曰："大人以爱子许人，必慎所择矣，即有不讳，命也，若等谓我且慕世俗富贵而改聘耶？有死而已！"皆愧谢，不敢复言。事继母尽孝道，死之日，母大恸，既瞑目久，忽徐起，止母哭，令自宽，及母出，私泣告余曰："妾为父母所偏爱，即死，必伤其心，然终必死矣，为将奈何？君后富贵，幸念之。"言既，复瞑目。泰定五年八月廿有一日也。后三日，寓殡湘中。及序其遗稿云：故妻孙氏蕙兰，早失母，父周卿先生以《孝经》、《论语》及《凡女诫》之书教之，诗固未之学也。因其弟受唐诗家法于庭，取而读之，得其音格，辄能为近体五七言，语皆闲雅可诵，非苟学所能至者。然不多为，又恒毁其稿。家人或窃收之，令勿毁，则曰："偶适情耳。女子当治织纴组纠以致其孝敬，辞翰非所事也。"既卒，家人哭而称之，因出其稿，得五言七首、七言十一首、五七言未成章者廿六句，特为编集成帙，题曰《绿窗遗稿》，序而藏之。五言诗曰："窗里人初起，窗前柳正娇。卷廉冲落絮，开镜见垂条。坐对分金线，行防拂翠翘。流莺空巧语，倦听不须调。"右一"小阁烹香茗，疏帘下玉钩。灯光翻出鼎，钗影倒沉瓯。婢捧消春困，亲尝散暮愁。吟诗因坐久，月转晚妆楼。"右二"灯前催晓妆，把酒向高堂。但愿梅花月，年年映寿觞。"右三"采阁闭朝寒，妆成拟问安。忽闻春雪下，唤婢卷帘看。"右四"粲粲梅花树，盈盈似玉人。甘心对冰雪，不爱艳阳春。"右五"小小春罗扇，团团秋月生。蟠桃花树里，绣得董双成。"右六"自拂双眉黛，何曾惯得愁。若教如翠柳，便恐不禁秋。"右七七言诗曰："楼前杨柳发青枝，楼下春寒病起时。独坐小窗无气力，隔帘风乱海棠丝。"右一"绿窗寂寞掩残春，绣得罗衣懒上身。昨日翠帷新病起，满帘飞絮正愁人。"右二"小妹方才习孝经，可怜娇怯性偏灵。自寻女诫窗前读，嗔道家人不与听。"右三"几点梅花发小盆，冰肌玉骨伴黄昏。隔窗坐久怜清影，闲划金钗记月痕。"右四"绣被寒多未欲眠，梨花枝上听春鹃。明朝又是清明节，愁见人家买纸钱。"右五"春雨随风湿粉墙，园花滴滴断人肠。愁红怨白知多少，流过长沟水亦香。"右六"春风昨夜碧桃开，正想瑶池月满台。欲折一枝寄王母，青鸾飞去几时来。”右七“空阶日晚雨才干，小婢相随倚画阑。金钗误挂绯桃落，罗袖愁依翠竹寒。”右八“小窗今夕绣针闲，坐对银蟾整翠鬟。凡世何曾到天上，月宫依旧似人间。”右九“乞巧楼前雨乍晴，弯弯新月伴双星。邻家小女都相学，斗取金盆看五生。”右十“庭院深深早闭门，停针无语对黄昏。碧纱窗外初生月，照见梅花欲断魂。”右十一未成章诗曰：“露下庭梧叶，风吹月桂花。”“登楼闻过雁，开户见栖鸦。”“绣帘当雪卷，银烛背风然。”“雪晴山显翠，风暖水生纹。”“萱草当阶绿，樱桃落地红。”“芍药开时病，荼蘼落处愁。”“玉钗簪茉莉，罗扇绣芙蓉。”“窗前垂柳分春色，镜里幽兰对晓妆。”“花间影过那知燕，柳外声来不见莺。”“慈亲教婢回金剪，娇妹嗔人夺绣针。”“妆成宝镜杨花过，行出珠帘燕子归。”“自倾瓮里春泉水，亲灌阶前石竹花。”“海棠带雨燕支重，杨柳凝烟翡翠浓。”先生既丧妻，哀戚之情，多见于诗。《悼亡》曰：“惊飙吹罗幕，明月照阶戺。春草忽不芳，秋兰亦同死。斯人蕴淑德，夙昔明诗礼。灵质奄独化，孤魂将安止。迢迢湘西山，湛湛江中水。水深有时极，山高有时已。忧思何能齐，日月从此始。”右一“皇天平四时，白日一何遽。勤俭毕婚姻，新人忽复故。衾裳敛遗袭，棺椁无完具。送葬出北门，徘徊怛归路。玉颜不可恃，况乃纨与素。累累花下坟，郁郁茔西树。他人亮同此，胡为独哀慕。”右二“新婚誓偕老，恩义永且深。旦暮为夫妇，哀戚奄相寻。凉月烛西楼，悲风鸣北林。空帷奠巾栉，中房虚织纴。辞章余婉娈，琴瑟有余音。眷言瞻故物，恻怆内不任。岂无新人好，焉知谐我心。掩穴抚长暮，涕下沾衣襟。”右三“人生贵有别，室家各有宜。贫贱远结婚，中心两不移。前日良宴会，今为死别离。亲戚各在前，临诀不成辞。傍人拭我泪，令我要裁悲。共尽固人理，谁能心勿思。”右四《感独》曰：“幽幽蕙草晚，靡靡兰芳断。皎皎夜泉人，冥冥不复旦。流尘栖暗壁，凉吹经虚幔。无论欢意消，日复愁思乱。魂伤夕方永，气变秋将晏。当窗惨断素，捐箧悲柔翰。忆初成好合，誓且同忧患。何言遂长终，独处增永叹。寤寐忽如在，展转惊复散。念兹何嗟及，哀至聊自判。”《百日》曰：“人生悲死别，矧在心相知。新婚未及久，杳杳遽何之。昔为连理木，今为断肠枝。相去时几何，百日奄在兹。亏月有圆夕，逝水无还期。弃置非人情，何以慰我思。”《入室》曰：“妆阁闭长夜，幽兰坐复春。犹疑挑锦字，不见掩罗巾。故物空在目，萧条生网尘。”右一“虚窗明月满，芳砌绿苔滋。花间时染翰，尚忆解题诗。寂寞幽泉下，贞心空自知。”右二《追和蕙兰》曰：“小窗开尽碧桃枝，忆得青鸾化去时。昨夜秋风妒幽怨，梦中吹断素琴丝。”右一“江上愁时复值春，带围宽尽不宜身。阶前旧种樱桃树，日暮飞花故著人。”右二嗟夫！孙氏之诗，依乎礼义，先生之诗，哀而不伤，举得性情之正，是可传也已。

为将嗜杀

王皮者，住凤翔府城外八九里许。盛暑中，入城买皮料，归至中途，憩道傍大树下。忽有二卒来前，状貌奇怪，似非凡世间人，遽问曰：“汝王皮与？”王窃疑惧，然不敢不以实对，乃曰：“某是已。”卒曰：“阴府摄汝。”王曰：“某平生无他过恶，望赐矜怜。”卒不诺。又告曰：“容到家与妻子一别可乎？”卒乃诺。将及门，卒力挽之，不能入，王大叫：“救我！”比妻子来前，王已仆地气绝。既敛，胸间微暖如生，经宿未敢盖棺。王于冥漠中随卒至一所，俨若王者之庭，仪卫吏隶，无不备具。问曰：“汝为秦白起偏将，坑赵降卒四十万，知其罪否？”王答曰：“某佣工，平生不曾读书，不知白起为何人，亦不知降卒为何事。”于是令王起，凡再历二庭，问亦如之，答亦如之。乃反接王一大池边，取池中泥涂其胸，寒气凛冽，洞腹透背。王即悟曰：“某已记前身事矣。”遂解其缚，复引至元问第三庭。王告曰：“某当年曾为白起偏将，其杀赵降卒时，某曾力谏，不从，非某之罪。”顷间，牵一荷铁校者跪王侧，王认得似是白起，而形骸骨立，又若非似，盖因久囚故也。起见王曰：“子来矣，余复何言。”方招承。庭吏发王还第一庭，检录阳寿，及阅籍，尚有若干年，即命元摄卒引至原憩树下，一推，而王乃在棺中跳跃而起。妻子亲邻，既惊且喜，叩问之，备言其故。有传之至京师者，差进士咼哲笃来凤翔覆察，果实。时王元吉为本府照磨，元吉能备言其详，且有抄录公文。此一事然虽若幻诞，端可为为将而嗜杀人者之戒，故略节大概如上。

释怨结姻

扬州泰兴县马驼沙农夫司大者，其里中富人陈氏之佃家也。家贫，不能出租以输主，乃将以所佃田转质于他姓。陈氏田旁有李庆四者，亦业佃种，潜赂主家儿，约能夺田与我而不以与陈氏者，以所酬钱十倍之一分之。家儿素用事，因以利啖其主，主听，夺田归李氏，司固无可奈何。既以谷田不相侔，轻其直十之一。司愈不平。会归，而李与尝所用力及为立券者，杀鸡饮酒，司因随所之。李欲却司，辄先持一卮酒饮之。司忿恨去，对妻语所以与李怨仇之故。妻苦口谏曰："吾之穷，命也，奈何仇人哉！"不听，夜持炬火往烧其家。忽闻得内有人娩，司窃念："吾所仇者，其家公也，何故杀其母子？"遂弃火沟中而归。司无以为养生计，即所偿钱为豆乳酿酒，货卖以给食。久之，不复乏绝，更自有余。而李日益贫。更十年，李复出所佃田质陈氏，司还用李计复其田，过种之钱比前又损其一，为券悉值前人，相视惊叹。司纪为李所辱时，今幸可一报复，遂具鸡酒，饮亦如之。李忘前过，不自责，反怨薄己，怒甚，归积膏火破盎中，夜抵司家。司妻方就蓐，李犹豫间，闻人启户，惧事觉，遗火亟走，而司家实不有人。旦得火器场中，验器底有李字，因悟："昔我焚彼家，以其家人产子，不欲焚；今彼焚我家，而我之妻亦产子，而不被焚。此天也，非人也。"持钱五千往李，曰："昨日小人无状，失礼义，不得共饮，兹愿少伸谢意，幸毋督过。"李疑，绐以疾，卧不起。强请不已，遂同之酒家，邀酤儿与饮。酒半，自起酌酒，劝李曰："子之孙某年月日夜子时生，而吾子亦夜者子时生，怨仇之事，慎勿复为。"具白前所仇事，沥酒为誓，语酤儿曰："子识之，试用此警世间人，不善慎勿为也。"剧饮尽欢，乃更约为婚姻。自是李亦不贫，两家至今丰给。此在至正初元间。吾谓司氏妇之极谏，与司氏之易虑时，天固已监之，所以李不复可加害也。向使司氏决快所欲，未必能复田，纵复田，未必不无祸。一念之善，从而两家子孙皆蒙其利泽。《书》曰："天道福善祸淫。"又曰："惟上帝不常，作善降之百祥，作不善降之百殃。”呜呼，天岂远人哉！天岂远人哉！

杜荀鹤诗

尝读杜荀鹤诗，其《乱后逢村叟》曰：“经乱衰翁居破村，村中何事不伤魂。因供寨木无桑柘，为点乡兵绝子孙。还似平宁征赋税，未尝州县略安存。至于鸡犬皆星散，日落前山独倚门。”《山中寡妇》曰：“夫因兵死守蓬茅，麻苎衣衫鬓发焦。桑柘废来犹纳税，田园荒后尚征苗。时挑野菜和根煮，旋斫生柴带叶烧。任尔深山更深处，也应无计避征徭。”《旅泊遇郡中乱》曰“握手相看谁敢言，军家刀剑在腰边。遍搜宝货无藏处，乱杀平人不怕天。古寺拆为修寨木，荒坟掘作甃城砖。郡侯逐去浑闲事，正是銮舆幸蜀年。”然方之今日，始信其非寓言也。

太　　公

今人谓曾祖父曰太公，此盖相承之谬，当称祖父为是。后汉李固之父郃为司空，固女当固伏诛日，曰：“太公以来云。”注：“太公谓祖父郃也。”

刚　　介

御史台准陕西行台咨，监察御史乌古孙良祯呈：伏闻纲常者，天之所以经天下者也。天子，所以为天守纲常者也。臣而不忠，子而不孝，凡触罪于纲常者，不容于死，又乌可处以相位，俾之重任乎？谨按：辽阳行省丞相答失帖木儿，即驸马丞相也。心怀阴险，行畜奸邪，败坏彝伦，反侧不道，通天之罪，无所于容。昔在晋邸，擢登首相，居百僚之上，极一品之荣。受任托孤，躬承顾命，君臣分义，至重且深。及乎大事之时，干戈之际，尽领北土之兵，以救颠危。本官阴畜二心，坐观成败，南至红桥，逗遛不进，致于败亡，不能死义，腼面入降，大亏臣节，反以藉口，矜为己功，天下义士闻之，莫不为耻。昔丁公为项王一将耳，尝二心于汉，及天下定，高帝诛之，后世称其明断。方楚之与汉，敌国之势未分，尚以大义责之，以示垂戒。今答失帖木儿之于晋邸，爵禄之宠已崇，君臣之分素定，较之丁公不忠之罪，又有甚焉！况天历之初，营充枢密知院，御史已尝纠言，又复贿赂权臣，出为江西行省丞相。两居江浙，至与房邻拜降都运，贿赂交通，坏乱盐法，至今官民皆被其害。中间徇私败政，不可枚举。所至之处，流毒一方。今则移置辽阳，辽阳之民奚罪焉。原其本官，昔既不忠，今岂尽节。又兼辽阳即系东方重镇，反覆之人，岂宜处此，脱有边衅，关系非轻。似此卖国卖臣之罪，使其人已死，犹当追贬，今既未死，得以幸逭天禄，设居相位，是国法不行，邪正不辨，愚恐奸臣贼子接迹仿效，甚非国家之福。伏望闻奏，为天下正纲常之义，将答失帖木儿流窜遐荒，追夺累受宣命，庶几人臣分严，罪于纲常者，死有余辜，以为不忠不道之劝，其于治道不为小补，天下幸甚，公论幸甚！至正元年八月十二日，别理怯不花怯薛。第一日，忽鲁秃纳钵里、有时分云都赤、汪家奴、殿中百撒里、大夫亦怜真班、经历藏吉、蒙古必阇赤朵朵等奏，台官备著西台文书：俺商量来行与省家文书，将他见行的勾当黜罢了呵，怎生奏呵，奉圣旨，那般者。钦此。初，良祯之父福建闽海道肃政廉访使润甫公泽，年五十，未有子。夫人杜氏，深以为忧，屡请公再聘，公不允。仕西广时，闻寡居王安人者，美而宜子，夫人自为公谋聘之。既归，执妇礼甚恭。长夫人数岁，夫人推让正寝以居之。相处雍睦，宛若姊娣，饮食起居，罔有不同。公独内不自安。越明年，夫人生良桢。一日，王氏告公曰："君自有妇，所以再娶妾者，为嗣续计耳。今夫人既生子，妾何事焉？"即出道家冠服一袭以示曰："妾之志决矣，请从此辞。"夫人固留不得。公因谓夫人曰："向吾再娶，惧无后也，若不改图，人其以我为汰乎？"乃听王氏去，奁资万金悉返之。自是出居一女道庵，戒行严谨，人未尝能见其面，而夫人岁时问遗弥至。后良桢贵显，迎以归，事之如亲母。嗟夫！自古求忠臣于孝子之门，今良桢外有严君，内有贤母，教诲造就之道，有过人者，宜乎在家为孝子而在朝为忠臣也。然其扬历台省，秉性刚介，不畏强御，事无不言，言必有中，如驸马丞相，恃居国戚，莫敢孰何，乃必发其底里，直使去位而后已。推此一节，则凡忠君之事，类可知矣。后至中书左丞而卒。

发　墓

至元间，释氏豪横，改宫观为寺，削道士为髡。且各处陵墓，发掘迨尽。孤山林和靖处士墓，尸骨皆空，惟遗一玉簪。时有人作诗以悼之曰："生前不系黄金带，身后空余白玉簪。"

卷十四

忠　　烈

萧景茂，漳州龙溪隔洲里人。儒而有文，以谨厚信于乡里。后至元间，漳寇乱，景茂率乡人立栅保险，坚不可破。会旁里有人导之，从间道入，景茂被执。贼使拜，曰："汝贼也，何拜？"贼欲胁之降，以从民望。景茂骂曰："逆贼，国家何负汝而反？汝族汝里何负汝，而坐累之？"贼相语曰："吾杀官军将吏多矣，至吾砦，皆惧靡求生，未有若此饿夫之倔强者。察其志终不为吾用，留之祇取辱耳。"遂缚之于树，刲其肉，使自啖之。且嚼且骂曰："我食我肉，无若汝贼行将万段，狗彘弃不食！"贼怒，绝其舌而死。又江州路总管李黼，字子威，汝宁人。泰定丁卯，状元及第。至正十年庚寅，来守是郡，政修民和。明年辛卯夏五月，红巾寇逼淮西，公即申告江西行省，以谓九江为豫章藩屏之地，蕲黄乃九江唇齿之邦，不可不早为进兵守护。或者非其过虑，公乃张文榜以谕民曰："为臣死忠，为子死孝，在黼之分，惟知尽死守土而已，所谓城存与存，城亡与亡者也。"闻者悚然。秋九月，寇侵蕲黄属邑，公复上言："宜速乘机进援，苟淮西失守，长江之险，与彼共之，非所恃矣。"行省不报。既而蕲州陷。冬十月，黄州陷。十一月二十五日，行省平章秃坚不花奉中书省命，领兵至，公极陈攻守之策，秃坚不花以堤备把截为辞。越明年壬辰，春正月初二日，行省左丞孛罗帖木儿奉总兵御史大夫领枢密院也先帖木儿命，领兵进攻淮西，亦来屯驻，逗遛不前。十四日，武昌陷。十六日，藩王大臣官民舟航蔽江而下，我民解散。十九日，秃坚不花、孛罗帖木儿皆遁去，僚佐司属，悉为一空。公亟发廪赈民，收召士卒。数日，稍辑。机务繁剧，不遑寝食。以二十三日卧病，然犹扶惫乘肩舆领兵出境。行省以公忠诚昭著，授本省参知政事，行江州南康路军民都总管，便宜行事。二月初九日，秃坚不花惧台宪公议，自三山移兵入城。十一日，寇忽至城下甘棠湖，纵火焚西门。公立城上，身当矢石。秃坚不花从北门遁去。日中，势益炽，分众攻北门，城遂陷，公犹执铁树指挥左右迎战。众惊溃，公被执，胁以刃，不肯降，口骂不绝声，遂杀之。侄男秉昭亦遇害。初，武昌陷时，公谓子秉方曰："我国之守臣，当死此土，汝可奉母往下江依伯父，以存吾后。"秉方曰："父死国，子死父，有何不可？"公怒曰："汝不遵命，是不孝也。"秉昭亦告其兄曰："兄不去，则叔父无后，不孝莫大于是。某当与叔父同死生矣，兄无虑焉。"秉方不获已，买舟奉母夫人行，舟次何家堡，迟留不忍舍。公闻之，手批责以大义，遂去。不半月，公死。又江浙行省参知政事樊执敬，字时中，郓人。是年秋七月初十日，红巾自徽犯杭，时公守宿卫于省，有报已入北关门，省吏皆次第引去，公独被甲上马，率宿卫兵急出省，将救关。从者止之，公曰："吾封疆之守，不守而去，是以私利废臣道。"行至清河坊口，遇他走将，又以兵孤且散，控其马首返。公怒，引佩刀斫其人曰："城不守，何适？"遂跃马逆战以死，死时犹嚼齿骂不绝声。死之所，则天水桥也。又福宁州尹王伯颜，字伯敬，滨州人，由湖广行省知印，历官至兹任。抚字多方，政教大行。是年春，除福建盐运司同知。将行，会邻境贼众势颇张，州民群拥马前，拜且泣曰："公吾之父母，岂容舍我去？方今兵戈蜂起，公去，吾民将孰赖？"父老千余人，诣上司乞留公。遂复留。至秋，贼众自邵武间道迫福宁，公募民兵得一千五百余人，为守御备。冬十一月庚辰，贼进至青皎，屯杨梅岭。公与中子相引兵直抵其营，与战，破之。既而益众，复进，我兵仅千余人，乃分为二道拒之，公以五百人还守州治。壬午，贼众万余，平旦攻西门，众寡不敌，吏卒奔溃，公独身奋以死自誓。俄马中流矢，遂为贼所执。其魁首王兼善者，谓曰："闻公廉能著称，欲屈再尹此州。"公厉声叱曰："我天子守臣，义当杀贼，不幸败，有死耳。"魁怒，令公跪，公曰："此膝岂跪贼耶？"魁益怒，令左右殴之。公曰："我为人臣，当为国死。"乃啮舌出血，喷其面，骂曰："杀我即杀，殴何也？然可杀我，不可害吾民。官军旦暮且至，杀尔等无噍类矣。"会其执达鲁花赤阿撒都剌至，责之曰："汝何得与王尹同起兵拒我？"阿撒都剌股栗口噤，不能对。公曰："吾义当起兵杀贼，何名拒汝？"因大骂不绝口，且曰："我死当为神以杀汝曹。"魁大怒，遂害之。临死，色不变，立而受刃，颈断，微有血如乳。时年七十矣。子相，亦被执，魁欲官之，相曰："汝逆吾君，又杀吾父，义不共戴天。我忠臣子，讵能事贼邪？"魁知不可屈，亦杀之。相妻潘氏逃民间，有恶少欲乱之，不从，执献魁。潘恸哭曰："吾既失所天，义岂受辱！"乃绝不饮食，及其二幼女皆死。又溧阳儒学教授林梦正，字古泉，吾乡人，中书以著述荐，得官。是岁，贼众寇溧阳，获其魁张某。先生问曰："尔何人也？"应曰："我父为军千户，红巾入境，逼我父为帅，父以年老，不堪从事，令我代。"先生痛骂之曰："尔之父祖，世为国家臣子，而尔忍伪邪？"既而其势复盛，竟夺张去，下令曰："生得林教授者有赏。"先生匿他处，搜得，张曰："前日骂我者非尔邪？"先生曰："然。"张曰："降我，则俾尔为元帅，同享富贵。"先生曰："尔伪也，我何为降？"再三终不屈。缚于树，不解衣冠而杀之。又江浙行省员外郎杨乘，字文载，滨州人，早为天官小史，辟中书参议掾，历官至谷城、介休二县尹，拜监察御史，擢今任。是年，杭州陷，公与郎中赫德尔、王仲温、员外月忽难、都事张镛，俱坐黜。公退居松江之青龙镇。后御史台以公等职在赞理，不当罪，宜复其官爵，上之，事遂白。十六年丙申，淮人陷平江，连陷松江。秋七月十八日，遣所署官吴县丞张经等，赍礼币造请。公遣人告曰："吾废处田里久，不足以辱使者，吾当择日受命，请以币置里门外。"经等如其言。公命子卣、卓具牲醴告祖祢，既竣事，复命酒饮，逮暮，起行后圃中，顾西日晴好，慨然曰："晚节如是，足矣。"命卣等治畦，处置家事，如平日。抚其孙虎林，若怡怡自得也。归，坐至夜分，二子立侍，命曰："二子行且休，吾将就寝。"公俭约，无姬侍，其燕息寝处，人莫得与俱。诘旦，卣等怪寝门未启，发视之，则公已自经。得手书遗语，大意言死生昼夜之理，且以得全晚节为快。又西台监察御史张公，谢职居确山县，县陷贼。贼魁者，素闻公有治绩，置公上坐，胁之受伪官，公唾骂之。遂缚公妻孥九人至前，先杀妾，次杀子女以及妻，每杀一人，则谕公曰："御史若降，余可免。"公弗为动容，其骂如初。魁怒，拽下坐，杀之。此在至正辛卯秋八月间。公讳桓，字彦威。南村野史曰：天下之事战争，十有余年于兹矣。为臣辱国，为将辱师，败降奔窜，不可胜计。甚者含诟忍耻，偷生冒荣，以为得志，名节大闲，一荡去弗顾。求其忠义英烈，于千百之中莫克什一。噫！忠义英烈虽出于天性，要亦讲之有素，处之甚安，故于造次颠沛之际，决然行之而无疑。如李总管黼、王州尹伯颜、樊参政执敬、张御史桓、林教授梦正、萧处士景茂之杀身成仁，视死如归，是必讲之熟而处之当，一旦出于人所不肯为，遂以惊动天下，而精英忠烈之气在宇宙间与嵩华相高者，自不容泯。若桓之居在闲地，乘之久坐废黜，梦正之分颛讲教，视握将帅之权，受民社之托，任大而责重者，有间矣，一皆从容就义，是尤难也。景茂，里中一儒生耳，初未尝得斗升之禄以养其父母，尺寸之组以荣其身，始于保民，终于报国，临大节而不可夺，古称烈丈夫，又岂能过是与？至于子为父死，妇为夫死，声光赫奕，照映史册，使百世而下，知纲常大义之不可废，天理人心之不可灭如此，其有功于名教为何如？是亦深仁厚泽涵养所致，孰谓百年之国而无人哉？

瘗鹤铭

《瘗鹤铭》，华阳真逸撰。“上皇山樵鹤，寿不知其纪也。壬辰岁，得于华亭。甲午岁，化于朱方。天其未遂吾翔廖廓邪，奚夺之遽也！乃裹以玄黄之币，藏乎兹山之下。仙家无隐，我故立石旌事，篆铭不朽。词曰：相此胎禽，浮丘著经。乃征前事，我传尔铭。余欲无言，尔其藏灵。雷门去鼓，华表留形。义惟仿佛，事亦微冥。尔将何之，解化惟宁。后荡洪流，前固重扃。右割荆门，历下华亭。奚集真侣，瘗尔作铭。丹阳外仙尉江阴真宰。”右刻在镇江焦山下顽石上，潮落方可模，相传为晋王右军书，惟宋黄睿《东观余论》云为陶隐居书，良是。其曰：今审定文格字法，殊类陶弘景。弘景自称华阳隐居，今曰真逸者，岂其别号与？又其著《真诰》，但云己卯岁，而不著年名，其他书亦尔。今此铭壬辰岁甲午岁，亦不书年名，此又可证云。壬辰者，梁天监十一年也。甲午者，十三年也。按隐居天监七年东游海岳，权驻会稽，永嘉十一年，始还茅山。乙未岁其弟子周子良仙去，为之作传，即十一年、十三年正在华阳矣。后又有题丹阳尉江阴宰数字，当是效陶书故题于石侧也。王逸少以晋惠帝太安二年癸亥生，年五十九，至穆帝升平五年辛酉岁卒，则成帝咸和九年甲午岁，逸少方年三十二。至永和七年辛亥岁，年四十九，始去会稽闲居，不应三十二岁已自称真逸也。又未官于朝，及闲居时，不在华阳。以是考之，决非王右军书也审矣。欧阳文忠公以为不类王右军法，而类颜鲁公，又疑是顾况，云道号同，又疑王瓒，皆非。睿字长孺，号云林子，邵武人。又董逌书跋第六卷，载南阳张举子厚所记云：《瘗鹤铭》，今存于焦山，凡文字句读之可识，及点画之仅存者，百三十余言，而所亡失几五十字。计其完书盖九行，行之全者二十五字，而首尾不预焉。熙宁三年春，余索其逸遗于焦山之阴，偶得十二字于乱石间。石甚迫隘，偃卧其下，然后可读。故昔人未之见，而世不传。其后又有"丹阳外仙，江阴真宰"八字，与华阳真逸、上皇山樵，为似是真侣之号。今取其可考者，次序之如此。又董君自书其后云：文忠《集古录》谓得六百字，今以石校之，为行凡十，行为字二十五，安得字至六百？疑书之误也。余于崖上又得唐人诗，诗在贞观中，已列铭后，则铭之刻非顾况时可知。《集古录》岂又并诗系之耶？君字彦远，号广川，东平人。又国朝郑杓《衍极》第二卷，论《瘗鹤铭》，而刘有定释云：《润州图经》以为王羲之书。或曰华阳真逸，顾况号也。蔡君谟曰：《瘗鹤》文非逸少字。东汉末多善书，惟隶最盛，至于晋魏之分，南北差异，钟王楷法，为世所尚，元魏间尽习隶法，自隋平陈，中国多以楷隶相参，《瘗鹤》文有楷隶笔，当是隋代书。曹士冕曰：焦山《瘗鹤铭》，笔法之妙，为书家冠冕，前辈慕其字而不知其人，最后云林子以为华阳真逸为陶弘景，及以句曲所刻隐居朱阳馆帖参校，然后众疑释然，其鉴赏可谓精矣。以余考之，一本，山樵下有"书"字，真宰下有"立石"二字。一本，"我传尔铭"作"出于上真"，"尔其藏灵"作"纪尔岁辰"。张举本作"丹阳外仙"，邵亢本作"丹阳仙尉"，又有作"丹阳外仙尉"者。且中间词句，亦多先后不同。尚俟挐舟过扬子，手自模印，以稽其得失之一二可也。

风入松

吾乡柯敬仲先生九思，际遇文宗，起家为奎章阁鉴书博士，以避言路居吴下。时虞邵庵先生在馆阁，赋《风入松》长短句寄博士云："画堂红袖倚清酣。华发不胜簪。几回晚直金銮殿，东风软，花里停骖。书诏许传宫烛，香罗初剪朝衫。　御沟冰泮水挼蓝。飞燕又呢喃。重重帘幕寒犹在，凭谁寄，锦字泥缄。报道先生归也，杏花春雨江南。"词翰兼美，一时争相传刻，而此曲遂遍满海内矣。剪，一作试。

四卦

睦人邵玄同先生桂子，尝作忍、默、恕、退四卦，揭之坐隅，真得保身慎言、絜矩知止之道者矣。其《忍卦》曰：忍，亨，初难，终吉，利君子，贞，不利小丈夫。彖曰："忍，刚发乎内，柔制乎外，故亨。初若甚难，乃终有吉。唯君子为能动心忍性，不利小丈夫，其中浅也。"象曰："刃在心上，忍，君子以含容成德。"初一，小不忍则乱大谋。象曰："小不克忍，成大乱也。"次二，必有忍，其乃有济。象曰："能忍于中，事克济也。"次三，一朝之忿，亡其身，以及其亲。象曰："一朝之忿，至易忍也，亡身及亲，祸孰大焉。"次四，出于跨下，以成汉功，韩信以之。象曰："跨下之辱，小辱也，成汉之功，大功也。"次五，张公艺九世同居，书一忍字以对于天子。象曰："同居之义，忍克致也，积而九世，有容德也。"上六，血气方刚，戒之在斗。象曰："方刚之气，忍则灭也，形而为斗，自求祸也。"其《默卦》曰：默，旡咎，可贞，不利有所言。彖曰："默，不言也，乱之所生也，则言语以为阶，是以君子慎密而不出，故旡咎。默以自守，其道可贞也。不利有所言，尚口乃穷也。"象曰："口尚玄曰默，君子以去辨养静。"初一，守口如瓶，终吉。象曰："守口如瓶，谨所出也。其初能默，终则吉也。"次二，多言不如守中。象曰："言不如默，得中道也。"次三，驷不及舌，有悔。象曰："驷不及舌，滕口说也，一言之失，悔何追也。”次四，无以利口乱厥官，卿士戒之。象曰：“位高而言轻，亦可戒也。”次五，圣人之教，不言而信。象曰：“不言而信，渊默之化也。”上六，君子之道，或默或语。象曰：“时然后言，默不可长也。”其《恕卦》曰：恕，有孚，终吉。象曰：“恕之为道，善推其所为而已，以己之心，合人之心，己所不欲，勿施于人，故有孚，能以一言终身而行之，其吉可知矣。”象曰：“如心，恕，君子以明好恶，同物我。”初一，强恕而行，求仁莫近焉。象曰：“强而行之，恕之始也，行而不已，违道不远也。”次二，君子有絜矩之道。象曰：“絜矩之道，恕也。”次三，好人之所恶，恶人之所好，是谓拂人之性，灾必逮夫身。象曰：“拂人从欲，身之灾也。”次四，己欲立而立人，己欲达而达人。象曰：“立而达，恕以从人也。”次五，圣人与众同欲。象曰：“与众同欲，圣人之恕也。”上六，责己重以周，待人轻以约。象曰：“待人之法，可用恕也，责己之道，不可自恕也。”其《退卦》曰：退，勿用有攸往。象曰：“退，止也。勿用有攸往，知止也。”日中则退而昃，月盈则退而亏，四时之运，成功者退，而况于人乎？退之时义大矣哉！象曰：“艮止其所退，君子以晦藏于密。”初一，退旡咎。象曰：“其进未锐，义旡咎也。”次二，难进易退。象曰：“难进易退，可事君也。”次三，兼人凶。象曰：“兼人之凶，勇不知退也。”次四，见可而进，知难而退。象曰：“知难而退，终无尤也。”次五，终日如愚，以退为进，颜子以之。象曰：“颜子之退，进不可御也。”上六，蝜蝂升高，蹶而不悔。象曰：“蝜蝂升高，其道穷也，蹶而不悔，亦可戒也。”

点鬼录

文章用事填塞故实，旧谓之点鬼录，又谓之堆垛死尸。见江氏《类苑》。

房中术

今人以邪僻不经之术，如运气、逆流、采战之类，曰房中术。按史，周有《房中乐》。《汉书·礼乐志》：高祖时有《房中祠乐》，唐山夫人所作。武帝时，有《房中歌》。又云：房中者，情性之极，至道之际，是以圣王制外乐以禁内情，而为之节文。乐而有节，则和平寿考。及迷者弗顾，以生疾而陨性命。《礼记》曾子问，众主人、卿大夫、士，房中皆哭。注："房中，妇人也。"然房中之谓，岂取此二书与？

妇女曰娘

娘字，俗书也，古无之，当作孃。按《说文》：烦扰也，肥大也。从女，襄声，女良切。其义如此。今乃通为妇女之称。故子谓母曰娘，而世谓稳婆曰老娘，女巫曰师娘，都下及江南谓男觋亦曰师娘，娼妇曰花娘，达旦又谓草娘，苗人谓妻曰夫娘，南方谓妇人之无行者亦曰夫娘，谓妇人之卑贱者曰某娘，曰几娘，鄙之曰婆娘。考之《风俗通》，汉何敞为鬼苏珠娘，按诛亭长龚寿。《隋书》：韦世康为绛州刺史，与子弟书云："况娘春秋已高，温清宜奉。"《教坊记》：北齐时，丈夫著妇人衣行歌，旁人齐和，云踏谣娘。《南史》：梁元徐妃与帝左右竖季江私通，季江曰："徐娘虽老，尚犹多情。"又梁临川王宏侵魏，魏遗以《巾帼歌》曰："不畏萧娘与吕姥，但畏合肥有韦虎。"谓韦睿、吕僧珍也。《大业拾遗》：隋炀帝宫婢曰雅娘。《唐史》：张旭草书，见公孙大娘舞剑器而通神。又，武承嗣闻乔知之婢窈娘美，夺取之。杜工部诗："耶娘妻子走相送。"又："黄四娘家花满蹊。"白乐天诗："吴娘暮雨萧萧曲。"韦应物诗："春风一曲杜韦娘。"柳子厚《下殇女墓砖记》："始名和娘。"《乐府杂录》：张红红唱歌丐于市，韦青纳为姬，敬宗召入宫，号记曲娘。又《望江南》曲，始自朱崖李太尉镇浙西日，为姬谢秋娘所制。《明皇杂录》称白鹦鹉为雪衣娘。《甘泽谣》：武三思晚获一妓，曰绮娘。狄仁杰至，遂逃壁隙中，曰："我天上花月之妖也。"《樊川集》：杜秋娘，年十五，为李锜妾。锜败，入宫，后坐谴归故里。又窦桂娘，父良，建中初，为汴州户曹掾，李希烈破汴州，取桂娘去。李贺集：贺撰《申胡子觱栗歌》成，朔客喜，擎觞起立，命花娘出幕，徘徊拜客。《刘宾客集》：泰娘，本韦尚书家主讴者。《河东记》：唐进士段何卧病，遇妊娘留诗而愈。传奇：崔氏莺莺婢曰红娘。《霍小玉传》：长安中，有媒氏鲍十二娘，薛苍驸马青衣也。《余媚娘叙录》：陆希声娶余媚娘，媚娘约媒曰："陆郎中若必得儿侍巾栉，须立誓不置侧室及女奴。"《图经》：蚕神谓之马头娘。《杜阳杂编》：南海贡奇女卢媚娘，工巧无比。《丽情集》：陈敏兄妾越娘，貌美，兄死，遂与款狎。《续齐谐记》：齐颖寓山阴，夜见前宰妾万文娘。《墨庄漫录》：李后主令宫嫔窅娘，以帛绕脚令纤小。右略举一二，不能悉载。是则今之云云，皆有所本。然都下自庶人妻以及大官之国夫人，皆曰娘子，未尝有称夫人、郡君等封赠者。载考之史，隋柴绍妻李氏，起兵应李渊，与绍各置幕府，号娘子军。唐平阳公主兵与秦王定京师，号娘子军。花蕊夫人《宫词》："诸院各分娘子位。"韩昌黎有《祭周氏二十娘子》文。以此推之，古之公主宫妃，已与民间共称娘子，则今之不分尊卑，亦自有来矣。

古刻

至正壬辰春，城平江，于古城基内掘得一碑，其文云："三十六，十八子，寅卯年，至辰巳，合收张翼同为利。不在常，不在扬，切须款款细思量。且卜水，莫问米，浮图倒地莫扶起。修古岸，重开河，军民拍手笑呵呵。日出屋东头，鲤鱼山上游，星从月里过，会在午年头。"右不晓所言何事，姑识之。或者以为，三十六，四九也。张翼，巳午之交也。今张太尉第行九四，而同首乱者适十八人，即十八子也，岂其然与？

上头入月

今世女子之笄曰上头，而倡家处女初得荐寝于人亦曰上头。花蕊夫人《宫词》："年初十五最风流，新赐云鬟使上头。"又天癸曰月事。《黄帝内经》："女子二七而天癸至，月事以时下。"又曰："女子不月。"《史记》：济北王侍者韩女，病月事不下，诊其肾脉，啬而不属，故曰月不下。又程姬有所避，不愿进。注："天子诸侯，群妾以次进御，有月事者，止不御，更不口说，故以丹注面目的的为识，令女史见之。"王察《神女赋》："施玄的的。"即上所云也。然入月二字尤新。王建《宫词》："密奏君王知入月，唤人相伴洗裙裾。"

人腊

至正乙巳春，平江金国宝袖人腊出售，余获一观。其形，长六寸许，口目耳鼻，与人无异，亦有髭髯，头发披至臂下，须发皆黄色，间有白发一根，遍身黄毛长二分许，脐下阴物，乃男子也。相传云：至元间，世皇受外国贡献，以赐国公阿你哥者，无几何时即死，因剖开背后，剜去肠脏，实以他物，仍缝合烘干，故至今无恙。按《汉武故事》：东郡送一短人，长七寸，名巨灵。《神异经》：西海有一鹤国，人长七寸。《山海经》有小人国，名靖人。《诗含神雾》：东北极有人长九寸。殆谓此小人也。靖或作竫，音同。然古尺短，今六寸，比之周尺，将九寸矣。则所腊者，岂其人与？

张翰林诗

"天子临轩授钺频，东南无地不红巾。铁衣远道三军老，白骨中原万鬼新。义士精灵虹贯日，仙家谈笑海扬尘。都将两眼凄凉泪，哭尽平生几故人。"此至正辛丑间，张蜕庵承旨翥在都下寄浙省周玉坡参政伯琦诗也。夫翰苑词臣而寓言如此，则感时之意从可知矣。

卷十五

淳 化 阁 帖

《淳化阁帖》，非精于鉴赏者，莫能辨其真伪；非博于讨论者，不可得其源流。第六卷中，尝记祖石刻之说。今复究研大略于稽古之书，质正是否于好事之人，用赘于此云。宋太宗留意翰墨，淳化中，出御府所藏，命侍书王著临榻，以枣木镂刻，厘为十卷，于每卷末篆题云："淳化三年壬辰岁十一月六日，奉圣旨模勒上石。"至仁宗，又诏僧希白刻石于秘阁，前有目录，卷后无篆题，世传以为二王府帖者，非也。盖元祐中，亲贤宅从禁中借板墨百本，但用潘谷墨，光辉有余，而不甚黝黑，又多木横裂纹，时有皴皵失字处。亲贤宅，魏王所居。魏王，二王也。又有高宗绍兴中国子监本，其首尾与淳化略无少异。当时御前拓者多用匮纸，盖打金银箔者也。自后碑工作蝉翼本，且以厚纸覆板上，隐然为银铤闩痕以愚人，但损剥，非复拓本之遒劲矣。初，徽宗建中靖国间，出内府续所收书令刻石，即今续法帖也。大观中，又奉旨摹榻历代真迹，刻石于太清楼，字行稍高，而先后之次，与淳化则少异，其间数帖，多寡不同。各卷末题云："大观三年正月一日，奉圣旨摹勒上石。"此蔡京书也。而以建中靖国续帖十卷，易去岁月名衔，以为后帖。又刻孙过庭《书谱》及贞观《十七帖》，总为二十二卷，谓之大观太清楼帖。绛帖者，尚书郎潘师旦以官帖摹刻于家，为石本，而传写字多讹舛，世称为潘驸马帖。凡二十卷，其次序卷帙虽与淳化官帖不同，而实则祖之，特有所增益耳。单炳文曰："淳化官本法帖，今不复多见。其次绛帖最佳，而旧本亦已艰得。尝以数本较之，字画多不侔。炜家藏旧本，比之今本，第九卷内，今本多误，笔法且俗。"曹士冕曰："帖总二十卷，元无字号及断眼数目。"单炳文、曹士冕各有模刻本。世传潘氏析居，法帖分而为二，其后绛州公库乃得其一，于是补刻余帖，名东库本，第九卷之舛误，盖始于此。且逐卷逐段，各分字号，以日、月、光、天、德等二十字为次第。后避金主亮讳，但庾亮帖内亮字，皆去右边转笔，谓之亮字不全本。又有新绛本，北方别本，武冈新旧本，福清、乌镇、彭州、资州本木本，前十卷等，类皆绛帖之别也。潭帖者，庆历中，刘丞相帅潭日，以淳化官帖命慧照大师希白模刻于石，置之郡斋，增入伤寒、十七日、王濛、颜真卿诸帖，而字行颇高，与淳化阁本差不同，逐卷有慧照大师希白重模字，而岁月各异，中间缪处甚多，朱文公讥其极为可笑者是也。潭帖之别，则有刘丞相私第本，长沙碑匠新刻本，三山木本，蜀本，庐陵萧氏本，等类甚多。戏鱼，即临江帖也。元祐间，刘次庄以家藏《淳化阁帖》十卷，摹刻于戏鱼堂，除去篆题，而增释文。庆元中，四川总领权安节又重摹于利州。黔江者，黔人秦世章于长沙买石摹僧实月古法帖十卷。宝月，慧照也。谋舟载入黔中，壁之黔江之绍圣院后，题云"长沙汤正臣重摹鼎帖板本"。校诸帖增益最多。澧阳石刻散失，仅存者右军数帖而已。又有淳熙修内司本，北方印成本，乌镇张氏、福清李氏本。若此之类，大抵皆法帖一再之翻摹，殊失笔意，无足观者。汪逵字季路，衢州人，官至端明殿学士，建集古堂，藏奇书秘迹金石遗文二千卷，著《淳化阁帖辨记》共十卷，极为详备。末云：其本乃木刻，计一百八十四版，二千二百八十七行，其逐段以一二三四刻于旁，或刻人名。或有银铤印痕，则是木裂。其墨乃李廷珪墨，黑甚，如漆。其字精明而丰腴，比诸刻为肥。刘潜夫曰：近人多不识阁帖，某家宝藏本皆非真，真者字极丰穰，有神采。如潭、绛则太瘦，临江则太媚。又用李廷珪墨印造。余始得汪端明所记阁帖行数，恨无真帖参校，晚使江左，用二千楮致一本，尤伯晦见之曰："宝物也。"夫真帖可辨者有数条，墨色，一也。他本刊卷数在上，版数在下，惟此本卷数、版数，字皆相联属，二也。他本行数字比帖字小而瘦，此本行数字比帖中字皆大而浓，三也。余所得江左本，每版皆全纸，无接粘处，一部十卷，无一版不与端明所记合。乃知昔人装褙之际，宁使每版行数或多或寡，而不肯剪截凑合者，欲存旧帖之真面目，四也。

幽 圄

太师丞相脱脱之死，盖副枢哈马与其弟雪雪，并詹事颡哥失里等所以挤陷之也。哈兄弟得侍上帷幄，而颡在东宫为近幸，故哈党颡，而私相誓曰："若太师去位后，我能作右相，则左相必詹事矣。"既而入中书，又虞颡来，其权不颛，奏除宣政使，而以弟雪为御史大夫，颡殊失所望。未几，哈得罪杖死，雪亦仰药死。初，颡有侍从人亦曰桑哥失里，止颡、桑一字之异耳。服劳执事，得颡意，颡举充院宣使。一日，奄然长逝，经日乃醒，云：方坐卧室榻上，见二卒自外跃入，导之往至都城隍庙，转发岳祠。祠吏曰："来矣，可亟解去。"旋又行，入祠西北隅大林内，有殿宇若王者居，入拜殿下，已，仰视之，则太师也。太师曰："我所摄者，院使也，于汝无预。"因俾左右引观幽圄，见哈兄弟，括发关械，顾桑，泣下。及出，太师谓曰："汝可即归，此非人间世也。"退而觉，恍若一梦然。明日，同寅有来约往院使家，桑辞疾，且曰："君幸毋泄，吾恐院使不久生矣。"众问其故，告以详，皆相顾惊愕曰："昨日院使将上马，以体少不安而入，岂遽至此乎？"语未终，有报院使已暴卒。近见浙西宪司经历何伯大所说甚详，此特其略耳。

煮 豆 帖

黄山谷《煮豆帖》云：庭坚顿首，失牛儿来，终日惘然，至今头昏眼痛，虽取所喜者为之，亦不能如意也，以是不能修问。辱手诲，喜承日用轻安，所须诸方，既无人可抄，又意绪不佳，懒动耳。煮黑豆法，碓豆一升，挼莎极净，用贯众一斤，细锉如骰子，同豆斟酌水多少，慢火煮豆香熟，日干之，翻覆令展尽余汁，簸取黑豆，去贯众，空心日啖五七粒，食百草木枝叶，皆有味，可饱也。世间不强学力行，自致于古人者，不可不畜此方。庭坚顿首翰礼秘校足下。

妓妾守节

妓妾之以色艺取怜，妒宠于主家者，亦曰我之富与贵有以感动其中耳。设遇患难贫病，彼必戚戚然求为脱身之计，又肯守志不贰者哉！如金谷园绿珠、燕子楼盼盼、韩香之于叶氏、爱爱之于张逞者，真绝无而仅有也。大元混一以来，得三人焉。李翠娥，维扬名倡也，石九山万户纳置别业。石没，李誓不适他姓以辱身，终日闭阁诵经而已。年及七十余，万户之子若孙，遇岁时咸往拜之，乐籍中相传以为盛事。王巧儿，京师上色也，陈云峤同知与之狎，携至杭。陈卒，奉正室铁氏，以清慎勤俭终其身。汪怜怜，湖州角妓也，涅古伯经历常属意焉。汪曰："君若不弃寒征，当以侧室处妾，鼠窃狗偷，妾决不为此态。"涅乃遣媒妁，备财礼，娶之。经三载，死，汪髡发尼寺。时公卿士夫有往访之者，汪故毁其身形，以绝狂念，卒老于尼。若此者，亦可以追踪前古之懿德矣。

与妓下火文

钱唐道士洪丹谷，与一妓通，因娶为室。病且革，顾谓洪曰："妾死在旦夕，卿须自执薪，还肯作一转语乎？夫妾，歌儿也，卿能集曲调于妾未死时，使预闻之，虽死无憾矣。"洪固滑稽轻佻者，遂作文曰："二十年前我共伊，只因彼此太痴迷，忽然四大相离后，你是何人我是谁？共惟称呼，秀钟谷水，声遏楚云。玉交枝坚一片心，锦缠道余二十载。遽成如梦令，休忆少年游。哭相思两手托空，意难忘一笔勾断。且道如何是一笔勾断，孝顺哥终无孝顺，逍遥乐永遂逍遥。"听毕，一笑而卒。因记《中吴纪闻》载一事云：昆山倡周氏，系籍部中，张子韶为守时，倡暴亡，适道川来访，因命作下火文云："可惜许，可惜许，大家且道可惜许个甚么？可惜巫山一段云，眼如新水点绛唇。昔年绣阁迎仙客，今日桃源忆故人。休记丑奴儿脸子，便须抖擞好精神。南柯梦断如何也，一曲离愁别是春。大众还知某人向甚么处去？

这里分明，会得蓦山溪畔，头头尽是喜相逢；芳草渡头，处处六幺花十八。其或未然，更听下句。咦！与君一把无明火，烧尽千愁万恨心。”其事颇相类，并附于此。

贺人妾得子启

陆伯麟侧室育子，友人陆象翁以启戏贺之曰：“犯帘前禁，寻灶下盟。玉虽种于蓝田，珠将还于合浦。移夜半鹭鸶之步，几度惊惶；得天上麒麟之儿，这回喝采。既可续诗书礼乐之脉，深嗅得油盐酱醋之香。”苏东坡咏婢谑词，有“揭起裙儿，一阵油盐酱醋香”之句。

吊四状元诗

平江一驿舟中，有题吊四状元诗者，不知谁所作。诗曰：“四榜状元逢此日，他年公论定难逃。空令太守提三尺，不见元戎用六韬。元举何如兼善死，公平争似子威高。世间多少偷生者，黄甲由来出俊髦。”元举，王宗哲字也，至正戊子科三元进士，时为湖广宪佥。兼善，泰不华字也，时为台州路达鲁花赤。公平，李齐字也，时为高邮府知府。子威，李黼字也，时为江州路总管。此四公者，或大亏臣节，或尽忠王事，或遇难而亡，故云。若论其优劣，则江州第一，台州次之，高邮又次之，宪佥不足道矣。

鸡妖

至正丁酉春三月，上海李胜一家，鸡伏七雏，一雏作大鸡状，鼓翼长鸣。明年戊戌春正月，钱唐卢子明家，一鸡伏九雏，一雏有三足，二足在前，一足在后。三月，诸暨袁彦诚家，一鸡伏五雏，一雏有四足，二足在翼下。不数日皆死，而各家亦无他异。

胡烈女

越嵊县刿溪胡氏，讳妙端，适同邑祝某。至正庚子春，为苗獠虏至金华县，将妻之，义不受辱，乘间啮指血题诗壁上，已，赴水而死，三月廿四日也。獠帅服其节，为立庙祀之，邑人咸曰烈女庙。诗曰："弱质空怀漆室忧，搜山千骑入深幽。旌旗影乱天同惨，金鼓声淫鬼亦愁。父母劬劳何日报，夫妻恩爱此时休。九泉有路还归去，那个云边是越州。"

蛙狱

卢伯玉文璧，至正初尹荆山日，忽有一巨蛙登厅前，两目瞠视，类有所诉者。令卒尾之行，去县六七里，有废井，遂跳入不出。既得报，往集里社，汲井获死尸，乃两日前二人同出为商，一人谋其财而杀之。掩捕究问，抵罪。死者之家属云，其在生不食蛙，见即买放。岂一念之善，为造物者固已鉴之。蛙能雪冤，良有以也。

沁园春

宋刘改之先生过，词赡逸有思致，赋《沁园春》二首以咏美人之指甲与足者，尤纤丽可爱，一曰："销薄春冰，碾轻寒玉，渐长渐弯。见凰鞋泥污，偎人强剔，龙涎香断，拨火轻翻。学抚瑶琴，时时欲剪，更掬水，鱼鳞波底寒。纤柔处，试摘花香满，镂枣成斑。　时将粉泪偷弹。记绾玉，曾教柳传看。算恩情相著，搔便玉体；归期暗数，画遍阑干。每到相思，沉吟静处，斜倚朱唇皓齿间。风流甚，把仙郎暗掏，莫放春闲。"一曰："洛浦凌波，为谁微步，轻尘暗生。记踏花芳径，乱红不损，步苔幽砌，嫩绿无痕。衬玉罗悭，销金样窄，载不起盈盈一段春。嬉游倦，笑教人款捻，微褪些根。　有时自度歌声。悄不觉，微尖点拍频。忆金莲移换，文鸳得侣，绣茵催衮，舞凤轻分。懊恨深遮，牵情半露，出没风前烟缕裙。知何似，似一钩新月，浅碧笼云。”近邵青溪亨贞嗣其体调以咏眉目，真隽永有味。一曰：“巧斗弯环，纤凝妩媚，明妆未收。似江亭晓玩，遥山拂翠，宫帘暮卷，新月横钩。扫黛嫌浓，涂铅讶浅，能画张郎不自由。伤春倦，为皱多无力，翻做娇羞。　　填来不满横秋。料著得，人间多少愁。记鱼笺缄启，背人偷敛，雁钿胶并，运指轻揉。有喜先占，长颦难效，柳叶轻黄今在否。双尖锁，试临鸾一展，依旧风流。”一曰：“漆点填眶，凤梢侵鬓，天然俊生。记隔花瞥见，疏星炯炯，倚阑凝注，止水盈盈。端正窥帘，梦腾并枕，睥睨檀郎长是青。端相久，待嫣然一笑，密意将成。　　困酣曾被莺惊。强临镜，挼挲犹未醒。忆帐中亲见，似嫌罗密，尊前相顾，翻怕灯明。醉后看承，歌阑斗弄，几度孜孜频送情。难忘处，是鲛绡揾透，别泪双零。”

恭　敏　坊

李恭敏公者，所居在江阴之南门，其门首巷坊亦题曰恭敏，不知当日名坊之义，而七八十年来，子孙消削，第宅倾圮殆尽，弃遗故址，竟为里豪薛德昭所吞，土木一新，乡闾健羡。忽有人献谄于薛云：“若不除去旧坊，终非君家利也。”薛深然之。指数恭敏之族尊且长者，惟李唐卿可主其事，乃呼至，赠泉百缗，李忻然撤之。一夕，呓语呻吟甚苦，妻急呼之觉，问其故，曰：“我梦见袍笏大官，自云是我祖，责以不能世守其业，又毁其坊，既骂且挞。我负痛叫号，故致此耳。”语既，暴死，莫救。又数年，城毁于兵，薛氏室屋财产悉空，贫无为计，遂执干役于时贵之家。噫！子孙之不肖，强霸之用心，皆可为后人鉴也。

隐　　趣

余家天台万山中，茅屋可以蔽风雨，石田可以具饘粥，虽行江海上，而泉石草木之胜，未尝不在梦寐时见也。偶读卢陵罗景纶大经所著《鹤林玉露》，有曰：唐子西云：“山静似太古，日长如小年。”余家深山之中，每春夏之交，苍藓盈阶，落花满径，门无剥啄，松影参差，禽声上下。午睡初足，旋汲山泉，拾松枝，煮苦茗啜之。随意读《周易》、《国风》、《左氏传》、《离骚》、《太史公书》，及陶、杜诗，韩、苏文数篇。从容步山径，抚松竹，与麛犊共偃息于长林丰草间。坐弄流泉，漱齿濯足。既归竹窗下，则山妻稚子，作笋蕨供麦饭，欣然一饱。弄笔窗间，随大小作数十字，展所藏法帖、墨迹、画卷纵观之，兴到则吟小诗，或草《玉露》一两段，再烹苦茗一杯。出步溪边，邂逅园翁溪友，问桑麻，说粳稻，量晴校雨，探节数时，相与剧谈一饷。归而倚杖柴门之下，则夕阳在山，紫绿万状，变幻顷刻，恍可入目。牛背笛声，两两来归，而月印前溪矣。味子西此句，可谓绝妙。然此句妙矣，识其妙者盖少。彼牵黄臂苍，驰猎于声利之场者，但见衮衮马头尘，匆匆驹隙影耳，乌知此句之妙哉！人能真知此妙，则东坡所谓"无事此静坐，一日是两日，若活七十年，便是百四十"，所得不已多乎？此罗君语也，余盖亦知此妙久矣。风尘澒洞，豺虎咬人，几赋归与之诗，计无所得，又未知何日可以遂吾志也。掩卷为之三叹。

日书三万字

江浙平章子山公，书法妙一时，自松雪翁之后便及之。尝问客："有人一日能写得几字?"客曰："闻赵学士言，一日可写万字。"公曰："余一日写三万字，未尝以力倦而辍笔。"公号正斋、恕叟，又号蓬累叟，康里人。

妓出家

李当当者，教坊名妓也，姿艺超出辈流。忽翻然若有所悟，遂著道士服。江浙儒学提举段吉甫先生天祐，赠之以诗曰："歌舞当今第一流，洗妆拭面别青楼。便随南岳夫人去，不与苏州刺史留。璚馆月明箫凤下，绮窗云散镜鸾收。却嫌痴绝浔阳妇，嫁得商人已白头。"《能改斋漫录》云：唐阳郇伯作妓人出家诗曰："尽出花钿与四邻，云鬟剪落向残春。暂惊风烛难留世，便是池莲不染身。贝叶欲翻迷锦字，梵声初学误梁尘。从今艳色归空后，湘浦应无解佩人。"《湘山野录》乃谓陈彭年作，此不考之过也。吁，二先生之风流余韵，于此可以想见矣！

河南王

河南王卜怜吉歹为本省丞相时，一日，掾史田荣甫抱牍诣府请印，王留田侍宴，命司印开匣取印至前。田误触坠地，王适更新衣，而印朱溅污满襟，王色不少动，欢饮竟夕。又一日行郊，天气且暄，王易凉帽，左右捧笠侍，风吹堕石上，击碎御赐玉顶，王笑曰："是有数也。"谕令毋惧。噫，此其所以为丞相之量。

妖异

至正辛卯夏，松江普照寺僧舍一弊帚开花。又嘉兴儒学阍人陶氏磨上木肘发青条，开白花。又吴江分湖里煅工一柳树桩以安铁砧者，且十余年矣，发长条数茎如苇。三家虽有此怪，而皆无恙，岂非关系国家之气数乎！

塔影入屋

平江虎丘阁，版上有一窍，当日色清朗时，以掌大白纸承其影，则一寺之形胜，悉于此见之，但顶反居下耳。此固有象可寓，非幻出者。松江城中有四塔，西曰普照，又西曰延恩，西南曰超果，东南曰兴圣。夏监运家乃在四塔之东，而小室内却有一塔影，长五寸许，倒悬于西壁之上，不知从何而来。然不常有，或时见之焉，是又不可晓也。

钱唐怀古词

傅按察者，忘其名，钱唐怀古，尝作一词云："静中看，记昔日湖山隐隐，宛若虎踞龙蟠。下襄樊，指挥湘汉，鞭云骑，围绕江干。势不成三，时当混一，过唐之数不为难。陈桥驿，孤儿寡妇，久假当还。挂征帆，龙舟催发，紫宸初卷朝班。禁庭空，土花晕碧，辇路悄，诃喝声干。纵余得西湖风景，花柳亦凋残。去国三千，游仙一梦，依然天淡夕阳闲。昨宵也，一轮明月，还照临安。"盖《鸭头绿》调也。

人命至重

后至元间，同知两浙都转运盐使司事赵君伯常，休日与书吏谈官府政事，因曰：吾曩为中书提控掾史时，夜坐私第一室，忽有两隶来前，传都堂钧旨呼唤。遂即上马，隶前导，至一官府，树木阴翳，大官危坐厅事上，问云："河南饥，省咨至，乃缓七日不报，彼处死者甚众，汝知之乎？"吾答曰："某提控耳，该掾稽迟之罪，已尝呈举。"官沉思良久，曰："非汝过也，汝退。"又命前隶曰："可急追该掾某人来。"吾遂觉，梦也。明日晨起，令人觇之，夜暴死矣。人命至重，尔辈其慎之。

度量宏深

建德路达鲁花赤古笃鲁丁，字志道，守赣州路。任满听除时，有故吏丘往临江贴补，介鲁尺牍，见总管木八剌木，即日录用，就遣丘持俸钞五十锭馈鲁。盖鲁以廉故，家甚贫，朋友间每分财以济之。丘竟匿其钞。后木数得鲁书，而谢不及此，疑焉，因便使问之。鲁知为丘匿有，即具书请失谢之罪。丘闻此，惶赧无地，令儿子奉钞还鲁，终不受，且为隐其恶，未尝与人言。夫鲁，西域人也，度量之宏深乃如是，可谓厚德君子矣。若丘者，名教中所不可容，尚孰责哉！

高丽氏守节

中书平章阔阔歹之侧室高丽氏，有贤行。平章死，誓弗贰适。正室子拜马朵儿赤说其色，欲妻之而不可得，乃以其父所有大答纳环子献于太师伯颜，此物盖伯颜所属意者。伯颜喜，问所欲，遂白前事。伯颜特为奏闻，奉旨命拜马朵儿赤收继小母高丽氏。高丽氏夜与亲母逾垣而出，削发为尼。伯颜怒，以为故违圣旨，再奏命省台洎侍正府官鞫问。诸官奉命惟谨，锻炼备极惨酷。时国公阔里吉思于鞫问官中独秉权力，侍正府都事帖木儿不花数致语曰："谁无妻子，安能相守至死，得有如此守节者，莫大之幸，而反坐以罪，恐非我治朝之盛典也。"国公悟，为言于伯颜之前，宛曲解释，其事遂已。帖木儿不花，汉名刘正卿，后至监察御史而卒。

寒号虫

五台山有鸟，名寒号虫，四足，有肉翅，不能飞，其粪即五灵脂。当盛暑时，文采绚烂，乃自鸣曰"凤凰不如我"。比至深冬严寒之际，毛羽脱落，索然如鷇雏，遂自鸣曰"得过且过"。嗟夫！世之人中无所守者，率不甘湛涪乡里，必振拔自豪，求尺寸名，诧九族侪类，则便志满意得，出肆入扬，以为天下无复我加矣。及乎稍遇贬抑，遽若丧家之狗，垂首帖耳，摇尾乞怜，惟恐人不我恤，视寒号虫何异哉，是可哀已。

邓思贤

尝见人戏呼一哗讦者为邓思贤，初不可晓。后读《笔谈》，始得其说云：世传江西人好讼，有一书名《邓思贤》，皆讼牒法也。其始则教以侮文。侮文不可得，则欺诬以取之。欺诬不可得，则求其罪劫之。盖思贤，人名也，人传其术，遂以名书。村校中往往以授生徒。

医　　科

医有十三科，考之《圣济总录》：大方脉，杂医科，小方脉科，风科，产科兼妇人杂病科，眼科，口齿兼咽喉科，正骨兼金镞科，疮肿科，针灸科，祝由科则通兼言。

卷十六

陶氏二谱

宋泰山王质所著《云韬堂绍陶录》，录中首载栗里、华阳二谱。惟先生之大节高风，流播千古，而质者乃能次第其出处，作为年谱，且以名吾书绍陶之志，是可尚已，遂录于此云。

书陶栗里谱

元亮高风，发于宋晋去就之际。君曾祖事晋，懋著勋劳。自宋武帝芟元复马，逆揣其末流，即不出。武帝将收贤士，以系人心，见要，亦不应。陶、谢皆世臣，君世地色言俱僻，而灵运为武帝秉任，最后乃欲诡忠义，杂江海，远公送君过虎溪，而却灵运不入莲社，素心皆所鉴知。谱具左方。

兴宁三年乙丑　晋哀帝

君生于浔阳柴桑，今德安县楚城市是。父轶名，命子诗云："于穆仁考，澹焉虚止，寄迹风云，置兹愠喜。"陶氏自侃以武功擅世，后裔稍袭故风，多流乱歧，盖折翼之祥，发之旁派。传淡传君父子，皆以隐德著称。侃女适孟嘉，嘉女适君父，是生君。其气所传，造化必有可言者。

太元元年丙子　晋武帝

君年十二，失母。《祭妹文》云："慈妣早世，我年二六。"

太元九年甲申

君年二十。失妾，《楚调》诗云："弱冠逢世阻，始室丧其偏。"妻翟氏偕老，所谓"夫耕于前，妻锄于后"，当是翟。汤家，汤庄、矫、法、赐，四世以隐行知名。亦柴桑。

太元十九年甲午

君年三十。有《归园田诗》云："误落尘网中，一去三十年。"初为州祭酒，当在其前，不堪，乃解归，故云"久在樊笼里，复得返自然"，寻亦却主簿。

隆安四年庚子　晋安帝

君年三十六。五月，有《从都还阻风规林》诗，当是参镇军，衔命自京都上江陵，故在《始作镇军参军经曲阿》诗后。父在柴桑，故云"一欣侍温颜"，又云"久游恋所生"。父为人度不肯适都，当是已舍单行，见《还旧居》诗。军僚差强郡吏，故云"时来苟冥会，婉恋憩通衢。投策命晨装，暂与田园疏"。

隆安五年辛丑

君年三十七。正月，有《游斜川》诗云"开岁倏五十"，方三十七，作"五日"是。当是故岁五月还浔阳，今岁七月适江陵，有《赴假还江陵夜行途中》诗，留浔阳逾年，当是予告在乡，至是往赴，云"闲居三十载"，自未参镇军以前，得三十六年，当是不堪劳役，遂起归意，故云"诗书敦宿好，园林无俗情。如何舍此去，遥遥至南荆"。《失父祭妹文》云："昔在江陵，重罹天罚，触事未远，书疏犹存。"当是妹自武昌报江陵时，父在柴桑。

元兴二年癸卯

君年三十九。正月，有《始春怀古田舍》诗，当是自江陵归柴桑，复适京都，宅忧居家，思湓城，故有怀古田舍，又云良苗怀新。十二月，有《与从弟敬远》诗云"寝迹衡门下"，在都亦当是处野。

元兴三年甲辰

君年四十。有《连雨独饮》诗云："僶俛四十年。"有《饮酒》诗云："是时向立年，志气多所耻。遂尽介然分，终死归田里。"当是在壬辰癸巳为州祭酒之时，所谓"投耒去学仕"。又云："冉冉星气流，亭亭复一纪。"至是，得十二年。

义熙元年乙巳

君年四十一。三月，有《为建威参军使都经钱溪》诗，当是故岁自都还里即吉，庚子始事镇军，继事建威，中经罹忧，至是得六年，复衔命至都，其家尚未归柴桑。《还旧居》诗云："畴昔家上京，六载去还归。"往来时经乡间，不常留，稍成疏，故云"阡陌不移旧，邑屋或时非。履历周故居，邻老罕复遗"。至是始定居，断他适。十一月，有《归去来辞》。九月，家留柴桑，身往彭泽，至是免归。当是不堪军役，故求县，不堪县役，故归家。所谓"风波未定，心惮远役。彭泽去家百里，公田足以为酒，少日，眷然有归与之情，平生之志始决"。见序及辞甚详。《失妹》所谓"情在骏奔，自免去职"。是岁，刘将军录尚书。

义熙三年丁未

君年四十三。有《祭程氏妹》文。自乙巳至是，所谓"服制再周"。

义熙四年戊申

君年四十四。有《六月遇火》诗云："奄出四十年。"

义熙五年己酉

君年四十五。有《九日》诗。

义熙六年庚戌

君年四十六。有《西田获早稻》诗。

义熙七年辛亥

君年四十七。有《祭从弟敬远》文云："绝粒委务，考槃山阴。晨采上药，夕闲素琴。"当是同志，见文甚详。

义熙十年甲寅

君年五十。有《杂诗》云："奈何五十年。"弃官来归，至是得十年，故云"荏苒经十载，暂为人所羁"。

义熙十一年乙卯

君年五十一。有《与子俨等疏》云："年过五十"。又云："见树木交荫，时鸟变声，亦复欣然。五六月，北窗下卧，遇凉风暂至，自号羲皇上人。"见疏甚详。

义熙十二年丙辰

君年五十二。有《下潠田舍获》诗云："曰余为此来，三四星火颓。"当是得此在癸丑、甲寅之间。

义熙十四年戊午

君年五十四。《楚调》云："僶俛六九年。"召为著作佐郎，不应。是岁，宋公为相国。

元熙元年己未　晋恭帝

君年五十五。王休元为江州，自造不得见，遣其故人庞通之等赍酒于半道栗里要之，即引酌野亭，休元出与相闻，极欢终日。尝九日把菊无酒，休元饷之，有《九日闲居》诗，所谓"秋菊满园，时醪靡至"，当是未获所遗。休元在江州几六载，未审的在何年。自乙巳至丁卯，讫死未尝他适，独暂为休元入州。

永初元年庚申　宋武帝

君年五十六。同隐周续之召至都，为颜延之连挫。义熙间，檀韶为江州，邀续之在城北讲礼雠书。有《示周掾祖谢》诗云："马队非讲肆，校书亦已勤。"又云："但愿还渚中，从我颍水滨。"江城尚不欲周往，奚况京师。刘遗民亦同隐。有《和刘柴桑》诗云："挈杖还西庐。"又云："春醪解饥劬。"其还以春，有《酬刘柴桑》云："嘉穟眷南畴。"又云："慨然知已秋。"其还至是及秋。初自西庐移南村，有《移居》诗云："闻多素心人，乐与数朝夕。"又云："过门更相呼，有酒斟酌之。"迁居殆为遗民之徒，寻还西庐，度相距亦不远，与遗民更相酬酢不改。赏文析义之时，未审的在何年。或恐刘柴桑似县令，刘或尝为此县，存此呼，或有命不为，犹续之尝命为抚军参军不就，因呼周掾，皆不可知。但非时为宰者语。皆冷交，非热官。《丁柴桑》诗云"秉直司聪，于惠百里"，此乃当官无疑。寻诗，钟情于刘，过厚于周，遗民自隐之余无闻。续之在隐之中微婉。君与周、刘，号浔阳三隐。校情义，稍有浅深。是岁，宋武帝践祚。

景平元年癸亥　晋营阳王

君年五十九。颜延之为始安，过浔阳日，造饮酣醉，临去，留二万钱，悉送酒家。相知久间，骤见益欢。延之未审何时来柴桑，所谓"自尔分居，及我多暇，伊好之洽，接檐邻舍"，当是不诣刘穆之之时。又未审何时去柴桑，当是为豫章世子参军之时。据诔，参传，略见。

元嘉三年丙寅　宋文帝

君年六十二。檀道济为江州。时抱羸疾，多瘠馁。往候，馈以粱肉，不受。

元嘉四年丁卯

君年六十三。有《自祭文》云："律中无射。"《拟挽歌》诗云："严霜九月中，送我出远郊。"当是杪秋下世。颜延之诔云："视化如归，临凶若吉。药剂弗尝，祷祠弗恤。"其临终高态，见诔甚详。君平生好谈归尽，萧统以为"处百龄之内，居一世之中，倏忽白驹，寄寓逆旅，与大块而荣枯，随中和而放荡，岂能劳于忧畏，役于人间"，最知深心。形赠影答，神释本趣，略见所谓纵浪大化中，不喜亦不惧，应尽便须尽，无复独多虑。惟患不知，既已洞知，安坐待此，夫复何言。杜甫许避俗未许达道，识者更详之。

书陶华阳谱

通明高风，发于梁、齐、宋去就之际，君祖父皆食宋禄，身又生宋代，自齐高帝代宋，旋引去。梁武帝代齐，益退藏。平时以师待君，然大节有定操，岂复以恩礼推移。暂至丹阳，应简文之命，不少至京都，慰武帝之怀，抑何其坚忍。壮年果于遗世，照之审，故判之不疑。谱具左方。

孝建三年丙申　宋世祖

君生于丹阳秣陵，今上元县冶村是。母郝氏，梦两天人持炉爇香来前，有娠。今世为君，再世为孙思邈。两世肇启于郝，故其兆先形，当是本居天仙趣，报尽还入人趣。植根弗凡，受形亦异。生以火年火月，又夏至极阴日，悉禀纯阳，多起飞心，累功积行，所升当益高。推佛言，参君迹，略见。

大明四年庚子

君年五岁。常持荻画灰学书。

秦始元年乙巳　宋明帝

君年十岁。得葛洪《神仙传》，即有志养生。语人，仰青天，睹白日，不觉为远。及长，博读书，邃解文武诸伎。自后天文、地理、人事，虽至渊妙，咸臻底极。当时已罕传，历年愈远，行世寖稀。梁传所载十二种，今传惟三种，传不能纪十种。唐志所载九种，今传惟四种。传有志无八种，传无志有五种。《本草》，后人增衍，考正益详，间与集注差异。

元徽二年甲寅　宋苍梧王

君年十九。萧将军录尚书，引为诸王侍读。故事：止典文学，无他务。除奉朝请，故事：止奉朝会请召。本不为官，虽在宦途，亦居静地。及求县，乃不遂，缘势可见。

永明十年壬申　齐世祖

君年三十七。家贫，求宰县，不遂，脱朝服挂神武门去。止句曲山，体即轻捷。性嗜山水，所历必吟咏盘旋不已。语人："吾见朱门广厦，虽适其华乐，而无欲往之心。望高岩，瞰大泽，知难立止，自常欲就之。永明中求禄，得辄差舛。不尔，岂得为今日之事，亦缘势使然。"此语甚真。是事先有根，次有缘，次有势，相符乃入。所谓道生之，德畜之，物形之，势成之，惟难契，故旷世难就。

隆昌元年癸酉　齐郁林王

君年三十八。沈约为东阳，屡要不至，自栖句曲不出。所谓遍历名山，求访仙药，或未然。一至句章，礼育王塔。一至丹阳，应太子召。他适皆无考。又言"往东阳从孙游岳，受符图经法"，亦无考。惟杨羲《灵宝五符》，传句容葛粲，粲以传陆修静，陆以传孙许翙。《二景歌》，东阳章灵民出都遇得，以与孙。度所得止在秣陵、句曲之间，非远适而后传。

永元元年己卯　齐东昏侯

君年四十四。在句曲。筑楼高三层，身处其上，弟子居其中，宾客至其下，与物遂绝。不娶，无子，他眷亦不通。先断此根，可议他事。特爱松风，庭院皆植松，聆响为乐，间独游泉石。此门忌浊便清，神仙上景多云霞，下景多山水，物多金玉，色多紫碧，他皆类是。所谓熟之、养之、覆之，若欲成办，必加将护，大要离尘换境为上。

中兴元年辛巳 齐和帝

君年四十六。萧都督至新林，遣弟子戴猛之迎谒。初，齐末作“水丑木之歌”，至是，援谶文成梁字，令弟子进之，遂以梁建国。后覆没，亦预言“朱点己巳”诗，叹朝阳重离七元，卒验。虽隐茅山，不却人主询谋。中大通初，献善胜、成胜二刀。度武帝狃陈庆之覆魏洛阳，好大之心寖侈，参会侯景，大触骇机，岂尽忘救世者，但观时耳。早慕张良甚深，黄石编书，盖传真秘谍兵法。其间余事，推己及物，亦致平绪术。此门隐除魔，显定乱，学道者问及，君著水镜，握镜当是早为，岂挂晚念。

天监元年壬午 梁高祖

君年四十七。梁武帝在西邸，与游，及即位，恩礼弥笃，问讯弗绝，屡招不出。画两牛，一牧放水草之间，一金络头人执杖驱之，知不可复致。旁族季直，亦不肯事梁。武帝尝叹：“梁有天下，遂不见此人门风，何繇乃尔！”

天监四年乙酉

君年五十。移居积金涧，泉石益奇，无蛇虎，有佳木及杂药。初乏青林，及来居，皆自茂。在句曲东垄。

中大通元年己酉

君年七十四。遇异人宣闿，以《本草》用虻虫、水蛭之属，伤物，迟一纪，可解形。至期果化，尸解。凡十余种。世传：闿自青城来句曲，先升，以君闻帝，录其积水之功。化后，为蓬莱都水监。见《仙传》及《拾遗》，甚略，今茅山相传稍详，但微涉异。

大同二年丙辰

君年八十一。只眼或方，梦胜力菩萨授《菩提记》。乃诣鄮县，礼阿育王塔，自誓受戒。世传吕岩从钟离权受剑诀，后二百余年，来参黄龙惠南，始竟佛言，不修正觉，别得生理。休止深山大岛，绝于人境。报尽还来，散入诸趣。晚年始坚此愿。唐志有所著《草堂法师传》。当时佛教虽隆，禅宗未开，圆觉以大通元年至，以是年去，留台城十九日，度君不及相见。

大同六年庚申

君年八十五。逆克亡日，仍为《告逝》诗。及卒，颜色如常，香气弥山。《华阳颂》云："号期行当满，亥数未终丁。迨乃承唐世，将宾来圣庭。"化后，一遇丁亥，为陈临海王光大元年。再遇丁亥，为唐太宗贞观元年。升平之盛，降古所稀，圣庭当是此时。初，隋文帝辅周，以国子博士召孙思邈，不应，密言："后五十年，有圣人出，吾且助以济人。"宣政元年至贞观元年，适满五十年，应命来见。太宗官之，不受，辞归太白山。风素极类隐居，他无种不类，形有转移，神无变易。自是至丁卯，独孤信镇洛阳之时，正七岁。至丁亥，太宗召至长安之时，得八十七岁。暮龄有少容，所以惊嗟。卢照邻称其自谓生开皇辛酉，当时已不信。若尔，岂得圣童之称。博士之召，贞观丁亥，方二十七岁，岂得少容之叹。若言数百岁，岂得七岁弱冠之誉。度思邈之生，适继隐居之没，其为后身何疑。《挺契颂》又云："重离倘或似。"谓简文与武帝俱非令终。又云："七夕乃扶胥。"谓武帝凡七改元。世称推戴为策立，侯景尝为怀朔镇功曹吏，至是篡梁，称汉，故云扶胥。所谓篇中字皆有义旨，后人自以篇中事求之，则《机萌》一颂二十字，顾岂虚设，矧又彰明。《业运颂》又云："济神既有在，去留从所宜。"神既济矣，在于何所？华原孙氏，即其所在也已。当知佛言报尽还来，及舍生趣生，至确可信，识者更推之。

药　　谱

《清异录》二卷，乃宋陶翰林谷所撰。凡天文、地理、君道、官志、人事、女行、君子、幺么、释族、仙宗、草木、花果、蔬药、禽兽、虫鱼、支体、作用、居室、衣服、妆饰、陈设、器具、文用、武器、酒浆、茗荈、馔羞、丧葬、鬼妖，皆创为异名新说，而"药谱"一则尤奇甚，因备录之。

药　　谱

苾芻清本良于医，药数百品，各以角贴，所题名字诡异。余大骇，究其源底，答言："天成中，进士侯宁极戏造《药谱》一卷，尽出新意，改立别名，因时多艰，不传于世，余以礼求假录一通，和娱闲暇。"

假君子牵牛	昌明童子川乌头	淡伯厚朴
木叔胡椒	雪眉同气白扁豆	含丸使者花椒
醎毒仙预知子	贵老陈皮	远秀卿沉香
化米先生神曲	九日三官吴茱萸	焰叟硫黄
三间小玉白芷	中黄节士麻黄	时美中莳萝
导河掾木猪苓	嗽神五味子	削坚中尉三棱
曲方氏防风	白大寿吴朮	洞庭奴隶枳壳
黄英古檀香	绿剑真人菖蒲	魏去疾阿魏
禹孙泽泻	橐籥尊师仙灵脾	风棱御史史君子
雪如来白芨	风味团头缩砂	赦肺侯款冬花
骨鲠元君萆薢	苦督邮黄芩	调睡参军酸枣仁
黑司命从容	知微老白薇	太青尊者朴硝
既济公升麻	冷翠金刚石楠叶	脱核婴儿桃仁
涩翁诃梨勒	抱雪居士香附子	随汤给事中甘遂
斜枝大士草龙胆	野丈白头翁	建阳八座蛇床子
玄房仲长统皂荚	丛生药王覆盆子	仁枣川练子
石仲宁滑石	命门录事安息香	隐上座郁李仁
水状元紫苏	飞风道者牙硝	毕和尚荜澄茄
金山力士自然铜	麝男甘松	冰喉尉薄荷
草东床大腹皮	肾曹都护葫芦巴	寿祖威灵仙
玲珑霍去病藿香	千眼油蕤人	延年卷雪桑白皮
水银腊轻粉	黄香影子栀子	六停剂五味子
显明犯阿胶	出样珊瑚木通	中央粉蒲黄
疮帚何首乌	支解黄丁香	洗瘴丹槟郎
海腊骐骥竭	水磨橄榄金铃子	无名印地榆
无忧扇枇杷叶	鬼木串槐角	黑杀星夜明砂
续命筒干漆	蛮龙舌血没药	清凉种香薷
羽化魁五加皮	度厄钱连翘	圣茏松瞿麦

翻胃木常山　汤主山茱萸　醒心杖远志
玉皇瓜马兜铃　偷蜜珊瑚甘草　德儿杏仁
混沌螟蛉寄生　永嘉圣脯干姜　红心石赤石脂
药本五灵脂　静风尾荆介　正坐丹砂附子
迎阳子兔丝子　山屠黄蘗　脾家瑞气肉豆蔻
甜面淳于蜜陀僧　剔骨香青皮　痰宫霹雳半夏
玉虚饭龙脑　锁眉根苦参　黑龙衣鳖甲
小帝青青盐　百辣云生姜　绶带米麦蘖
半夏精天南星　夜金雄黄　沙田髓黄精
无声虎大黄　小昌明草乌头　草兵巴豆
巢烟九肋乌梅　百子堂草果子　皱面还丹人参
琥珀孙松脂　贼参荠苨　不死面茯苓
火泉竹沥　比目沉香乌药　陆续丸蔓荆子
地白瓜蒌根　天豆破故纸　滴胆芝黄连
新罗白肉白附子　瘦香娇丁香　破关符蓬莪朮
玉丝皮杜仲　血柜牡丹皮　川元蠢川芎
九女春鹿茸　百药绵黄耆　英华库益智
通天柱杖牛膝　赤天佩姜黄　丹田霖雨巴戟
百丈须石斛　飞天蕊旋覆花　安神队杖麦门冬
郓芝天麻　锦绣根芍药　草鱼目薏苡
茅君宝荚苍朮　尉佗圭桂　炼形松子柏子仁
芦头豹子柴胡　丑宝牛黄　肚里屏风艾
九畹莱泽兰　女二天当归　大通绿木香
旱水晶硼砂　还元大品地黄　两平草羌活
死冰白僵蚕　一寸楼台蜂窠　三尸箓枸杞
无情手硇砂　拔萃团麝香　绿须姜细辛
笑靥金菊花　走根梅干葛　八月珠茴香
银条德星山药　埋光乌药良姜　椹圣荜拨
破军杀大戟　吉祥杵桔梗　金母蜕郁金
线子檀茅香　良医匕首葶历　产家大器秦艽

滴金卵延胡索	鬼丹卢会	宜州样子白豆蔻
瓦垅斑贝母	孝梗知母	万金茸紫苑
秦尖疾黎	西天蔓前胡	蕨臣卷柏
五福脔白敛	保生丛藁本	戎奴狗脊
蒜脑薯百合	备身弩芫花	帝膏苏合香
玉灵片石膏		

世 系

宋马永卿《懒真子》录云：古人重谱系故虽世胄绵远，可以考究。渊明《命子诗》云："天集有汉，眷于愍侯。赫赫愍侯，运当攀龙。抚剑风迈，显兹武功。参誓山河，启土开封。"按《汉功臣表》，开封愍侯舍，以右司马从汉破代，封侯。昔高帝与功臣盟云："使黄河如带，泰山若砺，国以永存，爰及苗裔。"所谓参誓山河，谓此盟也。高帝功臣百有二十人，舍，其一也。又云："亹亹丞相，允迪前踪。浑浑长源，郁郁洪柯。群川载导，众条载罗。时有语默，运同隆窊。"此盖谓青也。《功臣表》：开封愍侯舍，封十一年薨。十二年，夷侯青嗣，四十八年薨。所谓群川众条，以谕支派之分散也。语默隆窊，以言自青后未有显者也。渊明乃长沙公之曾孙，然侃传不载，世家独于此见之。后世累经乱离，谱籍散亡，然又士大夫因循灭裂，不如古人，所以家谱不传于世，惜哉！

卷十七

古　铜　器

宋番阳张世南《游宦纪闻》云：辨博书画古器，前辈盖尝著书矣。其间有论议而未详明者，如临、摹、硬黄、响榻，是四者各有其说，今人皆谓临摹为一体，殊不知临之与摹，迥然不同。临，谓置纸在傍，观其大小、浓淡、形势而学之，若临渊之临。摹，谓以薄纸覆上，随其曲折，婉转用笔曰摹。硬黄，谓置纸热熨斗上，以黄蜡涂匀，俨如枕角，毫厘必见。响榻，谓以纸覆其上，就明窗牖间，映光摹之。辨古器，则有所谓款识，腊茶色、朱砂斑、真青绿井口之类，方为真古。其制作，有云纹、雷纹、山纹、轻重雷纹、垂花雷纹、鳞纹、细纹、粟纹、蝉纹、黄目、飞廉、饕餮、蛟螭、虬龙、麟凤、熊虎、龟蛇、鹿马、象鸾、夔牺、蜼凫、双鱼、蟠虺、如意、圜络、盘云、百孔、鹦耳、贯耳、偃耳、直耳、附耳、挟耳、兽耳、虎耳、兽足、夔足、百兽、三螭、穟草、瑞草、篆带、若蚪结之势。星带、四旁饰以星象。辅乳、钟名，用以节乐者。碎乳、钟名，大乳三十六，外复有小乳周之。立夔、双夔之类。凡古器制度，一有合此，则以名之，如云雷钟、鹿马洗、鹦耳壶之类是也。如有款识，则以款识名，如周叔液鼎、齐侯钟之类是也。古器之名，则有钟、大曰特，中曰镈，小曰编。鼎、尊、罍、彝、舟、类洗而有耳。卣、音酉，又音由，中尊器也。有攀盖，足类壶。瓶、爵、斗、有耳，有流，有足，流即嘴也。卮、觯、之豉切，酒觞也。角、类彝而无柱。杯、敦、簠、其形方。簋、类鼎而矮盖，有四足。豆、甗、牛偃切，无底甑也。锭、徒径切，又都定切。斝、觚、鬲、形制同鼎，汉志谓空足曰鬲。鍑、方宥切。《玉篇》云：似釜而大。其实类小瓮而有环。盉、户戈切，又胡卧切，盛五味之器也。似鼎而有盖，有嘴，有执攀。壶、其类有四，曰圆，曰匾，曰方，曰[illegible]。盦、于含切，覆盖也。似洗样而腰大，有足，有提攀。瓿、蒲后切，类壶而矮。铺、类豆，铺[illegible]荐献之义。罂、类釜。鉴、盛冰器，上方如斗，镂底如风窗，下设盘以盛之。匜、弋支切，沃盥器。盘、洗、盆、铜、呼玄切，类洗。《玉篇》云：小盆也。杅、磬、錞、铎、钲、类钟而矮。铙、戚、镦、饰物柄者。奁、鉴、即镜。节、钺、戈、矛、盾、弩、机、表坐、旂铃、刀笔、杖头、蹲龙、宫庙乘舆之饰，或云阑楯间物。鸠车、儿戏之具。提梁、龟蛇砚滴、车辂、托辕之属。此其大概，难于尽备。然知此者，亦思过半矣。所谓款识，乃分二义。款，谓阴字，是凹入者，刻画成之。识，谓阳字，是挺出者。正如临之与摹，各自不同也。腊茶色，亦有差别。三代及秦汉间器，流传世间，岁月寖久，其色微黄而润泽。今士大夫间论古器，以极薄为真，此盖一偏之见也。亦有极薄者，有极厚者，但观制作色泽，自可见也。亦有数百年前句容所铸，其艺亦精，今铸不及。必竟黑而燥，须自然古色，方为真古也。赵希鹄《洞天清禄集》古钟鼎彝器辨云：夏尚忠，商尚质，周尚文，其制器亦然。商器质素无文，周器雕篆细密，此固一定不易之论。而夏器独不然。余尝见夏雕戈，于铜上相嵌以金，其细如发。夏器大抵皆然。岁久金脱，则成阴窾，以其刻画者成凹也。铜器入土千年，纯青如铺翠，其色子后稍淡，午后乘阴气，翠润欲滴。间有土蚀处，或穿或剥，并如蜗篆自然，或有斧凿痕，则是伪也。铜器坠水千年，则纯绿色，而莹如玉。未及千年，绿而不莹，其蚀处如前。今人皆以此二品体轻者为古，不知器大而厚者，铜性未尽，其重止能减三分之一，或减半。器小而薄者，铜性为水土蒸淘易尽，至有锄击破处，并不见铜色，惟翠绿彻骨，或其中有一线红色如丹，然尚有铜声。传世古，则不曾入水土，惟流传人间，色紫褐而有朱砂斑。甚者，其斑凸起，如上等辰砂。入釜，以沸汤煮之，良久，斑愈见。伪者，以漆调朱为之，易辨也。三代古铜，并无腥气，惟土古。新出土，尚带土气，久则否。若伪作者，热摩手心以擦之，铜腥触鼻可畏。识文、款纹亦不同。识，乃篆字，以纪功，所谓铭书钟鼎。夏用鸟迹篆，商则虫鱼篆，周以虫鱼大篆，秦用大小篆，汉以小篆隶书，三国隶书，晋、宋以来皆用楷书，唐用楷隶。三代用阴识，谓之偃蹇字，其字凹入也。汉以来，或用阳识，其字凸，间有凹者，或用刀刻，如镌碑。盖阴识难铸，阳识易为，决非三代物也。款，乃花纹，以为饰。古器款居外而凸，识居内而凹。夏周器有款有识，商器多无款有识。古人作事精致，工人预四民之列，非若后世贱丈夫之事，故古器款必细如发，而匀整分晓，无纤毫模糊。识文笔画，宛如仰瓦，而不深峻，大小深浅如一，亦明净分晓，绝无纤毫模糊。此盖用铜之精者，并无砂颗，一也。良工精妙，二也。不吝工夫，非一朝夕所为，三也。今设有古器，款识稍或模糊，必是伪作。质色臭味，亦自不同。句容器非古物，盖自唐天宝间至南唐后主时，于升州句容县置官场以铸之，故其上多有监官花押。甚轻薄漆黑款细虽可爱，要非古器，岁久亦有微青色者。世所见天宝时大凤环瓶，此极品也。伪古铜器，其法以水银杂锡末，即今磨镜药是也。先上在新铜器上，令匀，然后以酽醋调细硇沙末，笔醮匀上，候如腊茶面色，急入新汲水满浸，即成腊茶色。候如漆，急入新水浸，即成漆色。浸稍缓，即变色矣。若不入水，则成纯翠色。三者并以新布擦，令光莹。其铜腥为水银所匮，并不发露。然古铜声微而清，新铜声浓而哄，不能逃识者之鉴。古人惟钟鼎祭器，称功颂德，则有识。盘盂寓戒，则有识。他器亦有无识者，不可遽以为非，但辨其体质、款纹、颜色、臭味足矣。夫二书之论铜器，固已粲然具备，然清修好古之士，又不可不读经传纪录，以求其源委。如薛尚功《款识法帖》及《重广钟鼎韵》七卷者，《宣和博古图》、吕大临《考古图》、王俅《啸堂集古录》、黄睿《东观余论》、董逌《广川书跋》等书，皆当熟味遍参而断之以经，庶可言精鉴也。

石敢当

今人家正门适当巷陌桥道之冲，则立一小石将军，或植一小石碑，镌其上曰“石敢当”，以厌禳之。按西汉史游《急就章》云：石敢当。颜师古注曰：“卫有石碏、石买、石恶，郑有石制，皆为石氏。周有石速，齐有石之纷如，其后以命族。敢当，所向无敌也。”据所说，则世之用此，亦欲以为保障之意。

方头

俗谓不通时宜者为方头。陆鲁望诗云：“头方不会王门事，尘土空缁白纻衣。”

七十二

《玉台》诗："入门时左顾，但见双鸳鸯。鸳鸯七十二，罗列自成行。"孟东野《和蔷薇歌》："仙机轧轧飞凤皇，花开七十有二行。"二诗皆用七十二，不知何所祖。

旃檀佛

京师旃檀佛，以灵异著闻海宇，王侯公相，士庶妇女，捐金庄严，以丐福利者，岁无虚日。故老相传云：其像四体无所倚著。人君有道，则至其国。国初时，尚可通一线无碍，今则不然矣。按翰林学士程巨夫《瑞像殿碑刻》云：释迦如来，初为太子，生七日，母摩耶弃世，生忉利天。佛既成道，思念母恩，遂升忉利天，为母说法。优填国王自以久失瞻仰于如来，欲见无从，乃刻旃檀为像。目犍连尊者虑有阙陋，躬以神力，摄三十二匠升忉利天，谛观相好，三返，乃得其真，既成，国王臣民奉之犹真佛焉。及佛自忉利天复至人间，王率臣庶同往迎佛。此像腾步空中，向佛稽首。佛为摩顶授记曰："我灭度千年之后，汝从震旦，东土也。广利人天。"由是西土一千二百八十五年，龟兹六十八年，凉州十四年，长安一十七年，江南一百七十三年，淮南三百六十七年，复至江南二十一年，汴梁一百七十七年，北至燕京，居圣安寺十二年，北至上京大储庆寺二十年，南还燕宫内殿五十四年。丁丑岁三月，燕宫火，迎还圣安寺居。今五十九年乙亥岁，当今大元世祖皇帝至元十二年也，帝遣大臣孛罗等四众，备法驾仗卫音伎，迎奉万寿山仁智殿。丁丑，建大圣安寺。己丑岁，自仁智殿迎安寺之后殿，大作佛事。瑞像计自优填王造始之岁，至今延祐丙辰，凡二千三百有七年。又《释氏感通录》云：梁武帝遣郝骞等往天竺国迎佛旃檀像，其王模刻一像付骞。天监十年，至建康，帝迎奉太极殿，建斋度僧，大赦断杀，自是蔬食绝欲。据此说，又与碑文不同。即今圣安寺所安之像，抑优填之所刻欤？天竺之摹刻欤？

传　　席

今人家娶妇，舆轿迎至大门，则传席以入，弗令履地。然唐人已尔。乐天《春深娶妇家》诗云："青衣转去声。毡褥，锦绣一条斜。"

归　妇　吟

吉之永丰刘氏女，天兵南下日，为东平王郎中宥所虏。后王闻其父母兄弟舅姑夫子咸在，因放之归，且作《归妇吟》以送之，诗曰："烈火都将玉石焚，死生契阔忆中分。信音一绝思青鸟，泪眼双穿望白云。残日鹡鸰还有难，北风鸿雁正离群。新诗送尔还家去，重续当年织锦文。"吁，固虽刘氏有莫大之幸，而王亦仁人者矣！

穿　　耳

或者谓晋唐间人所画士女多不带耳环，以为古无穿耳者。然《庄子》曰："天子之侍御，不叉揃，不穿耳。"则穿耳自古亦有之矣。

丫　　头

吴中呼女子之贱者为丫头。刘宾客《寄赠小樊》诗："花面丫头十二三，春来绰约向人时。"

点　　心

今以早饭前及饭后、午前、午后、晡前小食为点心。《唐史》：郑傪为江淮留后，家人备夫人晨馔，夫人顾其弟曰："治妆未毕，我未及餐，尔且可点心。"则此语唐时已然。

奴婢

今蒙古色目人之臧获男曰奴，女曰婢，总曰驱口。盖国初平定诸国日，以俘到男女匹配为夫妻，而所生子孙永为奴婢。又有曰红契买到者，则其元主转卖于人，立券投税者是也。故买良为驱者有禁。又有曰陪送者，则摽拨随女出嫁者是也。奴婢男女止可互相婚嫁，例不许聘娶良家，若良家愿娶其女者听。然奴或致富，主利其财，则俟少有过犯，杖而锢之，席卷而去，名曰抄估。亦有自愿纳财以求脱免奴籍，则主署执凭付之，名曰放良。刑律：私宰牛马，杖一百。殴死驱口，比常人减死一等，杖一百七。所以视奴婢与马牛无异。按《周礼》，其奴，男子入于皂隶，女子入于舂藁。《说文》：奴婢皆古罪人。夫今之奴婢，其父祖初无罪恶，而世世不可逃，亦可痛已。又奴婢所生子，亦曰家生孩儿。按《汉书·陈胜传》："秦令少府章邯免骊山徒人奴产子。"师古曰："奴产子，犹今人云家生奴也。"则家生儿亦有所据。

愠羝

愠羝，谓腋气也。唐崔令钦《教坊记》云：范汉女大娘子，亦是竿木家，开元二十一年出内，有姿媚，而微愠羝。

天子争臣

张公可与者，济南人。律身廉正，持法公平，苟可以纳忠于国，虽斧钺有所不避。为中书郎中日，先帝时一大奸以元恶受显戮，后二子夤缘入侍，幸沐天眷，特各授行省平章。陛辞，叩首言曰："先臣在九原，弗获沾一命之荣，当不瞑目。臣敢昧死请。"上命左右传旨中书，独公不奉诏。越数日，上召丞相面谕之。丞相退，谓公曰："圣意宠遇之深，当复奈何？"公曰："朝廷果欲举行赠典，必须雪其非罪。若然，是先帝不合诛之，以先帝为何如主哉？则上之于先帝，反不若大奸之有后矣，不孝孰大焉？”丞相备公言以闻，上为动容而止。公以病在告，都堂有人诉宗室谋逆，奏送刑部问状，违鞫，有证验，而死于狱。宗室之妻见上泣曰：“臣妾夫某，无罪枉死。”上但知送部，而不谓其已死，圣怒，命御史台鞫问。丞相惧，谋之公，即扶疾至省，取牍补署花押，众皆愕然。丞相曰：“恐掾史所行有错，欲照略耳，非谓此也。”公曰：“自丞相以下，皆当听问，某何独求免邪？”既而缄牍令该掾抱诣台，台官首问曰：“张郎中曾书卷否？”曰：“然。”台官议曰：“张郎中所行未尝差错，况此一事，中书得旨施行，执法者复何罪？”因覆奏曰：“臣等取省案根勘，宗室某之死不枉。”上颔之，其事遂寝。如公者，诚天子之争臣也矣。

婶　妗

宋张文潜《明道杂志》云：经传中无“婶妗”二字。婶字，乃世母字二合呼。妗字，乃舅母字二合呼也。二合如真言中合两字音为一。

黄　金　缕

苏小小见诸古今吟咏者多矣，而世又图写以玩之，一何动人也如此哉！《春渚纪闻》云：司马才仲初在洛下，昼寝，梦一美姝，牵帷而歌曰：“妾本钱唐江上住，花落花开，不管流年度。燕子衔将春色去，纱窗几阵黄梅雨。”才仲爱其词，因询曲名，云是《黄金缕》。且曰：“后日相见于钱唐江上。”及才仲以东坡先生荐，应制举中等，遂为钱唐幕官，其廨舍后，唐苏小墓在焉。时秦少章为钱唐尉，为续其词后云：“斜插犀梳云半吐，檀板轻敲，唱彻黄金缕。梦断彩云无觅处，夜凉明月生春浦。”不逾年，而才仲得疾，所乘画水舆，舣泊河塘，柁工遽见才仲携一丽人登舟，即前声喏，而火起舟尾。仓忙走报，家已恸哭矣。《能改斋漫录》云：刘次庄《乐府解题》曰：《钱唐苏小小歌》，苏小小非唐人，世见乐天、梦得诗多称咏，遂谓与之同时耳。次庄虽知苏小小非唐人而无所据。余按郭茂倩所编引《广题》曰：苏小小，钱唐名娼也，盖南齐时人。西陵在钱唐江之西，故古辞云："何处结同心，西陵松柏下。"余尝记《虞美人》长短句云："槐阴别院宜清昼，人坐春风秀。美人图子阿谁留，都是宣和名笔内家收。莺莺燕燕分飞后，粉淡梨花瘦。只除苏小不风流，斜插一枝萱草凤钗头。"亦蕴藉可喜，乃元遗山先生所作也。

哨　遍

某人以善经纪，积资至巨万计，而既鄙且啬，不欲书其姓名。其尊行钱素庵者抱素，逸士也，多游名公卿间，善诗曲，有集行于世。某尝以贵富骄之，故作今乐府一阕讥警焉：〔哨遍〕试把贤愚穷究，看钱奴，自古呼铜臭。徇己苦贪求，特不教泉货周流。忍包羞，油铛插手，血海舒拳，肯落他人后。晓夜寻思机彀，缘情钩距，巧取旁搜。蝇头场上苦驱驰，马足尘中厮追逐，积儹下无厌就。舍死忘生，出乖弄丑。〔耍孩儿〕安贫知足神明佑，好聚敛多招悔尤。王戎遗下旧牙筹，夜连明计算无休。不思日月搬乌兔，只与儿孙作马牛。添消瘦，不调祻鼎，姿逞戈矛。〔十煞〕渐消磨双脸春，已凋飕两鬓秋，终朝不乐眉长皱。恨不得，柜头钱五分息，招人借架上袑。一周年不放赎，狠毒性，如狼狗。把平人骨肉，做自己膏油。〔九〕有心待拜五侯，教人唤甚半州，忍饥寒儹得家私厚。待垒做钱山儿，倩军士喝号提铃守。怕化做钱龙儿，请法官行罡布气留。半炊儿，八遍把牙关叩。只愿得无支有管，少出多收。〔八〕亏心事尽意为，不义财尽力掊。那里问，亲弟兄，亲姊妹，亲姑舅。只待要春风金谷骄王恺，一任教夜雨新丰困马周。无亲旧，只知敬明眸皓齿，不想共肥马轻裘。〔七〕资生利转多，贪婪意不休，为锱铢舍命寻争斗。田连阡陌心犹窄，架插诗书眼不瞅。也学采东篱菊，子是个装呵元亮，豹子浮丘。〔六〕恨不得扬子江变做酒，枣穰金积到斗。为几文赙背钱，受了些旁人咒。一斗粟与亲眷分了颜面，二斤麻把相知结下寇仇。真纰缪，一味的骄而且吝，甚的是乐以忘忧。〔五〕这财曾燃了董卓脐，曾枭了元载头，聚而不散遭殃咎。怕不是,堆金积玉连城富,眨眼早,野草闲花满地愁。干生受,生财有道,受用无由。〔四〕有一日大小运并在命宫,死囚限缠在卯酉。甚的散得疾,子为你聚来得骤。恰待调和新曲歌金帐,逼临得佳人坠玉楼。难收救,一壁相投河奔井,一壁相烂额焦头。〔三〕窗隔每都飐飐的飞,椅卓每都出出的走。金银钱米,都消为尘垢。山魈木客相呼唤,寡宿孤辰厮趁逐。喧白昼,花月妖将家人狐媚,虚耗鬼把仓库潜偷。〔二〕恼天公,降下灾,犯官刑,系在囚。他用钱时难参透,待买他,上木驴钉子轻轻钉,吊脊筋钩儿浅浅钩。便用杀,难宽宥。魂飞荡荡,魄散悠悠。〔尾〕出落他平生聚敛的情,都写做临刑犯罪由。将它死骨头告示向通衢里甃,任它日炙风吹慢慢朽。乐府中押逐赎菊字韵者,盖中州之音轻,与尤字韵相近故也。此曲虽曰为某而作,然亦可以为世劝。

花蕊夫人

蜀主孟昶纳徐匡璋女,拜贵妃,别号花蕊夫人,意花不足拟其色,似花蕊之翾轻也。或以为姓费氏,则误矣。

崔丽人

余向在武林日,于一友人处见陈居中所画唐崔丽人图,其上有题云:"'"并燕莺为字,联徽氏姓崔。非烟宜采画,秀玉胜江梅。薄命千年恨,芳心一寸灰。西厢旧红树,曾与月徘徊。"余丁卯春三月,衔命陕右,道出于蒲东普救之僧舍,所谓西厢者,有唐丽人崔氏女遗照在焉。因命画师陈居中绘模真像,意非登徒子之用心,迨将勉情钟始终之戒。仍拾四十言,使好事者知百劳之歌以记云。泰和丁卯林钟吉日,十洲种玉大志宜之题。''延祐庚申春二月,余传命至东平,顾市鬻《双鹰图》,观久之,弗见主人而归。夜宿府治西轩,梦一丽人,绡裳玉质,逡巡而前曰:"君玩《双鹰图》虽佳,非君几席间物,妾流落久矣,有双鹰名冠古今,愿托君为重。"觉而怪之,未卜其何祥。迟明欲行,忽主人携鹰图来，且四轴，余意丽人双鹰，符此数耳。继出一小轴，乃梦所见，有诗四十字，跋语九十八，识曰“泰和丁卯，出蒲东普救僧舍，绘唐崔氏莺莺真。十洲种玉大志宜之题。”’画、诗、书，皆绝神品也。余惊诧良久。时有司群官吏环视，因缩不目，托以跋语佳胜赎之。吁，物理相感，果何如耶！岂法书名画自有灵邪？抑名不朽者随神耶？遇合有定数耶？余尝谓，《关雎》、《硕人》，姿德兼备，君子之配也。琴心雪句，才艳联芳，文士之偶也。自诗书道废，丈夫弗学，况女流乎？故近世非无秀色，往往脂粉腥秽，鸦凤莫辨，求其彷佛待月章之万一，绝代无闻焉，此亦慨世降之一端也。因归于我，义弗辞已。宜之者，盖前金赵愚轩之字，曾为巩西簿。遗山谓泰和有诗名，五言平淡，他人未易造，信然。泰和丁卯，迨今百十四年云。其月二日，壁水见士思容题。”右共五百九字，虽不知壁水见士为何如人，然二君之风韵可想见矣。因俾嘉禾绘工盛懋临写一轴。适舅氏赵公待制雝见而爱之，就为录文于上。按唐元微之传奇莺莺事，以为张生寓蒲之普救寺，适有崔氏孀妇，亦止兹寺。崔氏妇，郑氏也。生出于郑，视郑则异派之从母。因丁文雅军扰掠蒲人，郑惶骇不知所措，生与将之党善，请吏护之，不及于难。郑厚生德，谓曰：“姨之弱子幼女，当以仁兄之礼奉承。”命莺莺出拜，颜色艳异，光辉动人。生问其年纪，郑曰：“十七岁矣。”生自是惓之，私礼莺莺之侍婢红娘，间道其衷。既而诗章往复，遂酬所愿。中间离合多故，然不能终谐伉俪。说者以为生即张子野，宋王性之著传奇辨正。按微之作姨母郑氏墓铭云：其既丧夫，遭军乱，微之为保护其家。又作陆氏志云：余外祖睦州刺史郑济。白乐天作微之母郑氏志，亦言郑济女。而唐崔氏谱：永宁尉鹏，娶郑济女。则莺莺者乃崔鹏之女，于微之为中表。传奇言生年二十二。乐天作微之墓志，以大和五年薨，年五十三，即当以大历十四年己未生，至贞元庚辰，正二十二岁。凡此数端，决为微之无疑，特托他姓以避就耳。事具《侯鲭录》中。

江浙省地分

江浙行省，建治所于杭。陆路赴都，三千九百二十四里。若水程，则四千四百四十里。东至大海，四百九里，顺风海洋七日七夜可到日本国。西至鄱阳湖，接连江西省南康路界，一千三百四十五里。南至汀州路，接连广东潮州界，二千四百二十里。北至扬子江，接连淮南省扬州界，七百二十里。东到大海，四百九里。西到江西省南康路，一千七百五里。南到广东潮州路，二千五百一十里。北到淮南省扬州路，七百六十五里。东南到漳州路海岸，二千四百九十九里。西南到江西省建昌路，一千五百九十里。东北到松江海岸，五百二十二里。西北到池州路，接连河南省安庆路，一千三百四十二里。此四至八到也。今割福建道立行省，则又不同矣。

改常

今人谓易其所守者为改常。《北梦琐言》：左军容使严遵美，阉官中仁人也。尝一日发狂，手足舞蹈，傍有一猫一犬，猫忽谓犬曰："军容改常也。"

卷十八

叙　画

唐张彦远著《历代名画记》十卷，自轩辕时至会昌元年，能画者三百七十余人。其叙画之源流曰：夫画者，成教化，助人伦，穷神变，测幽微，与六籍同功。古先圣王，受命应箓，则有龟字效灵，龙图呈宝。自巢燧已来，皆有此瑞。庖牺氏发于荥河中，典籍图画萌矣。轩辕氏得于温洛中，史皇苍颉状焉。是时也，书画同体而未分，象制肇创而犹略，无以传其意，故有书，无以见其形，故有画。按字学之部，其六曰鸟书。在幡信上书端象鸟头者，则画之流也。颜光禄云：图载之意有三，一曰图理，卦象是也。二曰图识，字学是也。三曰图形，绘画是也。又周官教国子以六书，其三曰象形，则画之意也。是故知书画异名而同体也。洎乎有虞作绘，绘画明矣。既就彰施，仍深比象，于是礼乐大阐，教化由兴，故能揖让而天下治。《广雅》云："画，类也。"《尔雅》云："画，形也。"《说文》云："画，畛也，象田畛畔，所以画也。"《释名》云："画，挂也，以采色挂物象也。"故钟鼎刻则识魑魅而知神奸，旗章明则昭轨度而备国制。清庙肃而尊彝陈，广轮度而疆理辨。以忠以孝，尽在于云台；有烈有勋，皆登于麟阁。见善足以戒恶，见恶足以思贤。故陆士衡云："宣物莫大于言，存形莫善于画。"此之谓也。其论画六法曰：昔谢赫云：画有六法，一曰气韵生动，二曰骨法用笔，三曰应物象形，四曰随类傅采，五曰经营位置，六曰传模移写。自古画人，罕能兼之。彦远试论之曰：古之画，或能遗其形似而尚其骨气。以形似之外求其画，此难可与俗人道也。今之画，纵得形似，而气韵不生。以气韵求其画，则形似在其间矣。上古之画，迹简意澹而雅正，顾、陆之流是也。中古之画，细密精致而臻丽，展、郑之流是也。近代之画，焕烂而求备。今人之画，错乱而无旨，众工之迹是也。夫象物必在乎形似，形似须全其骨气。骨气形似，皆本乎立意，而归乎用笔。顾恺之曰："画人最难，次山水，次狗马，其台阁一定器耳，差易为也。"斯言得之。至于鬼神人物，有生动之可状，须神韵而后全。故韩子曰："狗马难，鬼神易。狗马乃凡俗所见，鬼神乃谲怪之状。"斯言得之。至于经营位置，则画之总要。然今之画人，粗善写貌，得其形似则无其气韵，具其采色则失其笔法，岂曰画也。其论画体工用榻写曰：夫画物特忌形貌采章，历历具足，甚谨甚细，而外露巧密，所以不患不了而患于了。既知其了，亦何必了，此非不了也。若不识其了，是真不了也。夫失于自然而后神，失于神而后妙，失于妙而后精，精之为病也而成谨细。自然者为上品之上，神者为上品之中，妙者为上品之下，精者为中品之上，谨而细者为中品之中。余今立此五等，以包六法，以贯众妙。其间诠量，可有数百等，孰能周知。非夫神迈识高，情超心慧者，岂可议乎知画。宋郭若虚著《图画见闻志》六卷，自唐会昌元年至神宗熙宁七年能画者二百七十四人。其论制作楷模曰：大率图画风力气韵，固在当人，其如种种之要，不可不察。画人物，必分贵贱气韵，朝代衣冠。释门有善功方便之颜，道像具修真度世之范，帝王崇上圣天日之表，外夷得慕华钦顺之情，儒贤见忠信礼义之风，武士多勇悍英烈之貌，隐逸识肥遁高世之节，贵戚尚纷华侈靡之容，天帝明威福严重之仪，鬼神作魏䰐尺者反。驰趡于鬼反。之状，士女宜秀色婑乌果反。媠奴坐反。之态，田家有醇甿朴野之真。画衣纹林石，用笔全类于书。衣纹有重大而调畅者，有缜细而劲健者，勾绰纵掣，理无妄下，以状高侧深斜卷折飘举之势。林木有樛枝挺干，屈节皴皮，纽裂多端，分敷万状，作怒龙惊虺之势，耸凌霄翳日之姿。山石多作矾头，亦为棱面，落笔便见坚重之性，皴淡即生窊凸之形。破墨之功尤难。画畜兽，全要停分向背，筋力精神，肉质肥圆，毛骨隐起。画龙，穷游泳蜿蜒之妙，得回蟠升降之宜。画水，汤汤若动，使观者有浩然之思。画屋木，折算无亏，笔画匀壮，深远透空。画花竹，有四时景候，阴阳向背，笋箨老嫩，苞萼先后，自然艳丽闲野。逮诸园蔬、野草，咸有出土体性。画禽鸟，识形体名件之异，悟翔举飞集之态。其论气韵非师曰：谢赫六法精论，万古不移。然而骨法用笔以下五法可学，如其气韵，必在生知，固不可以巧密得，复不可以岁月到，默契神会，不知然而然。其论用笔得失曰：凡画，气韵本乎游心，神采生于用笔。意在笔先，笔周意内，画尽意在，像应神全。夫内自足然后神闲意定，神闲意定则思不竭而笔不困也。画有三病，皆系用笔，一曰版，二曰刻，三曰结。版者，腕弱笔痴，全亏取与，物状平褊，不能圆混也。刻者，运笔中疑，心手相戾，勾画之际，妄生圭角也。结者，欲行未行，当散不散，似物凝滞，不能流畅也。其论古今优劣曰：佛道、人物、士女、牛马，近不及古。山水、林石、花竹、禽鱼，古不及近。何以明之？且顾恺之、陆探微、张僧繇、吴道玄及阎立德、立本，皆纯重雅正，性出天然。吴生之作，为万世法，号曰画圣。张萱、周昉、韩干、戴嵩，气韵骨法，皆出意表，后之学者，终莫能到。故曰近不及古。至如李成、关仝、范宽、董源之迹，徐熙、黄筌、居采之踪，前不藉师资，后无复继踵。借使二李、三王之辈复起，边鸾、陈庶之伦再生，亦将何以措手于其间哉！故曰古不及近。邓椿著《画继》十卷，自熙宁七年至孝宗乾道三年能画者二百一十九人。其论远曰：画之为用大矣，盈天地间者万物，悉皆含豪运思，曲尽其态。而所以能曲尽者，止一法耳。一者何也？曰：传神而已矣。世徒知人之有神，而不知物之有神。此若虚深鄙众工，谓虽曰画而非画者，盖止能传其形，不能传其神也。故画法以气韵生动为第一，而若虚独归于轩冕岩穴，有以哉！又曰：自昔鉴赏家分品有三，曰神，曰妙，曰能。独唐朱景真撰《唐贤画录》，三品之外，更增逸品。其后黄休复作《益州名画记》，乃以逸为先，而神、妙、能次之。景真虽云逸格不拘常法，用表贤愚。然逸之高，岂得附于三品之末，未若休复首推之为当也。又有《画继补遗》一卷，不知谁所撰，则自乾道以后至理度间能画者八十余人。尔后陈得辉著《续画记》一卷，再自高宗建炎初至幼主德祐乙亥能画者一百五十一人，然与《画继补遗》则相出入者耳。二书仅可考阅姓名，无足观也。赵希鹄《洞天清禄集》云：古画多直帧，至有画身长八尺者。双幅亦然。横披始于米氏父子，非古制也。河北绢，经纬一等，故无背面。江南绢，则经粗而纬细，有背面。唐人画或用捣熟绢为之，然止是生捣，令丝褊，不碍笔，非如今煮练加浆也。古绢自然破者，必有鲫鱼口与雪丝，伪作者则否。古画色黑或淡黑，则积尘所成，自有一种古香可爱。若伪作者，多作黄色而鲜明，不尘暗，此可辨也。米芾《画史》云：古画若得之不脱，不须背褾。若不佳，换褾一次，背一次，坏屡更矣，深可惜。盖人物精神发采，花之秾艳、蜂蝶，只在约略浓淡之间，一经背，多或失之也。古画至唐初皆生绢，至吴生、周昉、韩幹，后来皆以热汤。汤半熟，捶如银版，故作人物精采入笔。今人收唐画，必以绢辨，见纹粗，便云不是唐，非也。张僧繇、阎令画皆生绢，南唐画皆粗绢，徐熙绢或如布。绢素百破，必好画。裂文各有辨，长幅横卷裂文横，横幅直卷裂文直，各随轴势裂也。直断，不当一缕。岁久，卷自两头苏开，断不相合。不作毛，掏亦苏，不可伪作。其伪者，快刀直过，当缕两头，依旧生作毛起，掏又坚纫也。湿染者，色栖缕间。干熏者，烟臭，上深下浅。古纸素有一般古香，真绢色淡，虽百破而色明白，精神采色如新，惟佛像多经香烟熏损本色。染绢作湿香色，栖尘文间，最易辨，仍盖色上作一重。古破不直裂，须连两三经，不可伪作。国朝东楚汤垕，字君载，号采真子，著《画鉴》一卷，论历代名画，悉有依据。其杂论曰：古人作画，皆有深意，运思落笔，莫不各有所主。况名下无虚士，相传既久，必有过人处。今人看画，出自己见，不经师授，不阅记录，但合其意者为佳，不合其意者为不佳，及问其如何是佳，则茫然失对。仆自十七八岁时，便有迂阔之意，见图画爱玩不去手，见鉴赏之士，便加礼问，遍借记录，仿佛成诵。详味其言，历观名迹，参考古说，始有少悟。若不留心，不过为听声随影，终不精鉴也。灯下不可看画，醉余酒边不可看画，俗客尤不可示之，卷舒不得其法，最为害物。至于庸人孺子，见画必看，妄加雌黄品藻，本不识物，乱订真伪，令人短气。古人画稿，谓之粉本，前辈多宝畜之，盖其草草不经意处，有天然之妙。宣和、绍兴所藏粉本，多有神妙。古人作画，有得意者，多再作之。如李成《寒林》、范宽《雪山》、王诜《烟江叠障》，不可枚举。看画如看美人，其风神骨相，有肌体之外者。今人看古迹，必先求形似，次及传染，次及事实，殊非赏鉴之法也。元章谓好事家与赏鉴家自是两等，家多资力，贪好名胜，遇物收置，不过听声，此谓好事。若鉴赏，则于资高明，多阅传录，或自能画，或深画意，每得一图，终日宝玩，如对古人，不能夺也。观六朝画，先观绢素，次观笔法，次观气韵，大概十中可信者一二。有御府题印者，尤不可信。古画东移西掇，捋补成章，此弊自高宗朝庄宗古始也。余友人吴兴夏文彦，字士良，号兰渚生，其家世藏名迹，鲜有比者。朝夕玩索，心领神会，加以游于画艺，悟入厥趣，是故鉴赏品藻，万不失一。因取各画记、《图画见闻志》、《画继》、《续画记》为本，参以《宣和画谱》、南渡七朝画史，齐、梁、魏、陈、唐、宋以来诸家画录，及传记、杂说、百氏之书，搜潜剔秘，网罗无遗，自轩辕时至宋幼主德祐乙亥，得能画者一千二百八十余人，又女真三十人，本朝自至元丙子至今九十余年间二百余人，共一千五百余人。其考核诚至矣，其用心良勤矣。所论画之三品，盖扩前人所未发。论曰：气韵生动，出于天成，人莫窥其巧者，谓之神品。笔墨超绝，传染得宜，意趣有余者，谓之妙品。得其形似而不失规矩者，谓之能品。古人画，墨色俱入绢缕，精神迥出，伪者虽极力仿佛，而粉墨皆浮于缣素之上，神气亦索然。盖古人笔法圆熟，用意精到，初若率易，愈玩愈佳。今人虽极工致，一览而意尽矣。唐及五代绢素粗厚，宋绢轻细，望而可别也。御题画，真伪相杂，往往有当时名笔临摹之作。故秘府所藏临摹本，皆题为真迹，惟明昌所题最多，具眼自能识也。吁，可谓真知画者哉！

记宋宫殿

廉访使杨文宪公奂，字焕然，乾州奉天人。尝作《汴故宫记》云：己亥春三月，按部至于汴，汴长史宴于废宫之长生殿，惧后世无以考，为纂其大概云。皇城南外门曰南薰。南城之北新城门曰丰宜，桥曰龙津桥，北曰丹凤，而其门三。丹凤北曰州桥，桥少北曰文武楼，遵御路而北横街也。东曰太庙，西曰郊社。正北曰承天门，而其门五，双阙前引。东曰登闻检院，西曰登闻鼓院。检院之东曰左掖门，门之南曰待漏院。鼓院之西曰右掖门，门之南曰都堂。承天之北曰大庆门。而日精门左，升平门居其东，月华门右，升平门居其西。正殿曰大庆殿。东庑曰嘉福楼，西庑曰嘉瑞楼。大庆之后曰德仪殿，德仪之东曰左升龙门，西曰右升龙门。正门曰隆德，曰萧墙，曰丹墀，曰隆德殿。隆德之左曰东上阁门，右曰西上阁门，皆南向。东西二楼，钟鼓之所在，鼓在东，钟在西。隆德之次曰仁安门，仁安殿东则内侍局，内侍之东曰近侍局，近侍之东曰严祇门，宫中则曰撒合门。少南曰东楼，即授除楼也，西曰西楼。仁安之次曰纯和殿，正寝也。纯和西曰雪香亭，雪香之北，后妃位也，有楼。楼西曰琼香亭，亭西曰凉位，有楼。楼北少西曰玉清殿。纯和之次曰宁福殿，宁福之后曰苑门。由苑门而北曰仁智殿，有二大石，左曰敷锡神运万岁峰，右曰玉京独秀太平岩，殿曰山庄。庄之西南曰翠微阁。苑门东曰仙韶院，院北曰涌翠峰，峰之洞曰大涤涌翠，东连长生殿。殿东曰涌金殿，涌金之东曰蓬莱殿。长生西浮玉殿，浮玉之西曰瀛洲殿。长生之南曰阅武殿，阅武南曰内藏库。由严祇门东曰尚食局，尚食东曰宣徽院，宣徽北曰御药院，御药北曰右藏库，右藏之东曰左藏。宣徽东曰点检司，点检北曰秘书监，秘书北曰学士院，学士之北曰谏院，谏院之北曰武器署。点检之南曰仪鸾局，仪鸾之南曰尚辇局。宣徽之南曰拱卫司，拱卫之南曰尚衣局，尚衣之南曰繁禧门，繁禧南曰安泰门，安泰西与左升龙门直，东则寿圣宫，两宫太后位，本明俊殿试进士之所。宫北曰徽音殿，徽音之北曰燕寿殿，燕寿殿垣后少西曰震肃卫司，东曰中卫尉司。仪鸾之东曰小东华门，更漏在焉。中卫尉司东曰祗肃门，祗肃门东少南曰将军司。徽音、寿圣之东曰太后苑，苑之殿曰庆春，庆春与燕寿并。小东华与正东华对。东华门内正北尚厩局，尚厩西北曰临武殿。左掖门正北尚食局，局南曰宫苑司，宫苑司西北曰尚酝局、汤药局、侍仪司，少西曰符宝局、器物局，西则撒合门。嘉瑞楼西曰三庙，正殿曰德昌，东曰文昭殿，西曰光兴殿，并南向。德昌之后，宣宗庙也。宫西门曰西华，与东华直，其北门曰安贞。二大石外，凡花石台榭池亭之细并不录。观其制度简素，比土阶茅茨则过矣，视汉之所谓千门万户、珠璧华丽之饰，则无有也。然后之人因其制度而损益之，以求其称，斯可矣。公又有《录汴梁宫人语》五言绝句一十九首，虽一时之所寄兴，亦不无有伤感之意，今并附于此。诗曰："一入深宫里，经今十五年。长因批帖子，呼到御床前。"右一"岁岁逢元夜，金蛾闹簇巾。见人心自怯，终是女儿身。”右二“殿前轮直罢，偷去赌金钗。怕见黄昏月，殷勤上玉阶。”右三“翠翘珠掘背，小殿夜藏钩。蓦地羊车至，低头笑不休。”右四“内府颁金帛，教酬贺节盘。两宫新有旨，先与问孤寒。”右五“人间多枣栗，不到九重天。长被黄衫吏，花摊月赐钱。”右六“仁圣生辰节，君王进玉卮。寿棚兼寿表，留待北还时。”右七“边奏行台急，东华夜启封。内人催步辇，不候景阳钟。”右八“画烛双双引，珠帘一一开。辇前齐下拜，欢饮辟寒杯。”右九“圣躬香阁内，只道下朝迟。扶仗娇无力，红绡贴玉肌。”右十“今日天颜喜，东朝内宴开。外边农事动，诏遣教坊回。”右十一“驾前双白鹤，日日候朝回。自送銮舆去，经年更不来。”右十二“陡觉文书静，相将立夕阳。伤心宁福位，无复夜熏香。”右十三“二后睢阳去，潜身泣到明。却回谁敢问，校似有心情。”右十四“为道围城久，妆奁斗犒军。入春浑断绝，饥苦不堪闻。”右十五“监国推梁邸，初头静不知。但疑墙外笑，人有看宫时。”右十六“别殿弓刀响，仓皇接郑王。尚愁宫正怒，含泪强添妆。”右十七“一向传宣唤，谁知不复还。来时旧针线，记得在窗间。”右十八“北去迁沙漠，诚心畏从行。不如当日死，头白若为生。”右十九陈随应《南度行宫记》云：杭州治旧钱王宫也，绍兴因以为行宫。皇城九里，入和宁门，左进奏院玉堂，右中殿外库至北宫门。循廊左序，巨珰幕次，列如鱼贯。祥曦殿朵殿，接修廊为后殿，对以御酒库、御药院、慈元殿、外库、内侍省、内东门司、大内都巡检司、御厨、天章等阁。廊回路转，众班排列。又转内藏库，对军器库。又转便门，垂拱殿五间，十二架，修六丈，广八丈四尺。檐屋三间，修广各丈五。朵殿四，两廊各二十间，殿门三间，内龙墀折槛。殿后拥舍七间，为延和殿。右便门通后殿，殿左一殿，随时易名，明堂郊祀曰端诚，策士唱名曰集英，宴对奉使曰崇德，武举及军班授官曰讲武。东宫在丽正门内，南宫门外，本宫会议所之侧。入门，垂杨夹道，间芙蓉，环朱栏。二里至外宫门节堂，后为财帛、生料二库，环以官属直舍。转外窑子，入内宫门廊。右为赞导春坊直舍，左讲堂七楹，扁新益，外为讲官直舍。正殿向明，左圣堂，右祠堂。后凝华殿，瞻箓堂，环以竹，左寝室，右齐安，位内人直舍百二十楹。左彝斋，太子赐号也。接绣香堂便门，通绎已堂，重檐复屋，昔杨太后垂帘于此，曰慈明殿。前射圃，竟百步，环修廊右转，雅楼十二间，左转数十步，雕阑花甃，万卉中出秋千，对阳春亭、清霁亭，前芙蓉，后木樨。玉质亭，梅绕之。由绎己堂过锦胭廊，百八十楹，直通御前廊外，即后苑。梅花千树，曰梅岗亭，曰冰花亭，枕小西湖，曰水月境界，曰澄碧。牡丹曰伊洛传芳，芍药曰冠芳，山茶曰鹤丹，桂曰天阙清香。堂曰本支百世，佑圣祠曰庆和，泗洲曰慈济，钟吕曰得真，橘曰洞庭佳味，茅亭曰昭俭，木香曰架雪，竹曰赏静，松亭曰天陵偃盖。以日本国松木为翠寒堂，不施丹雘，白如象齿，环以古松。碧琳堂近之。一山崔嵬，作观堂，为上焚香祝天之所。吴知古掌焚修，每三茅观钟鸣，观堂之钟应之，则驾兴。山背芙蓉阁，风帆沙鸟履舄下。山下一溪萦带，通小西湖，亭曰清涟。怪石夹列，献瑰逞秀，三山五湖，洞穴深杳，豁然平朗，翚飞翼拱。凌虚楼对瑞庆殿，损斋、缉熙、崇政殿之东，为钦先、孝思、复古、紫宸等殿。木围即福宁殿，射殿曰选德。坤宁殿，贵妃、昭仪、婕妤等位宫人直舍蜡聚焉。又东过阁子库、睿思殿，仪鸾、修内、八作、翰林诸司，是谓东华门。右二记书法详赡，宋之宫阙，概可见矣。

廉　察

徐文献公任浙西廉访使日，遇有诉讼者，必历问其郡邑官吏臧否，分为三等，载诸籍。第一等，纯臧者。第二等，臧否相半者。第三等，极否者。又用覆察相同，候分司按巡时，遂以畀之。曰第一等，褒举之；第二等，勿问；第三等，惩戒之使改过可也，慎勿罢其职役。分司遵奉，一道肃清。

宣　发

人之年壮而发斑白者，俗曰算发，以为心多思虑所致。盖发乃血之余，心主血，血为心役，不能上荫乎发也。然《本草》云："芜菁子压油涂头，能变蒜发。"则亦可作蒜。《易·说卦》："巽为寡发。"陆德明曰："寡，本作宣，黑白杂为宣发。"据此，则当用宣字为是。

檄书露布

檄书、露布，何所起乎？汉陈琳草檄，曹操见之，顿愈头风，遂谓檄起于琳。《说文》："檄，二尺书。"徐锴通释曰："檄，征兵之书也。汉高祖以羽檄征天下兵，有急，则插以羽。"《尔雅》："木无枝为檄。"注："檄，擢直上也。"《文心雕龙》有张仪《檄楚书》、隗嚣《檄亡新文》，《文选》有司马相如《喻蜀檄文》。则檄非自琳始也明矣。《隋・礼仪志》："后魏每战克，书帛于漆竿上，名露布。"《世说》："桓宣武征鲜卑，唤袁粲作露布，倚马，手不辍笔，俄成七纸。"如《隋志》、《世说》所云，则露布起于后魏，而晋因之。然《汉官仪》："凡制书皆玺封，唯赦赎令司徒印，露布州郡。"又《汉书》：贾洪为马超作伐曹操露布。则汉时已然。及读《初学记》引《春秋佐助期》曰："武露布，文露沉。"宋均云："甘露见其国，布散者人上武，文采者则甘露沉重。"岂露布之义当取于此与？

靸鞋

西浙之人，以草为履而无跟，名曰靸鞋。妇女非缠足者，通曳之。《炙毂子杂录》引《实录》云："靸鞋，舄，三代皆以皮为之，朝祭之服也。始皇二年遂以蒲为之，名曰靸鞋。二世加凤首，仍用蒲。晋永嘉元年用黄草，宫内妃御皆著，始有伏鸠头履子。梁天监中，武帝易以丝，名解脱履。至陈、隋间，吴、越大行，而模样差多。唐大历中进五朵草履子，建中元年进百合草履子。"据此，则靸鞋之制，其来甚古。然《北梦琐言》载"雾是山巾子，船为水靸鞋"之句，抑且咏诸诗矣。靸，悉合切，在飒字韵下，今俗呼与罢同音者，误。

书　手

世称乡胥为书手，处处皆然。《报应记》：宋衎，江淮人，应明经举。元和初，至河阴县，因疾病废业，为盐铁院书手。盖唐时已有此名。

卷十九

脉

人禀天地五行之气以生，手三阳、三阴，足三阳、三阴，合为十二经，以环络一身，往来流通，无少间断，其脉应于两手三部焉。夫脉者，血也。脉不自动，气实使之，故有九候之法。《内经》云："脉者，血之府。"《说文》云："血理分邪行体者，从𠂢，从血。"亦作脈。《通释》云："五藏六府之气血分流四体也。"《释名》云："脉，幕也。幕络一体。字从肉，从𠂢。𠂢音普拜切，水之邪流也。脉字从𠂢，取𠂢行之象。"无求子云："脉之字从肉，从𠂢，又作衇。盖脉以肉为阳，衇以血为阴。"华佗云："脉者，血气之先也。气血盛则脉盛，气血衰则脉衰，血热则脉数，血寒则脉迟，血微则脉弱，气血平则脉缓。"晋王叔和分为七表八里，可谓详且至矣。然文理繁多，学者卒难究白。宋淳熙中，南康崔子虚隐君嘉彦以《难经》于六难专言浮沉，九难专言迟数，故用为宗，以统七表八里而总万病。其说以为浮者为表、为阳，外得之病也，有力主风，无力主气，浮而无力为芤，有力为洪。又沉为实，沉者为里、为阴，内受之病也，有力主积，无力主气，沉而极小为微，至骨为伏，无力为弱。迟者为阴，主寒，内受之病也，有力主痛，无力主冷，迟而少驶为缓，短细为涩，无力为濡。数者为阳，主热，外得之病也，有力主热，无力主疮，数而极弦为紧，有力为弦，流利为滑。他若九道六极之殊，三焦五藏之辨，与夫持脉之道，疗病之方，其间玄妙，具在《四脉玄文》及《西原脉诀》等书，世以为秘授。始由隐君传之刘复真先生，先生传之朱宗阳炼师，炼师传之张玄白高士，今往往有得其法者，学者其求诸。

四司六局

俗称四司六局者，多不能举其目。《古杭梦游录》云：官府贵家置四司六局，各有所掌，故筵席排当，凡事整齐。都下街市亦有之，常时人户，每遇礼席，以钱倩之，四司六局皆可致。四司者，帐设司，厨司、茶酒司、台盘司也。六局者，果子局、蜜煎局、菜蔬局、油烛局、香药局、排办局也。凡四司六局人只应惯熟，便省宾主一半力。

稽古阁

《博古图》，宋徽庙朝所修书，故世知有博古之名，而不知更有稽古等阁。蔡京《保和殿曲燕记》云：宣和元年九月十二日，皇帝召臣京等燕保和殿。臣鯈等东曲水，朝于玉华殿。上步西曲水，循酴醾架，至太宁阁，登层峦、林霄、骞凤、垂云亭，始至保和。殿三楹，楹七十架，两挟阁，中楹置榻。东西二间，列宝玩与古鼎彝器玉。左挟阁曰妙有，设古今儒书史子楮墨。右曰日宣，道家金柜玉笈之书，与神霄诸天隐文。上步前行，稽古阁有宣王石鼓，历邃古、尚古、鉴古、作古、传古、博古、秘古诸阁，藏祖宗训谟，与夏、商、周尊彝鼎鬲爵斝卣敦盘盂，汉、晋、隋、唐书画，多不知识，上亲指示，为言其概。

经纪

今人以善能营生者为经纪。唐滕王元婴与蒋王皆好聚敛，太宗尝赐诸王帛，敕曰："滕叔、蒋兄自能经纪，不须赐物。"韩昌黎作《柳子厚墓志》云："舅弟卢遵，又将经纪其家。"则自唐已有此言。

庞居士

世斥贪利之人，必曰："汝便是庞居士矣。"盖相传以为居士家资巨万，殊用劳神，窃自念曰："若以与人，又恐人之我若，不如置诸无何有之乡。"因辇送大海中，举家修道，总成证果。又以为居士即襄阳庞德公。《释氏传灯录·庞居士传》云：襄州居士庞蕴者，衡州衡阳县人也。字道玄。世本业儒，志求真谛。德宗贞元初，谒石头迁禅师，豁然有省。后参马祖，问："不与万法为侣者，是甚么人？"答曰："待汝一口吸尽西江水，却向汝道。"遂于言下顿悟玄旨，乃留驻参承。有偈曰："有男不婚，有女不嫁，大家团栾头，共说无生话。"元和六年，北游襄汉，随处而居。女灵照，卖竹漉篱，以供朝夕。将入灭，谓曰："视日早晚以报。"灵照遽曰："日已中矣，而有蚀也。"居士出户观视，即登父座，合掌坐亡。居士曰："我女机锋捷矣。"更延七日。州牧于公頔闻之，来问，居士谓曰："但愿空诸所有，慎勿实诸所无。好住世间，皆如影响。"言讫，枕公膝而化。庞婆走田中谓其子庞大曰："汝父死矣。"庞大曰："嗄。"倚锄脱去。婆为焚烧毕，自后莫知其所。按此传，知非庞德公明矣，但亦不言其富何耶？辇财之说，特恐后人所傅会耳。然今之积金蓄谷，倍息计赢，校斗斛合龠，诈欺不得自休息，又否则射歉饥发积，授枚识出，布筹会入，穷日疲极而睡者，能以居士之事便作真想，岂不为养生之福哉！

宋朝家法

郑遂昌言：宋巨珰李太尉者，国亡，为道士，号梅溪。余童时，尝侍其游故内，指点历历如在。过葫芦井，挥涕曰："是盖宋之先朝位，上钉金字大牌曰：皇帝过此，罚金百两。"近周申父言，先表叔祖金二提举，住杭州，暗问其室氏，乃宋内夫人。余年十四五，尚犹识之，但两鬓俱秃。问知在宫中任此职者，例裹巾，巾带之末，各缀一金钱，每晨用以掠发入巾，故久而致然也。因曰："吾为内夫人日，每日轮流六人侍帝左右，以纸一番，从后端起笔，书帝起居，旋书旋卷，至暮，封付史馆。"内夫人别居一宫，宫门金字大牌曰：官家无故至此，罚金一镒。以二者言之，可见宋朝家法之严。

阑驾上书

至正乙酉冬，朝廷遣官奉使宣抚诸道，问民疾苦，然而政迹昭著者十不二三。明年秋，江右儒人黄如征邀驾上书，指数散散、王士宏等罪状，且及国家利害。斧钺在前，有所不避，古之所谓豪杰之士，如征其人者与？天子亲览其书，喜见于色，又虞如征必为权豪所中，顾近臣馆谷以俟。越数日，特授江西等处儒学提举，敕侍卫护送出都。如征感上德意，受命而不领职，天下共贤之。散散、王士宏等虽免谴责，终以不显死。其书略曰：江西布衣书生黄如征，百拜上书皇帝陛下：如征忝生僻土，遭遇明时。用竭愚衷，冒干天听，伏望采览万一焉。夫皇朝版图之广，历古所无，法制之良，万世莫易。而水旱灾变，连年不息者，实由官皆污滥，民悉怨咨之所致也。钦惟陛下，忧民之心，日夕孜孜，遂于去年冬分遣大臣奉使宣抚诸道，正欲其察政事之臧否，问生民之疾苦，礼贤德，振贫乏，信冤抑，起淹滞，俾所至之处，如陛下亲临焉。苟能宣布圣泽，各尽乃职，则雍熙、泰和之治，正在今日。然江西福建一道，地处蛮方，去京师万里外，传闻奉使之来，皆若大旱之望云霓，赤子之仰慈母。而散散、王士宏等，不体圣天子抚绥元元之意，鹰扬虎噬，雷厉风飞。声色以淫吾中，贿赂以缄吾口。上下交征，公私朘剥。赃吏贪婪而不问，良民涂炭而罔知。闾阎失望，田里寒心，乃歌曰："九重丹诏颁恩至，万两黄金奉使回。"又歌曰："奉使来时惊天动地，奉使去时乌天黑地。官吏都欢天喜地，百姓却啼天哭地。"又歌曰："官吏黑漆皮灯笼，奉使来时添一重。"如此怨谣，未能枚举，皆万姓不平之气，郁结于怀，而发诸声者然也。此盖庙堂遴选非人，使生民感陛下忧恤之虚恩，受奉使掊剥之实祸。陛下于此而不察，将何以取法于后世哉！如征，无官守，无言责，所以不惮江河之险，不畏斧钺之诛，而诣阙以陈其事者，正恐散散、王士宏等回觐之日，各饰巧言，妄称官清民泰，欺诈百端，昏蔽主聪。陛下不悟，为奸邪所卖，擢任省台，恣行威福，流毒四海，则江西福建一道之痛苦，与天下共之。以此而望阴阳和，风雨时，年岁登，边隅静，不亦难乎？倘陛下不弃蒭荛之言，委官察其实迹，责以欺天罔民之罪，投诸遐荒，雪江西福建一道之痛苦，以为百官劝，则天下幸甚，万世幸甚。如陛下以为诽谤大臣，置而不问，非惟今日祸起萧墙，抑且天下万世之不幸矣。如征鄙语俗言，不知避讳，触犯清跸，罪在不赦，请伏锧以俟命。

钱武肃铁券

吾乡钱叔琛氏赟，乃武肃王之诸孙也。其家在郡城外东北隅，亭台沼沚，联络映带，犹是先朝赐第。与余相友善，尝出示所藏铁券。形宛如瓦，高尺余，阔二尺许。券词黄金商嵌，一角有斧痕。盖至元丙子天兵南下时，其家人窃负以逃而死于难，券亦莫知所在，越再丙子，渔者偶网得之，乃在黄岩州南地名泽库深水内，渔意宝物，试斧击之，则铁焉，因弃诸幽。一村学究与渔邻，颇闻赐券之说，买以铁价。然二人皆不悟其字乃金也。有报于叔琛之兄者，用十斛谷易得。青毡复还，诚为异事。时余就录券词一通，叔琛又出武肃当日谢表稿并录之。昨晚检阅经笥，偶得于故纸中，转首已三十余年矣。人生能几何哉！谩志于此。词云：维乾宁四年，岁次丁巳，八月甲辰朔，四日丁未，皇帝若曰：咨尔镇海镇东等军、节度浙江东西等道、观察处置营田招讨等使、兼两浙盐铁制置发运等使、开府仪同三司、检校太尉、兼中书令、使持节润越等州诸军事、兼润越等州刺史、上柱国、彭城郡王、食邑五千户、食实封一百户钱镠：朕闻铭邓隲之勋，言垂汉典；载孔悝之德，事美鲁经。则知褒德策勋，古今一致。顷者，董昌僭伪，为昏镜水，狂谋恶贯，渫染齐人。而尔披攘凶渠，荡定江表。忠以卫社稷，惠以福生灵。其机也氛祲清，其化也疲羸泰。拯瓯越于涂炭之上，师无私焉；保余杭于金汤之间，政有经矣。志奖王室，绩冠侯藩。溢于旂常，流在丹素。虽钟繇刊五熟之釜，窦宪勒燕然之山，未足显功，抑有异数。是用锡其金版，申以誓词。长河有似带之期，泰山有如拳之日。唯我念功之旨，永将延祚子孙。使卿长袭宠荣，克保富贵。卿恕九死，子孙三死，或犯常刑，有司不得加责。承我信誓，往惟钦哉；宜付史馆，颁示天下。表云：恩主赐臣金书铁券一道，臣恕九死、子孙三死者，出于睿眷，形此纶言。录臣以丝发之劳，赐臣以山河之誓。镌金作字，指日成文。震动神祇，飞扬肝胆。伏念臣爰从筮仕，迨及秉麾，每自揣量，是何叨忝。所以行如履薄，动若持盈。惟忧福过祸生，敢忘慎初护末。岂期此志上感宸聪，忧臣以处极多危，虑臣以防微不至，遂开圣泽，永保私门，屈以常刑，宥其必死。虽君亲嘱念，皆云必怒必容；而臣子为心，岂敢伤慈伤爱。谨当日慎一日，戒子戒孙。不敢因此而累恩，不敢乘此而贾祸。圣主万岁，愚臣一心。按史：唐僖宗乾符五年，王仙芝余党曹师雄寇掠二浙，杭州募兵使石镜、都将董昌等，将以讨之，临安人钱镠，以骁勇事昌为兵马使。中和元年，昌为杭州刺史。光启二年，昌谓镠曰："汝能取越州，吾以杭授汝。"镠攻克之，昌遂徙越，以镠知杭州事。三年，昌为浙东观察使，镠为杭州刺史。昭宗景福元年，为武胜军防御使。二年，为镇海节度使。乾宁二年，昌僭号，镠遗书曰："与其关门作天子，与九族百姓俱陷涂炭，岂若开门作节度使，终身富贵耶？"昌不听。镠以状闻，削夺昌官爵，委镠讨之。三年，昌伏诛。镠令两浙吏民上表，请兼领浙东。朝廷不得已，以为镇海镇东节度使，改威胜曰镇东。天复二年，进爵越王。天祐元年，更封吴王。梁太祖开平元年，以为吴越王。乾化二年，加尚父。末帝贞明二年，以为诸道兵马元帅。三年，以为天下兵马元帅。龙德三年，以为吴越王。镠始建国，仪卫名称多如天子之制，惟不改元。置百官，有丞相、侍郎、客省等使。唐明宗天成四年，削镠官爵。初，镠尝遗安重诲书，辞礼甚倨。及朝廷遣奉使乌昭遇、韩玫使镠还，玫奏，昭遇见镠，称臣拜舞，重诲奏赐昭遇死。镠以太师致仕，自余官爵皆削之。长兴三年，镠卒。镠寝疾，出印钥授子元瓘，曰："子孙善事中国，勿以易姓废事大之礼。"卒年八十一。史称乾宁三年秋九月，以镠为镇海镇东节度使，而券词乃四年秋八月，何耶？史称仪卫名称多如天子之制，惟不改元，程大昌《演繁露》云：宝正六年，岁在辛卯，见封落星石制书。辛卯乃唐明宗长兴二年。宝太元年，罗隐记新城县记云癸未岁。癸未乃唐庄宗同光元年。以此知吴越虽禀中原正朔，既长兴、同光年号，与其宝正、宝太，同岁而名不同，知吴越自尝改元审矣。又僧文莹《湘山野录》云：唐昭宗以钱武肃平董昌，拜为镇海镇东节度使、中书令，赐铁券，罗隐为撰谢表。殆庄宗入洛，又遣使贡奉，恳请玉册金券。有司定议，非天子不得用，后竟赐之。镠即以节钺授其子元瓘，自称吴越国王，名其居曰殿，官属悉称臣。又于衣锦军大建玉册、金券、诏书三楼，遣使册东夷诸国，封拜其君长，几极其势，与向之谢表所陈处极防微、累恩贾祸之诫，殊相戾矣。禅月贯休尝以诗投之，有“满堂花醉三千客，一剑霜寒十四州”之句，镠爱其诗，遣客吏谕之曰：教和尚改十四为四十，方与见。休性匾介，谓吏曰：“州亦难添，诗亦不改，然闲云野鹤，何天而不飞耶？”遂飘然入蜀。镠后果为安重诲奏削王爵，以太师致仕。重诲死，明宗乃复镠爵位。夫武肃之逾越，固莫逃乎二书所论。

射字法

有教予射字法，必须彼我二人俱聪明，熟于翻切，优于记问者，方乃便捷。倘遇人以诗词或言语示我，彼在隔坐，不及知闻，我则拊掌，彼便说出，与所示同。然片段文章皆可成诵，非特一句一字而已。用拊掌代击鼓，殊无勾肆市井俗态。此天下太平，优游无事，谩以取一时之笑乐耳。使鼙鼓之声震天，干戈之锋耀日，又能留情于此？耶其法：七字诗十二句，逐句排写，前四句括定字母，后八句括定叶韵。诗曰：轻轻牵。兵兵边。平平便。明明眠。逢○○。兴兴掀。征，征煎。经经坚。迎迎年。甹甹偏。停停田。应应烟。成成涎。声，声膻。清清干。澄澄缠。星星鲜。晴晴涎。丁丁颠。檠檠虔。盈，盈延。能能○。称称千。非○○。精精煎。零零连。汀汀天。橙。橙缠。东蒙锺江支兹为，微鱼胡模齐乖佳，灰咍真谆臻匡亏，元魂痕寒欢关山，先森萧宵爻豪歌，戈麻阳唐耕斜荣，青蒸登尤侯车侵，潭谈盐添横光凡。如欲切春字，清谆，清清千春，清字在第三行第一字，谆字在第七行第四字，拊掌则前三后一。少歇，又前七后四。夏字平声为霞，盈麻，盈盈延霞，盈字在第三行第七字，麻字在第十行第二字，拊掌则前三后七。少歇，又前十后二。少歇，又三。盖夏字去声，所以又三也。若入声，则四矣。余仿此。但字母不离二十八字，而叶韵莫逃五十六字，此为至要。后见《宾退录》一则，与此略同，并志之。其曰：俗间有击鼓射字之伎，莫知所始。盖全用切字，该以两诗，诗皆七言。一篇六句，四十二字，以代三十六字母，全用五支至十二齐韵，取其声相近，便于诵习。一篇七句，四十九字，以该平声五十七韵，而无侧声。如一字字母在第三句第四字，则鼓节前三后四，叶韵亦如之。又以一二三四为平上去入之别。亦有不击鼓而挥扇之类，其实一也。诗曰：西希低之机诗资，非卑妻欺痴梯归，披皮肥其辞移题，携持齐时依眉微，离为儿仪伊锄尼，醯鸡篦溪批毗迷。此字母也。罗家瓜蓝斜凌伦，思戈交劳皆来论，留连王郎龙南关，卢甘林峦雷聊邻，帘栊羸娄参辰阑，楞根弯离驴寒间，怀横荣鞋庚光颜。此叶韵也。

神人狮子

松江之横云山，古冢累累然，世传以为多晋陆氏所藏。山人封生业盗冢，至正甲辰春，发一冢，冢砖上有“太元二年造”五字。按：太元，东晋武帝时也。逆数而上，计九百一十余年矣。或者谓，冢有志石，但恐事泄，秘弗示人。冢中得古铜罍、勺、壶、洗、尊、鼎、杂器物二百余件。内一水滴，作狮子昂首轩尾走跃状，而一人面部方大，髭须飘萧，骑狮子背。左手握无底圆桶，右手臂鹰。人之脑心为窍，以安吸子。吸子顶微大，正盖脑心，俨一席帽胡人。衣褶及狮鹰羽毛，种种备具。通身青绿，吸子浑若碧玉。论其制作肤理，则非晋人所能，乃汉器无疑，必其平生宝惜，而以殉葬。约长五寸，高四寸许，诚奇物也。至秋，夏士安偶过生，生出以售，捐钱五十缗买之归，剔凿沙土，饰泽蜡石，神气百倍于昔，韫椟保藏，时以示博古好雅者。一日，为有势力时贵夺去。昔鲜于困学公尝畜一水滴，正与士安者大同小异，相承曰蛮人狮子，爱之未尝去手。寓杭州断桥日，临湖有水阁，倚阑把玩，偶坠吸子于湖水中，百计求之不可见，悒怏慨叹，形神为之凋枯。既他往，逾三年，复来杭，仍居昔所寓舍，追怀故物，注视湖波，适当霜降水净之时，吸子俨在土内，亟命仆下取，欣然如获至珍，即易号曰神人狮子。遂序述颠末，求馆阁诸老与夫骚人雅士，歌咏以张之，浸成巨轴。公殁，子孙不能世守，水滴与诗卷皆归婺州陶氏。陶亦不能久有，又将求善贾而沽诸。今不知所在。自我朝百余年来，仅闻公得其一于先，而士安得其一于今，非若他古铜器比，可以屈指数也。

至元钞样

中书左丞叶公亦愚李，钱唐人，宋太学生，上书诋贾似道公田、关子不便，专权误国。似道怒，嗾林德夫告公泥金饰斋匾不法，令狱吏鞫之，云："只要尔做一个麻糊。"公即口占一诗曰："如今便一似麻糊，也是人间大丈夫。笔里无时那解有，命中有处未应无。百千万世传名节，二十三年非故吾。寄语长安朱紫客，尽心好上帝王书。"遂遭黥，流岭南。及蒙恩放还，与似道遇诸途，公以词赠云："君来路，吾归路，来来去去何时住。公田关子竟何如，国事当时谁汝误。雷州户，厓州户，人生会有相逢处。客中颇恨乏蒸羊，聊赠一篇长短句。"归附后，入京上书言时相，并献至元钞样。此样在宋时固尝进呈，请以代关子，朝廷不能用，故今别改年号而复献之。世皇嘉纳，便用铸板。以功累官至今任而终。

妓聪敏

歌妓顺时秀，姓郭氏，性资聪敏，色艺超绝，教坊之白眉也。翰林学士王公元鼎甚眷之。偶有疾，思得马版肠充馔，公杀所骑千金五花马，取肠以供。至今都下传为佳话。时中书参政阿鲁温尤属意焉，因戏谓曰："我比元鼎如何？"对曰："参政，宰相也。学士，才人也。燮理阴阳，致君泽民，则学士不及参政。嘲风咏月，惜玉怜香，则参政不如学士。"参政付之一笑而罢。郭氏亦善于应对者矣。

日无光

至正辛丑四月朔日，日未没三四竿许，忽然无光，渐渐作蕉叶样，天且昏黑如夜，星斗粲然，饭顷方复旧，天再明，星斗亦隐，又少时，乃没。按《天官书》、王隐《晋书》曰："日无光，臣有阴谋。"京房《易传》曰："臣专刑，兹谓分威，蒙微而日不明。"

松江志异

至正壬寅八月中，上海县三十四保辰字围金寿一家，已阉雄狗生小狗八，其一嘴爪红如鲜血然。犬之为妖，多见于占验之书，而未有若此者。若男变为女，男子孕育，则尝闻之古昔。盖阳衰阴盛，兵戈乱离之兆。今夫牡物而生儿，阳化阴也。又犬属火，一嘴爪红，红亦火也，岂非主兵主火者与？甲辰四月十三日，华亭县五保杨巷邵浦云之西清庵廊屋一十九间，每间屋柱皆有声，其声若以桶覆水面而击其底者，人以手按之，则振掉而起，经时乃止。按《乾坤变异录》：人君宫室无故有音声，主兵起，若人家，主家亡。六月二十三日夜四更，松江近海去处，潮忽骤至，人皆惊讶，以非正候，至辰时，潮方来，乃知先非潮也。后见湖泖人说，湖泖素不通潮，忽平拥起，高三四尺，若潮涨之势，正与此时同。又闻平江、嘉兴亦如之。按《五行志》："水自盈溢，主兵兴。"《乾坤变异录》："河水大壅，臣下执政有背叛。"

郡县君

国朝品官母妻，四品赠郡君，五品赠县君。然古邦君之妻，邦人曰小君。《礼·士丧》："妾不得匹其夫，必曰君，妻曰女君。"后世封羊祜妻为万岁君，则此可为令甲之原。

面不畏寒

人之四支百骸，莫不畏寒，独面则否。医书谓：头者，诸阳之会，诸阴脉至颈及胸而还，独诸阳脉上至头，所以然也。

卷二十

纳　音

六十甲子之有纳音，世人鲜知其理。尝观《笔谈》有曰：六十甲子纳音，盖六十律旋相为宫也。一律合五音，十二律纳六十音也。凡气，始于东方而右行，音，起于西方而左行，阴阳相错而生变化。所谓气始于东方者，四时始于木，右行，传于火，火传于土，土传于金，金传于水。所谓音始于西方者，五音始于金，左旋，传于火，火传于木，木传于水，水传于土。纳音与《易》纳甲同法，乾纳甲而坤纳癸，始于乾而终于坤。纳音始于金，金，乾也。终于土，土，坤也。纳音之法，同类娶妻，隔八生子，此《汉志》语也。此律吕相生之法也。五行先仲而后孟，孟而后季，此遁甲三元之纪也。甲子，金之仲，黄钟之商。同位娶乙丑，大吕之商，同位，谓甲与乙、丙与丁之类，下皆仿此。隔八下生壬申，金之孟。夷则之商，隔八，谓大吕下生夷则也。下皆仿此。壬申同位娶癸酉，南吕之商。隔八上生庚辰，金之季。姑洗之商，此金三元终。若只以阳辰言之，则依遁甲逆传仲、孟、季。若兼妻言，则顺传孟、仲、季也。庚辰同位娶辛巳，仲吕之商。隔八下生戊子，火之仲。黄钟之徵，金三元终，则左行传南方火也。戊子娶己丑，大吕之徵。生丙申，火之孟。夷则之徵。丙申娶丁酉，南吕之徵。生甲辰，火之季。姑洗之徵。甲辰娶乙巳，中吕之徵。生壬子，木之仲。黄钟之角，火三元终，则左行传于东方木。如是左行，至于丁巳。中吕之宫，五音一终。复自甲午金之仲娶乙未，隔八生壬寅，一如甲子之法，终于癸亥。谓蕤宾娶林钟，上生太簇之类。自子至于巳为阳，故自黄钟至于中吕皆下生。自午至于亥为阴，故自林钟至于应钟皆上生。甲子乙丑金，与甲午乙未金虽同，然甲子乙丑为阳律，阳律皆下生。甲午乙未为阳吕，阳吕皆上生。六十律相反，所以分为一纪也。得此一说，固已判然。及读《瑞桂堂暇录》，亦论及此，则尤明白简易。其曰：六十甲子之纳音，此以金木水火土之音而明之也。一六为水，二七为火，三八为木，四九为金，五十为土。然五行之中，惟金木有自然之音，水火土必相假而后成音。盖水假土，火假水，土假火。故金音四九，木音三八，水音五十，火音一六，土音二七。此不易之论也。何以言之？甲己、子午，九也。乙庚、丑未，八也。丙辛、寅申，七也。丁壬、卯酉，六也。戊癸、辰戌，五也。巳亥，四也。甲子、乙丑，其数三十有四，四者，金之音也，故曰金。戊辰、己巳，其数二十有八，八者，木之音也，故曰木。庚午、辛未，其数三十有二，二者，火也，土以火为音，故曰土。甲申、乙酉，其数三十，十者，土也，水以土为音，故曰水。戊子、己丑，其数三十有一，一者，水也，火以水为音，故曰火。凡六十甲子皆然，此纳音之所起也。大抵六十甲子，历也，纳音，律也。支干，纳音之别也。此天地自然之数。《河图》，生数也。生者左旋，故以中央之土而生西方之金，西方之金而生北方之水，北方之水而生东方之木，东方之木而生南方之火，南方之火而复生中央之土。《洛书》，克数也。克者右转，故以中央之土而克北与西北之水，北与西北之水而克西与西南之火，西与西南之火而克南与东南之金，南与东南之金而克东与东北之木，东与东北之木而又克中央之土。此《图》、《书》生克自然之数也。又见日家一书，专解海中、炉中之类，其辞虽凿，亦自颇通，因并录之。曰：甲子、乙丑海中金者，子属水，又为湖，又为水旺之地，兼金死于子，墓于丑，水旺而金死墓，故曰海中金也。丙寅、丁卯炉中火者，寅为三阳，卯为四阳，火既得地，又得寅卯之木以生之，此时天地开炉，万物始生，故曰炉中火也。戊辰、己巳大林木者，辰为原野，巳为六阳，木至六阳，则枝荣叶茂，以茂盛之木而在原野之间，故曰大林木也。庚午、辛未路傍土者，未中之木而生午位之旺火，火旺则土于斯而受刑，土之始生，未能育物，犹路傍土若也，故曰路傍土也。壬申、癸酉剑锋金者，申酉，金之正位，兼临官申，帝旺酉，金既生旺，则诚刚矣，刚则无逾于剑锋，故曰剑峰金也。甲戌、乙亥山头火者，戌亥为天门，火照天门，其光至高，故曰山头火也。丙子、丁丑涧下水者，水旺于子，衰于丑，旺而反衰，则不能为江河，故曰涧下水也。戊寅、己卯城头土者，天干戊己属土，寅为艮山，土积而为山，故曰城头土也。庚辰、辛巳白镴金者，金养于辰，生于巳，形质初成，未能坚利，故曰白镴金也。壬午、癸未杨柳木者，木死于午，墓于未，木既死墓，虽得天干壬癸之水以生之，终是柔弱，故曰杨柳木也。甲申、乙酉井泉水者，金临官申，帝旺酉，金既生旺，则水由是以生，然方生之际，力量未洪，故曰井泉水也。丙戌、丁亥屋上土者，丙丁属火，戌亥为天门，火既炎上，则土非在下而生，故曰屋上土也。戊子、己丑霹雳火者，丑属土，子属水，水居正位，而纳音乃火，水中之火，非神龙则无，故曰霹雳火也。庚寅、辛卯松柏木者，木临官寅，帝旺卯，木既生旺，则非柔弱之比，故曰松柏木也。壬辰、癸巳长流水者，辰为水库，巳为金长生之地，金生则水性已存，以库水而逢生金，则泉源终不竭，故曰长流水也。甲午、乙未沙中金者，午为火旺之地，火旺则金败，未为火衰之地，火衰则金冠带，败而方冠带，未能斫伐，故曰沙中金也。丙申、乙酉山下火者，申为地户，酉为日入之门，日至此时而藏光，故曰山下火也。戊戌、己亥平地木者，戌为原野，亥为木生之地，夫木生于原野，则非一根一株之比，故曰平地木也。庚子、辛丑壁上土者，丑虽土家正位，而子则水旺之地，土见水多，则为泥也，故曰壁上土也。壬寅、癸卯金箔金者，寅卯为木旺之地，木旺则金羸，又金绝于寅，胎于卯，金既无力，故曰金箔金也。甲辰、乙巳覆灯火者，辰为食时，巳为禺中，日之将中，艳阳之势，光于天下，故曰覆灯火也。丙午、丁未天河水者，丙丁属火，午为火旺之地，而纳音乃水，水自火出，非银汉不能有也，故曰天河水也。戊申、己酉大驿土者，申为坤，坤为地，酉为兑，兑为泽，戊己之土加于坤泽之上，非其他浮薄之土也，故曰大驿土也。庚戌、辛亥钗钏金者，金至戌而衰，至亥而病，金既衰病，则诚柔矣，故曰钗钏金也。壬子、癸丑桑柘木者，子属水，丑属金，水方生木，金则伐之，犹桑柘方生，人便以喂蚕，故曰桑柘木也。甲寅、乙卯大溪水者，寅为东北维，卯为正东，水流正东，则其性顺，而川涧池沼俱合而归，故曰大溪水也。丙辰、丁巳沙中土者，土库辰绝巳，而天干丙丁之火至，辰冠带巳，临官土，既库绝，旺火复与生之，故曰沙中土也。戊午、己未天上火者，午为火旺之也，未中之木又复生之，火性炎上，及逢生地，故曰天上火也。庚申、辛酉石榴木者，申为七月，酉为八月，此时木则绝矣，惟石榴之木反结实，故曰石榴木也。壬戌、癸亥大海水者，水冠带戌，临官亥，水临官冠带，则力厚矣，兼亥为江，非他水之比，故曰大海水也。

化　气

甲己土，乙庚金，丁壬木，丙辛水，戊癸火，此十干化五行真气也。其法，取岁首月建之干如甲己丙作首，丙属火，火生土，故化土。馀仿此。又一说亦通，谓遇龙则化。龙，辰也。甲己得戊辰，戊属土，故化土。乙庚得庚辰，庚属金，故化金。丙辛以下皆然。

应聘不遇

胡石塘先生尝应聘入京，世皇召见于便殿，趋进张皇，不觉笠子攲侧。上问曰："秀才何学？"对曰："修身齐家治国平天下之学。"上笑曰："自家一笠尚不端正，又能平天下耶？"然怜其贫，特授扬州路儒学教授。吁，以先生之学行而不见遇于明君，是果命矣夫！

皇舅墓

河间路景州蓨县河浒一土阜，相传为皇舅墓。自国家奄混区夏，即有谣云："皇舅墓门闭，运粮向北去。水浄墓门开，运粮却回来。"至正辛卯，中原大水，舟行木杪间，及水退，土阜崩圮，墓门显露，继后天下多事，海道不通。先是，张蜕庵翥尝有诗云："青州刺史河上坟，坟不可识碑仍存。维舟上读半磨灭，使君乃缘戚里恩。当时赐葬宜过厚，冢阙树立须雄尊。岂知陵谷有迁变，石马尽没龟趺蹲。驿夫指我原傍岸，县官恐坠移高原。岸滨往往多古冢，零落空余秋草根。至今父老传谶记，野人之语那足论。我疑其藏必深锢，或谓已被湍流吞。安得壮士塞河水，万古莫令开墓门。"读公之诗，伤今之世，则谶纬之说诚不可诬矣。

真　率　会

林昉《田间书》载《会友人游山檄》云："人有残缣败素，绘一山一水，爱之若宝，售之必千金。至于目与真景会，则略不加喜，毋乃贵伪而贱真耶？求乐之真，今日正在我辈。春雪既霁，春风亦和，或坐钓于鸥边，或行歌于犊外。百年瞬息，欢乐几何！肴核杯盘，随意所命，毋以丰约拘也。檄书驰告，盍勇而前。"此文殊清新。向予避兵云间泗滨时，其地有林泉之胜，而无烽燧之虞，同时嘉遁者，皆文人高士，因仿司马温公故事，俾予作约语云："百岁光阴，万物乃天地逆旅；四时行乐，我辈亦风月主人。幸居同泗水之滨，况地接九山之胜。尽可傍花随柳，庶几游目骋怀。节序骎骎，莫负芒鞋竹杖；杯盘草草，何惭野蔌山肴。虽云一饷之清欢，亦是百年之嘉话。敢烦同志，互作遨头。慨元祐之耆英，衣冠远矣；集永和之少长，觞咏依然。订约既勤，践言弗替。"用附于此，以见真率之会不让游山之乐也。

珠　帘　秀

歌儿珠帘秀，姓朱氏。姿容姝丽，杂剧当今独步。胡紫山宣慰极钟爱之，尝拟《沉醉东风》小曲以赠云："锦织江边翠竹，绒穿海上明珠。月淡时，风清处，都隔断落红尘土。一片闲情任卷舒，挂尽朝云暮雨。"冯海粟先生亦有《鹧鸪天》云："十二阑干映远眸，醉乡空断楚天秋。虾须影薄微微见，龟背纹轻细细浮。红雾敛，翠云收，海霞为带月为钩。夜来卷尽西山雨，不著人间半点愁。"皆咏帘以寓意也。由是声誉益彰。

汉儿字圣旨

至元丙子秋八月，宋扬州守臣朱焕以城降。后于焕之孙道存家，钦睹世祖招谕诏旨，其文曰：上天眷命大元皇帝圣旨：谕淮安州安抚朱焕。据陈楚客奏，臣与朱安抚同年，又有通家之好，自戊午归顺之后，不相见者十有八载。今王师吊伐，诸道并进，数内一路，领涟河、清河将士，攻取淮东未附州郡，切恐城陷之日，玉石俱焚，臣于故人情分，不容缄默。且彼所以婴城自守者，无他，原其本心，但未知趋向之方，初无执迷抗拒之意。今大江南北，西至全蜀，悉入版图。若蒙圣慈，特发使命，宣示德音，开其生路，彼亦识时达变之士也，宁不以数万生灵为念乎？臣昧死上言，伏候敕旨。准奏，今遣使特旨前去，宣布大信，若能识时达变，可保富贵，应在城守御将帅同谋归顺者，意不殊此。故兹诏示，想宜知悉。至元十二年七月日。白麻正书，北方谓之汉儿字圣旨。此诏岁月在城未降一载先，则焕之来归必先有所期矣。焕之子德辉，承父荫，仕至汉阳同知。道存，德辉之子也，亦以父荫仕至江阴知事，既而复受伪周户部主事之职，将命扬州，被执至淮安，杀之。弟兄子侄客居上海，又悉死于苗獠之劫掠。焕之宗族，所遗殆无噍类。夫焕既不能尽忠于前，而道存又不能尽忠于后，被执遭戮之地，适在扬州、淮安，天之报施，固其宜也。谩书于此，以为畔逆之劝。

碧澜妾

吴兴赵公碧澜，宋宗室也，老而益贫。二妾方少艾，虑无以安其心，因遣之去。咸弗肯嫁，数献肴酒，致殷勤焉。公于卒也，覆诸水，曰："慎毋再见。昔吾割情忍爱以去尔，尔弗我忘，只搅我心耳。"既而各与其父母俱至，泣而言曰："妾家每岁请给，足可养赡，愿执事终身，为尼以报主恩。"公遂复留之。他日，公死，果如所言。公有寡女，复资育之。四明黄伯成先生玠尝有诗曰："感之以诚感必深，应之以真应必捷。真情一合了弗离，听我长歌碧澜妾。碧澜亦是诸王孙，世殊事异老且贫。少陵尚爱燕玉暖，况是当时真贵人。春衣典尽春寒峭，二妾朱颜正姝好。忍将罗带拆同心，懊恨浮生头白早。珠钿翠靥幸仅存，此时犹及嫁夫君。十二楼头燕子去，挥手不用留仙裙。去妾相悲两相约，既去犹烦送肴酌。主君讵忍覆弃之，见此翻令心绪恶。一心专天天得知，忍著主衣还事谁。遂携衾襆与俱来，后君死者当为尼。碧澜堂下双溪水，使客往来岂知此。不愿新欢恋旧恩，千万人中两人耳。”

箕仙咏史

悬箕扶鸾召仙，往往皆古名人高士来格，所作诗文，间有绝佳者。意亦英爽不昧之鬼，依凭精魄，以阐扬其灵怪耳。友人檇李顾元凯舜举亦善此术，尝召一仙至，大书曰：“独乐园主也，可命题。”众以咏史请，鸾不停留，作成长篇，自非熟于史学者弗能焉，殊不知此等为何如鬼也。诗曰：“三皇之前不可传，尧舜垂衣化自然。夏衰商败兵革起，征讨有罪非传贤。苍姬种德极深厚，历载八百何绵绵。孔丘孟轲不得位，唯有文字登书编。春秋笔削严一字，诛恶褒善持大权。丘明作传详本末，下迨战国何茫然。秦皇并吞六王毕，始废封建迷井田。功高自谓传万世，仁义不施徒托仙。东游弗返祖龙死，赤灵火德明中天。汉朝文景称至治，刑措可比成康前。无端杂用黄老术，是以未得称其全。王莽贼臣篡汉祚，赖有光武如周宣。云台名将应列宿，婉婉良策扶戎轩。绝胜高祖醢彭越，可比周召终天年。崇儒往谒曲阜庙，典章灿灿罗星躔。后人不省创业苦，宠任阉宦皆貂蝉。西园鬻爵诚可耻，党锢忠士灾何延。一朝曹氏帝称魏，铜驼荆棘生荒烟。关张早死后主弱，典午自帝开坤埏。五胡云扰乱中国，五马南渡何翩翩。六朝兴废有得失，岂知合并归杨坚。琼花城里建宫阙，汴河春水浮龙船。乱离思治否复泰，唐室高祖催飞骞。秦王神武不可及，遂承天祚传高玄。大纲不正有惭色，我尝抚卷思其渊。纷纷女祸握神器，扰扰藩镇横戈鋋。乘舆避乱数奔窜，翠华几度游西川。黄巢残贼不忍说，白骨山积血成泉。侵凌渐使唐祚绝，江海虽大犹涓涓。朱温降将乃一贼，僭号暂时得复失。后唐石晋暨知远，但以功利不尚德。周家亦僭登天基，独有世宗明治术。我朝列圣皆深仁，天下苍生得苏息。史书浩浩充屋栋，人主欲观宁遍及。小臣纂集作通鉴，治乱兴亡明似日。愿言乙夜细垂观，比美成王戒无逸。”

夫妇同棺

张春儿，叶县军士李清之妻也。年二十，清疾革，顾谓春曰："吾殆矣，汝其善事后人。"春截发示信，誓弗再适。未几，清死，春恸垂绝，且嘱匠人曰："造棺宜极大，将以尽纳亡者衣服弓剑之属。"匠如其言，既敛，乃自经，邻里就用此棺同葬之。事上于朝，旌其墓。时至正戊子也。呜呼！春儿生长寒微，不闲礼节，尚知夫妇大义如此，顾世之名门巨族，动以衣冠自眩，往往有夫骨未寒而求匹之念已萌于中者，岂不为春儿万世之罪人也与！

宋幼主诗

"寄语林和靖，梅花几度开？黄金台下客，应是不归来。"此宋幼主在京都所作也。始终二十字，含蓄无限凄戚意思，读之而不兴感者几希。

孔掾史

孔某者，皇庆癸丑间，为江浙省掾史。身躯短小，仅与堂上公案相等。凡呈署牍文，必用低凳阁足令高。脱欢丞相以其先圣子孙，而且才学优长，甚礼遇之。时有诏许文正公从祀夫子庙庭，公之子参知政事恶孔风度不雅，因小过，叱之退。丞相曰："他祖公容得参政父亲坐，参政反不容他一个子孙立耶？"许大惭。

挽文教授诗

至元间，宋文丞相有子，出为郡教授，行数驿而卒，人皆作诗以悼之。闽人翁某一联云："地下修文同父子，人间读史各君臣。"独为绝唱。

狷洁

郑所南先生思肖，福州连江人，宋太学上舍，应博学宏词科，刚介有立志。会天兵南，叩阙上疏，犯新禁，众争目之，由是遂变今名。曰肖，曰南，义不忘赵北面他姓也。隐居吴下，一室萧然，坐必南向。岁时伏腊，望南野哭，再拜而返。人莫识焉。誓不与朔客交往，或于朋友坐上见有语音异者，便引去，人咸知其狷洁，亦弗为怪。工画墨兰，不妄与人。邑宰求之不得，闻先生有田三十亩，因胁以赋役取。先生怒曰："头可斫，兰不可画。"尝自写一卷，长丈余，高可五寸许，天真烂熳，超出物表，题云："纯是君子，绝无小人。深山之中，以天为春。"《过齐子芳书塾》云："此世但除君父外，不曾别受一人恩。"《寒菊》云："御寒不藉水为命，去国自同金铸心。"其忠肝义胆，于此可以见之。晚年究竟性命之学，以寿终。

雁书

"霜落风高恣所如，归期回首是春初。上林天子援弓缴，穷海累臣有帛书。中统十五年九月一日放雁，获者勿杀。国信大使郝经书于真州忠勇军营新馆。"右五十九字，郝公书也。公字伯常，泽州陵川人，世皇召居潜邸。岁己未，扈从济江，授江淮宣慰司副使。中统元年，拜翰林侍读学士，充国信使，使宋，宋馆于真州，凡十有六年，始得归。此书当在至元十一年。是时南北隔绝，但知纪元为中统也。先是，有以雁献，命畜之。雁见公，辄鼓翼引吭，似有所诉者。公感悟，择日率从者具香案北向拜，舁雁至前，手书尺帛，亲系雁足而纵之。后虞人获之苑中，以闻。上恻然曰："四十骑留江南，曾无一人雁比乎？"遂进师南伐。越二年，宋亡。至今秘监帛书尚存。

碑刻印识

李和，钱唐人，国初时尚在，鬻故书为业，尤精于碑刻。凡博古之家，或有赝本求一印识，毅然弗从。其印文"李和鉴定"，石刻印。

九姑玄女课

吴楚之地，村巫野叟及妇人女子辈，多能卜九姑课。其法，折草九茎，屈之为十八，握作一束，祝而呵之，两两相结，止留两端，已而抖开，以占休咎。若续成一条者，名曰黄龙傥仙。又穿一圈者，名曰仙人上马圈。不穿者，名曰蠨窠落地。皆吉兆也。或纷错无绪，不可分理，则凶矣。又一法，曰九天玄女课。其法，折草一把，不计茎数多寡，苟用算筹亦可，两手随意分之，左手在上，竖放，右手在下，横放，以三除之，不及者为卦。一竖一横曰太阳，二竖一横曰灵通，二竖二横曰老君，二竖三横曰太吴，三竖一横曰洪石，三竖三横曰祥云，皆吉兆也。一竖二横曰太阴，一竖三横曰悬崖，三竖二横曰阴中，皆凶兆也。愚意俗谓九姑，岂即九天玄女欤？《离骚经》云："索藑茅以筳篿兮，命灵氛为余卜。"注曰："藑茅，灵草也。筳，小破竹也。楚人名结草折竹以卜曰篿。"据此，则亦有所本矣。

白翎雀

《白翎雀》者，国朝教坊大曲也。始甚雍容和缓，终则急躁繁促，殊无有余不尽之意，窃尝病焉。后见陈云峤先生云：白翎雀生于乌桓朔漠之地，雌雄和鸣，自得其乐，世皇因命伶人硕德闾制曲以名之。曲成，上曰："何其末有怨怒哀嫠之音乎？"时谱已传矣，故至今卒莫能改。会稽张思廉宪作歌以咏之曰："真人一统开正朔，马上鞮鞻手亲作。教坊国手硕德闾，传得开基太平乐。檀槽舒呀凤凰腭，十四银镮挂冰索。摩诃不作兜勒声，听奏筵前白翎雀。霜嚯嚯，风壳壳，白草黄云日色薄。玲珑碎玉九天来，乱撒冰花洒毡幕。玉翎琤珄起盘礴，左旋右折入寥廓。崒嵂孤高绕羊角，啾啁百鸟纷参错。须臾力倦忽下跃，万点寒星坠丛薄。砉然一声震龙拨，一十四弦嘈一抹。驾鹅飞起暮云平，鸷鸟东来海天阔。黄羊之尾文豹胎，玉液淋漓万寿杯。九龙殿高紫帐暖，踏歌声里欢如雷。白翎雀，乐极哀。节妇死，忠臣摧。八十一年生草莱，鼎湖龙去何时回。”

天　下　士

《漫浪野录》云：苏子瞻泛爱天下士，无贤不肖，欢如也。尝自言：“上可以陪玉皇大帝，下可以陪卑田院乞儿。”子由晦默，少许可，尝戒子瞻择交。子瞻曰：“吾眼前见天下无一个不好人，此乃一病。”以余言之，先生，天下士也，此其所以泛爱天下士。顾今之忌才嫉能，口尧舜而心盗跖者，使先生视之，乃土苴之不若矣。

卷二十一

宫阙制度

至元四年正月，城京师，以为天下本。右拥太行，左注沧海，抚中原，正南面，枕居庸，奠朔方，峙万岁山，浚太液池，派玉泉，通金水，萦畿带甸，负山引河，壮哉帝居，择此天府。城方六十里，里二百四十步。分十一门，正南曰丽正，南之右曰顺承，南之左曰文明，北之东曰安贞，北之西曰健德，正东曰崇仁，东之右曰齐化，东之左曰光熙，正西曰和美，西之右曰肃清，西之左曰平则。大内南临丽正门，正衙曰大明殿，曰延春阁。宫城周回九里三十步，东西四百八十步，南北六百十五步。高三十五尺。砖甃。至元八年八月十七日申时动土，明年三月十五日即工。分六门。正南曰崇天，十一间，五门。东西一百八十七尺，深五十五尺，高八十五尺。左右趓楼二。趓楼登门两斜庑，十门。阙上两观皆三趓楼，连趓楼东西庑各五间。西趓楼之西，有涂金铜幡竿。附宫城南面，有宿卫直庐。凡诸宫门，皆金铺、朱户、丹楹、藻绘、彤壁、琉璃瓦饰檐脊。崇天之左曰星拱，三间，一门。东西五十五尺，深四十五尺，高五十尺。崇天之右曰云从，制度如星拱。东曰东华，七间，三门。东西一百十尺，深四十五尺，高八十尺。西曰西华，制度如东华。北曰厚载，五间，一门。东西八十七尺，深高如西华。角楼四，据宫城之四隅，皆三趓楼，琉璃瓦饰檐脊。直崇天门，有白玉石桥三虹，上分三道，中为御道，镌百花蟠龙。星拱南有御膳亭，亭东有拱辰堂，盖百官会集之所。东南角楼，东差北有生料库，库东为柴场。夹垣东北隅有羊圈。西南角楼，南红门外，留守司在焉。西华南有仪鸾局，西有鹰房。厚载北为御苑。外周垣红门十有五，内苑红门五，御苑红门四。此两垣之内也。大明门在崇天门内，大明殿之正门也，七间，三门。东西一百二十尺，深四十四尺，重檐。日精门在大明门左，月华门在大明门右，皆三间，一门。大明殿，乃登极正旦寿节会朝之正衙也，十一间，东西二百尺，深一百二十尺，高九十尺。柱廊七间，深二百四十尺，广四十四尺，高五十尺。寝室五间，东西夹六间，后连香阁三间，东西一百四十尺，深五十尺，高七十尺。青石花础，白玉石圆碣，文石甃地，上藉重裀，丹楹金饰，龙绕其上，四面朱琐窗，藻井间金绘，饰燕石，重陛朱阑，涂金铜飞雕冒。中设七宝云龙御榻，白盖金缕褥，并设后位，诸王百寮怯薛官侍宴坐床，重列左右。前置灯漏，贮水运机，小偶人当时刻捧牌而出。木质银裹漆瓮一，金云龙蜿绕之，高一丈七尺，贮酒可五十余石。雕象酒卓一，长八尺，阔七尺二寸。玉瓮一，玉编磬一，巨笙一。玉笙、玉箜篌，咸备于前。前悬绣缘朱帘，至冬月，大殿则黄猫皮壁幛，黑貂褥，香阁则银鼠皮壁幛，黑貂暖帐。凡诸宫殿乘舆所临御者，皆丹楹、朱琐窗，间金藻绘，设御榻，裀褥咸备。屋之檐脊皆饰琉璃瓦。文思殿在大明寝殿东，三间，前后轩，东西三十五尺，深七十二尺。紫檀殿在大明寝殿西，制度如文思。皆以紫檀香木为之缕花，龙涎香间白玉饰壁，草色髹绿其皮为地衣。宝云殿在寝殿后，五间，东西五十六尺，深六十三尺，高三十尺。凤仪门在东庑中，三间，一门，东西一百尺，深六十尺，高如其深门。门之外有庖人之室，稍南有酒人之室。麟瑞门在西庑中，制度如凤仪。门之外有内藏库二十所，所为七间。钟楼，又名文楼，在凤仪南。鼓楼，又名武楼，在麟瑞南。皆五间，高七十五尺。嘉庆门在后庑宝云殿东，景福门在后庑宝云殿西，皆三间一门，周庑一百二十间，高三十五尺。四隅角楼四间，重檐。凡诸宫周庑，并用丹楹、彤壁、藻绘、琉璃瓦饰檐脊。延春门在宝云殿后，延春阁之正门也，五间，三门，东西七十七尺，重檐。懿范门在延春左，嘉则门在延春右，皆三间，一门。延春阁九间，东西一百五十尺，深九十尺，高一百尺，三檐重屋。柱廊七间，广四十五尺，深一百四十尺，高五十尺。寝殿七间，东西夹四间，后香阁一间，东西一百四十尺，深七十五尺，高如其深。重檐，文石甃地，藉花毳裀，檐帷咸备。白玉石重陛，朱阑，铜冒，楯涂金雕翔其上。阁上御榻二。柱廊中设小山屏床，皆楠木为之，而饰以金。寝殿楠木御榻，东夹紫檀御榻。壁皆张素画，飞龙舞凤。西夹事佛像。香阁楠木寝床,金缕褥,黑貂壁幛。慈福殿又曰东暖殿,在寝殿东,三间,前后轩,东西三十五尺,深七十二尺。明仁殿又曰西暖殿,在寝殿西,制度如慈福。景耀门在左庑中,三间,一门,高三十尺。清灏门在右庑中,制度如景耀。钟楼在景耀南,鼓楼在清灏南,各高七十五尺,周庑一百七十二间,四隅角楼四间。玉德殿在清灏外,七间,东西一百尺,深四十九尺,高四十尺。饰以白玉,甃以文石,中设佛像。东香殿在玉德殿东,西香殿在玉德殿西,宸庆殿在玉德殿后,九间,东西一百三十尺,深四十尺,高如其深。中设御榻,帘帷裀褥咸备。前列朱阑,左右辟二红门,后山字门三间。东更衣殿在宸庆殿东,五间,高三十尺。西更衣殿在宸庆殿西,制度如东殿。隆福殿在大内之西,兴圣宫之前。南红门三,东西红门各一,缭以砖垣。南红门一,东红门一,后红门一。光天门,光天殿正门也,五间,三门,高三十一尺,重檐。崇华门在光天门左,膺福门在光天门右,各三间,一门。光天殿七间,东西九十八尺,深五十五尺,高七十尺。柱廊七间,深九十八尺,高五十尺。寝殿五间,两夹四间,东西一百三十尺,高五十八尺五寸。重檐,藻井,琐窗,文石甃地,藉花毳裀,悬朱帘、重陛,朱阑,涂金雕冒楯。正殿缕金云龙樟木御榻,从臣坐床重列前两傍。寝殿亦设御榻,裀褥咸备。青阳门在左庑中,明晖门在右庑中,各三间,一门。翥凤楼在青阳南,三间,高四十五尺。骖龙楼在明晖南,制度如翥凤,后有牧人宿卫之室。寿昌殿又曰东暖殿,在寝殿东,三间,前后轩,重檐。嘉禧殿又曰西暖殿,在寝殿西,制度如寿昌,中位佛像,傍设御榻。针线殿在寝殿后,周庑一百七十二间,四隅角楼四间。侍女直庐五所,在针线殿后。又有侍女室七十二间,在直庐后,及左右浴室一区,在宫垣东北隅。文德殿在明晖外,又曰楠木殿,皆楠木为之,三间,前后轩一间。盝顶殿五间,在光天殿西北角楼西,后有盝顶小殿。香殿在宫垣西北隅,三间,前轩一间,前寝殿三间,柱廊三间,后寝殿三间,东西夹各二间。文宸库在宫垣西南隅,酒房在宫垣东南隅,内庖在酒房之北。兴圣宫在大内之西北,万寿山之正西,周以砖垣,南辟红门三,东西红门各一,北红门一。南红门外,两傍附垣有宿卫直庐,凡四十间,东西门外各三间。南门前夹垣内,有省院台百司官侍直板屋。北门外，有窨花室五间。东夹垣外，有宦人之室十七间，凌室六间，酒房六间。南北西门外，棋置卫士直宿之舍二十一所，所为一间。外夹垣东红门三，直仪天殿吊桥，西红门一，达徽政院。门内差北，有盝顶房二，各三间。又北，有屋二所，各三间。差南，有库一所，及屋三间。北红门外，有临街门一所，三间。此夹垣之北门也。兴圣门，兴圣殿之正门也，五间，三间，重檐，东西七十四尺。明华门在兴圣门左，肃章门在兴圣门右，各三间，一门。兴圣殿七间，东西一百尺，深九十七尺。柱廊六间，深九十四尺。寝殿五间，两夹各三间，后香阁三间，深七十七尺。正殿四面，朱悬琐窗，文石甃地，藉以毳裀，中设扆屏榻，张白盖帘帷，皆锦绣为之。诸王百寮宿卫官侍宴坐床，重列左右。其柱廊寝殿，亦各设御榻，裀褥咸备。白玉石重陛，朱阑，涂金冒楯，覆以白磁瓦，碧琉璃饰其檐脊。弘庆门在东庑中，宣则门在西庑中，各三间，一门。凝晖楼在弘庆南，五间，东西六十七尺。延颢楼在宣则南，制度如凝晖。嘉德殿在寝殿东，三间，前后轩各三间，重檐。宝慈殿在寝殿西，制度同嘉德。山字门在兴圣宫后，延华阁之正门也，正一间，两夹各一间，重檐，一门，脊置金宝瓶。又独脚门二，周阁以红板垣。延华阁五间，方七十九尺二寸，重阿，十字脊，白琉璃瓦覆，青琉璃瓦饰其檐，脊立金宝瓶，单陛，御榻从臣坐床咸具。东西殿在延华阁西，左右各五间，前轩一间。圆亭在延华阁后。芳碧亭在延华阁后圆亭东，三间，重檐，十字脊，覆以青琉璃瓦，饰以绿琉璃瓦，脊置金宝瓶。徽青亭在圆亭西，制度同芳碧亭。浴室在延华阁东南隅东殿后，傍有盝顶井亭二间，又有盝顶房三间。畏吾儿殿在延华阁右，六间，傍有窨花半屋八间。木香亭在畏吾儿殿后。东盝顶殿在延华阁东版垣外，正殿五间，前轩三间，东西六十五尺，深三十九尺。柱廊二间，深二十六尺。寝殿三间，东西四十八尺。前宛转置花朱阑八十五扇。殿之傍有盝顶房三间，庖室二间，面阳盝顶房三间，妃嫔库房一间，缝纫女库房三间，红门一。盝顶之制，三椽，其顶若笥之平，故名。西盝顶殿在延华阁西版垣之外，制度同东殿。东殿之傍，有庖室三间，好事房二，各三间，独脚门二，红门一。妃嫔院四，二在东盝顶殿后，二在西盝顶殿后，各正室三间，东西夹四间，前轩三间，后有三椽半屋二间。侍女室八十五间，半在东妃嫔院左，西向，半在西妃嫔院右，东向。室后各有三椽半屋二十五间。东盝顶殿红门外，有屋三间，盝顶轩一间，后有盝顶房一间。庖室一区，在凝晖楼后，正屋五间，前轩一间，后披屋三间，又有盝顶房一间，盝顶井亭一间，周以土垣，前辟红门。酒房在宫垣东南隅庖室南，正屋五间，前盝顶轩三间，南北房各三间。西北隅盝顶房三间，红门一，土垣四周之。学士院在阁后西盝顶殿门外之西偏，三间。生料库在学士院南。又南，为鞍辔库。又南，为军器库。又南，为牧人庖人宿卫之室。藏珍库在宫垣西南隅，制度并如酒室，惟多盝顶半屋三间，庖室三间。万寿山在大内西北太液池之阳，金人名琼花岛，中统三年修缮之，至元八年赐今名。其山皆叠玲珑石为之，峰峦隐映，松桧隆郁，秀若天成。引金水河至其后，转机运䡬，汲水至山顶，出石龙口，注方池，伏流至仁智殿后，有石刻蟠龙，昂首喷水仰出，然后由东西流入于太液池。山前有白玉石桥，长二百余尺，直仪天殿后。桥之北有玲珑石，拥木门五，门皆为石色。内有隙地，对立日月石。西有石棋枰，又有石坐床，左右皆有登山之径，萦纡万石中，洞府出入，宛转相迷，至一殿一亭，各擅一景之妙。山之东有石桥，长七十六尺，阔四十一尺半，为石渠以载金水，而流于山后以汲于山顶也。又东，为灵圃，奇兽珍禽在焉。广寒殿在山顶，七间，东西一百二十尺，深六十二尺，高五十尺。重阿藻井，文石甃地，四面琐窗，板密其里，遍缀金红云，而蟠龙矫蹇于丹楹之上。中有小玉殿，内设金嵌玉龙御榻，左右列从臣坐床。前架黑玉酒瓮一，玉有白章，随其形刻为鱼兽出没于波涛之状，其大可贮酒三十余石。又有玉假山一峰，玉响铁一悬。殿之后有小石笋二，内出石龙首，以噀所引金水。西北有厕堂一间。仁智殿在山之半，三间，高三十尺。金露亭在广寒殿东，其制圆，九柱，高二十四尺，尖顶上置琉璃珠。亭后有铜幡竿。玉虹亭在广寒殿西，制度如金露。方壶亭在荷叶殿后，高三十尺，重屋八面，重屋无梯，自金露亭前复道登焉，又曰线珠亭。瀛洲亭在温石浴室后，制度同方壶。玉虹亭前仍有登重屋复道，亦曰线珠亭。荷叶殿在方壶前，仁智西北，三间，高三十尺，方顶，中置琉璃珠。温石浴室在瀛洲前，仁智西北，三间，高二十三尺，方顶，中置涂金宝瓶。圜亭，又曰胭粉亭，在荷叶稍西，盖后妃添妆之所也，八面。介福殿在仁智东差北，三间，东西四十一尺，高二十五尺。延和殿在仁智西北，制度如介福。马湩室在介福前，三间。牧人之室在延和前，三间。庖室在马湩前。东浴室更衣殿在山东平地，三间，两夹。太液池在大内西，周回若干里，植芙蓉。仪天殿在池中圆坻上，当万寿山，十一楹，高三十五尺，围七十尺，重檐，圆盖顶，圆台址，甃以文石，藉以花裀，中设御榻，周辟琐窗，东西门各一间，西北厕堂一间，台西向，列甃砖龛，以居宿卫之士。东为木桥，长一百廿尺，阔廿二尺，通大内之夹垣。西为木吊桥，长四百七十尺，阔如东桥，中阙之，立柱，架梁于二舟，以当其空，至车驾行幸上都，留守官则移舟断桥，以禁往来。是桥通兴圣宫前之夹垣。后有白玉石桥，乃万寿山之道也。犀山台在仪天殿前水中，上植木芍药。隆福宫西御苑在隆福宫西，先后妃多居焉。香殿在石假山上，三间，两夹二间，柱廊三间，龟头屋三间，丹楹，琐窗，间金藻绘，玉石础，琉璃瓦。殿后有石台，山后辟红门，门外有侍女之室二所，皆南向并列。又后直红门，并立红门三。三门之外，有太子斡耳朵荷叶殿二，在香殿左右，各三间。圆殿在山前，圆顶上置涂金宝珠，重檐。后有流杯池，池东西流水，圆亭二，圆殿有庑以连之。歇山殿在圆殿前，五间，柱廊二，各三间。东西亭二，在歇山后左右，十字脊。东西水心亭在歇山殿池中，直东西亭之南，九柱，重檐。亭之后，各有侍女房三所，所为三间，东房西向，西房东向。前辟红门三，门内立石以屏内外，外筑四垣以周之。池引金水注焉。棕毛殿在假山东偏，三间，后盝顶殿三间。前启红门，立垣以区分之。仪鸾局在三红门外西南隅，正屋三间，东西屋三间，前开一门。史官虞集曰：尝观纪籍所载，秦、汉、隋、唐之宫阙，其宏丽可怖也，高者七八十丈，广者二三十里。而离宫别馆，绵延联络，弥山跨谷，多或至数百所。嘻，真木妖哉！由余有言，使鬼为之，则劳神矣；使人为之，则苦人矣。由余当秦穆公之时为是，俾见后世之侈何如也。虽然，紫宫著乎玄象，得无栋宇有等差之辨，而茅茨之简，又乌足以重威于四海乎！集佐修《经世大典》，将作所疏宫阙制度为详，于是知大有径庭于古也。方今幅员之广，户口之夥，贡税之富，当倍秦、汉而参隋、唐也，顾力有可为而莫为，则其所乐不在于斯也。孔子曰："禹吾无间然矣，卑宫室而尽力乎沟洫。"重于此则轻于彼，理固然矣。

公　宇

中书省

吏部

户部　都提举万亿绮源库　都提举万亿赋源库　都提举万亿宝源库　都提举万亿广源库　提举富宁库　诸路宝钞都提举司　顺承行用库　文明行用库　光熙行用库　健德行用库　和义行用库　崇仁行用库　顺承平准库　大都平准库　宝钞总库　印造宝钞库　烧钞西库　烧钞东库　印造茶盐引局　抄纸坊

礼部　会同馆　教坊司　铸印局　白纸坊　油磨坊

兵部

刑部

工部　覆实司　提举都城所　提举右八作司　提举左八作司　备章总院　大都人匠总管府　大都等路诸色民匠总管府　纹绣总院　绣局　诸路杂造总管府　茶迭儿局诸色人匠总管府　提举诸司局　诸司局人匠总管府　大都金银器盒局　大都毡局　织染局　花毯蜡布等局　帘局　撒答剌欺等局人匠提举司　造船提举司　诸物库　符牌库　受给库　左右厢

枢密院　右卫亲军都指挥使司　左卫亲军都指挥使司　中卫亲军都指挥使司　前卫亲军都指挥使司　后卫亲军都指挥使司　武卫亲军都指挥使司　蒙古侍卫亲军都指挥使司　虎贲侍卫亲军都指挥使司　唐兀侍卫亲军都指挥使司　钦察侍卫亲军都指挥使司　贵赤侍卫亲军都指挥使司　西域侍卫亲军都指挥使司

御史台　殿中司　察院

也可札鲁忽赤　司狱司

徽政院　宫正司　掌谒司　掌医署　掌膳署　内宰司备用库

藏珍库　掌仪署　文成库　供须库　仪从库　卫候司　右都威卫使司　左都威卫使司　延庆司　随路诸色人匠都总管府　马瑙玉局　大都等路诸色民匠提举司　织染杂造人匠总管府　绫锦局　织染局　文绮局　诸路怯怜口民匠都总管府　大护国仁王寺财用规运都总管府

宣徽院　　尚舍监　诸物库　尚食局　生料库　光禄寺　尚酝局　尚饮局　醴源仓　阑遗监　提举太仓　柴炭提举司　沙糖局

中政院　　奉宸库　管领随路民匠打捕鹰房纳绵总管府

集贤院　　国子监　国子学　兴文署

翰林院　　国子监　国子学

翰林国史院

宣政院　　资善库

昭文馆

太常寺　　太庙署　大乐署　社稷署　礼直署

大司农司　　广济署　藉田署　丰赡署　供膳署　昌国署　济民署

大都护府

通政院　　廪给司

秘书监　　著作局　秘书库

大府监　　内藏库　右藏库　左藏库　器备库

中尚监　　资成库　杂造局诸色人匠提举司　铁局　木局　怯怜口诸色人匠提举司　大都等路种田人匠织染局

利用监　　资用库　怯怜口皮局人匠提举司　大都杂造双线局　熟皮局　店皮局　貂鼠局　大都软皮局

章佩监　　御带库　异珍库

典瑞监

大都留守司兼少府监　　修内司　大木局　小木局　泥瓦局　妆钉局　铜局　车局　绳局　祗应局　画局　油漆局　器备局　器物局　铁局　仪鸾局　大都诸色人匠提举司　犀象牙局　雕牙局　雕木局　采石局　木场局　上林局　大都门尉

将作院　　诸路金玉人匠总管府　玉局提举司　玛瑙局提举司　石局　金丝子局　大小雕木等局　鞓带斜皮局　瓘玉局　画局　温犀玳瑁局　漆纱冠冕局　珠子局　异样等局总管府　异样纹绣两局　绫锦织染两局　金丝颜料总库　尚衣局　御衣局

泉府司　　富藏库

侍仪司　　法物库

武备寺　　寿武库　利器库　甲匠提举司　箭局　弦局

都水监　　大都河道提举司

尚乘寺　　诸路杂造总管府　诸路旋匠提举司　网帘局　资乘库

太仆寺

太史院

司天台

回回司天台

太医院　　御药局　御药院　回回药物院　回回药物局　大都惠民局　广惠司

崇福司

拱卫直都指挥使司　　仪从司

大司徒领异样金玉人匠总管府　　塑局　出镴局　银局　铜局　铸泻等铜局　唐像画局　梵像局　杂造提举司　镔铁局　玉局　诸物局

孛可孙

仪凤司　　安和署

京畿都漕运使司　　万斯南仓　万斯北仓　千斯仓　相因仓　丰闰仓　通济仓　广贮仓　永平仓　永济仓　惟亿仓　既盈仓　盈衍仓　大积仓　丰实仓　广衍仓　顺济仓

大都等路都转运盐使司　　大都税课提举司　大都酒课提举司

大都南北两兵马都指挥使司　　北兵马司

内史府

省架阁库

左右部架阁库
长信寺

喝盏

天子凡宴飨，一人执酒觞，立于右阶，一人执柏板，立于左阶。执板者抑扬其声，赞曰“斡脱”，执觞者如其声和之曰“打弼”。则执板者节一拍，从而王侯卿相合坐者坐，合立者立，于是众乐皆作，然后进酒，诣上前，上饮毕，授觞，众乐皆止。别奏曲，以饮陪位之官。谓之喝盏。盖沿袭亡金旧礼，至今不废，诸王大臣非有赐命不敢用焉。斡脱、打弼，彼中方言，未暇考求其义。

碧珠示谶

文宗潜邸金陵日，岁当戊辰，适太平兴国寺铸大钟，为金数万斤，方在冶，上至其所，取相嵌碧珠指环默祝曰：“若天命在躬，此当不坏。”即投液中。钟成，其款有曰“皇帝万岁”，珠宛然在其上，若故识之，而坚固完好，光采明发，不以灼毁。万目惊睹，欢叹如一。及登大宝，方与近侍言向时祝天之谶。

卷二十二

圣门弟子

孔门弟子姓字，见诸《家语》、《论语》、《史记》等书。金华张君孟兼，稽订异同，集为章句，以便记诵，即古《急就》之义也。其文曰：繄昔圣门，弟子三千。身通六艺，七十二贤。德行著称，颜回子渊。冉耕伯牛，闵损子骞。及冉雍仲弓，为四科之先。宰予子我，并鲁人。端木赐子贡，卫人。言语是称，赐言多中。乃多才艺，仲由季路，陈人。冉求子有，鲁人。政事并著。言偃子游，吴人。卜商子夏，卫人。文学著名，孰可方驾。曾参子舆，纯孝全归，父点子晳，浴沂舞雩。回父无繇，并鲁人。仲由同字，有公晳哀，齐人。字以季次。县成子祺，左郢子行，并鲁人。乐咳亡。颜哙，同字子声。其字子羽，澹台灭明，并鲁人。子之是字，公祖句兹。亡。其有秦非，亦字子之。孔忠子蔑，叔仲会子期，乃子旗字者，粤巫马施。颜之仆子叔，申枨子续，商瞿子木，并鲁人。蘧瑗伯玉。卫人。有若子有，公伯寮子周。并鲁人。其申党一作续。者，止字曰周。亡。司马黎耕，宋人。乃字子牛。颛孙师子张，陈人。公冶长子长，齐人。一字子禽，其陈亢子亢。陈人。名而不字，唯句井疆。高柴子羔，并卫人。公肩定子中，亡。有南宫适子容，鲁人。薛邦子从。亡。公西葴鲁人。及公西舆如，亡。字子上同。穰驷赤子徒，秦人。廉洁子庸，卫人。漆雕开鲁人。琴牢，子开字同。宓不齐子贱，并卫人。步叔乘子车，齐人。其膝雕哆邽巽，子敛字俱。并鲁人。粤梁鳣者，其字叔鱼。齐人。秦祖子南，秦人。樊须子迟，齐人。亦有后处，字以里之。亡。原宪，鲁人。燕伋，亡。同字子思。郑国荣旂，字子徒子祺。伯虔子析，公夏首子乘，施之常子恒，并亡。公良孺子正。陈人。冉孺子鲁，冉季子产。字子柳者颜幸，并鲁人。字子象者县亶。石作蜀子明，并亡。公孙龙子石。楚人。商泽子季，奚容葴子晳。狄黑晳之，罕父黑子索。其原亢籍，仍字子籍。

并亡。字子丕者，曰惟商秦。楚人。秦冉字开，颜祖字襄。并亡。任不齐子选，楚人。曹恤子循。漆雕徒父，字曰子文。颜高一作刻。子骄，鄡单子家。并亡。颜何字冉，公西赤子华。并鲁人。猗欤多贤，升堂入室。慨举世之所传，名固逾乎七十。乃稽纪载，尚遗其实。《家语》史迁，所录不一。嗟嗟小子，何敢忘逸。爰重列以自识，俾蒙士之易述。其不铨次，岂缘声律。不韪之罪，莫敢自恤。尚同好之君子，幸有以订愚之失。

颜无繇音遥。《正义》云音由。　县成县音玄。　公祖句兹句音钩。句井疆句《正义》作钩。

宓不齐宓音密。《正义》云当作伏。　漆雕哆音赤者反。　邽巽邽音圭。　鄡单上音苦尧反。下音善。

黄　河　源

潘昂霄志曰：延祐乙卯春，圣天子以四海万国之广，轸念庶民艰虞罔控告也，分使诣外郡诸道，布扬德心，戚休兴替之，清污扬激之。畿甸密迩，独不得均其泽。越五月，诏前翰林学士承旨臣阔阔出、翰林侍读臣昂霄，奉使宣抚京畿西道。臣昂霄承命，惊悸罔措，唯务罄竭忠赤，尽民瘼后已。阔公一日语昂霄："余尝从余兄荣禄公都实抵西国，穷河源。"耳之不觉瞿然以骇，有是乎哉，请毕其语。公曰：世祖皇帝至元十七年，岁在庚辰，钦承圣谕，黄河之入中国，夏后氏导之，知自积石矣，汉唐所不能悉其源。今为吾地，朕欲极其源之所出，营一城，俾番贾互市，规置航传。凡物贡水行达京师，古无有也，朕为之，以永后来无穷利益。盖难其人。都实汝旧人，且习诸国语，往图汝谐。授招讨使，佩金虎符以行。是岁四月，至河州。州东六十里，有宁河驿。驿西南五六十里，山曰捉一作杀。马关，林麓穹隘，译言泰石答班，启足浸高，一日程至巅，西迈愈高。四阅月，约四五千里，始抵河源。冬还，图城传位置以闻。上悦，往营之，授土蕃等处都元帅，仍金虎符，置寮采督工，工师悉资内地。造航为艘六十。城传措工物完，阔阔出驿闻，适相哥征昆哥臧不回，力沮，遂止。翼岁，兄都实旋

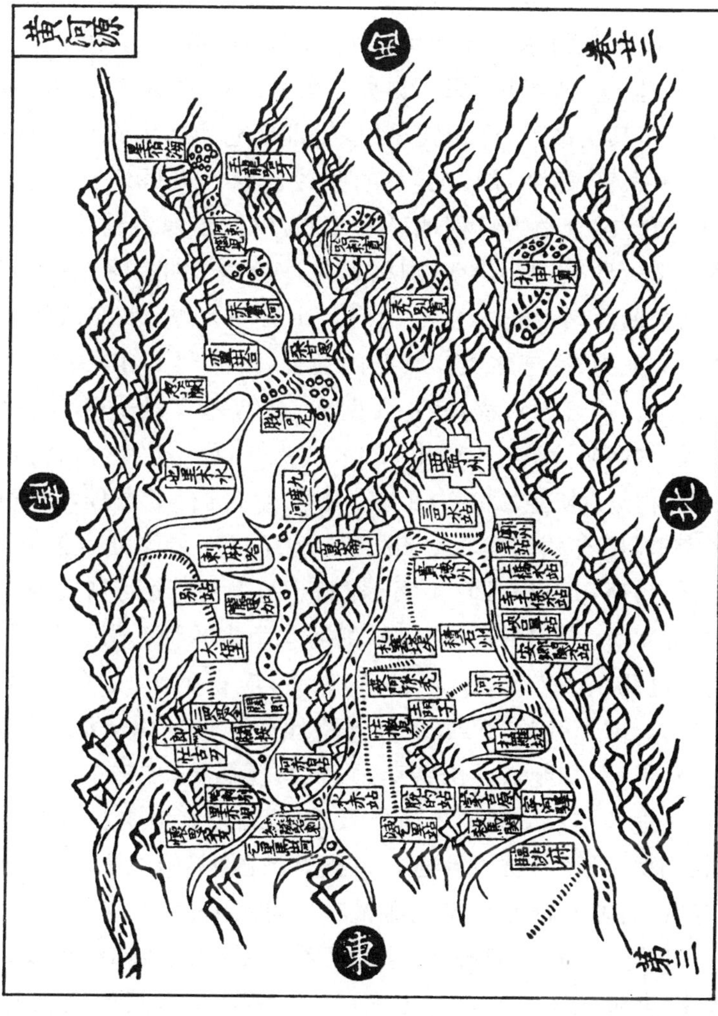

都。河源在土蕃朵甘思西鄙，有泉百余泓，或泉或潦，水沮洳散涣，方可七八十里，且泥淖弱，不胜人迹，逼观弗克。旁履高山，下视灿若列星，以故名火敦恼儿。火敦，译言星宿也。群流奔凑，近五七里，汇二巨泽，名阿剌恼儿。自西徂东，连属吞噬，广轮马行一日程，迤逦东鹜成川，号赤宾河。二三日程，水西南来，名亦里出，合赤宾。三四日程，南来，名忽兰。又水东南来，名也里术，合流入赤宾。其流寖大，始名黄河。然水清，人可涉。又一二日，歧裂八九股，名也孙斡论，译言九渡。通广六七里，马亦可度。又四五日程，水浑浊，土人抱革囊乘骑过之，民聚落纠木干象舟傅毛革以济，仅容两人。继是，两山峡束，广可一里二里或半里，深叵测矣。朵甘思东北鄙，有大雪山，名亦耳麻不莫剌，其山最高，译言腾乞里塔，即昆仑也。山腹至顶皆雪，冬夏不消。土人言，远年成冰时，六月见之。自八九股水至昆仑，行二十日程。河行昆仑南半日程地。又四五日程，至地名阔即及阔提，二地相属。又三日程，地名哈剌别里赤儿，四达之冲也，多寇盗，有官兵镇防。昆仑迤西，人简少，多处山南。山皆不穹峻，水亦散漫。兽有牦牛、野马、狼狍、羱羊之类。其东山益高，地亦渐下，岸狭隘，有狐可一跃越之者。行五六日程，有水西南来，名纳邻哈剌，译言细黄河也。又两日程，水南来，名乞儿马出，二水合流入河。河北行，转西，至昆仑北，二日程地，水过之北流，少东，又北流。约行半月程，至贵德州，地名必赤里，始有州事官府。州隶河州置司土蕃等处宣慰司所辖。又四五日程，至积石州，即《禹贡》积石。五日程，至河州安乡关。一日程，至打罗坑。东北行，一日程，洮河水南来入河。又一日程，至兰州。其下过北一作比。卜渡，至鸣沙州。过应吉里州，正东行，至宁夏府。南东行，即东胜州，隶西京大同路地面。自发源至汉地，南北涧溪，细流傍贯，莫知纪极。山皆草山石山，至积石，方林木畅茂。世言河九折，彼地有二折，盖乞儿马出及贵德州必赤里也。汉张骞使绝域，羁联拘执，艰厄百罹，历大宛、月氏等数国，其傍大国五六，皆称传闻，以为穷河源，乌能睹所谓河源哉！史称河有两源，一出于阗，一出葱岭。于阗水北行，合葱岭河，注蒲类海，不流，洑至临洮出焉。今洮水自南来，非蒲类明矣。询之土人，言于阗葱岭水，其下流散之沙碛。又有言河与天河通，寻源得织女支机石以归，亦妄也。昆仑去嵩高五万里，阆风、玄圃、积瑶、华盖仙人所居，又何耶？《唐史·土蕃传》：河上流由洪济梁南二千里，水益狭，春可涉，秋夏乃胜舟。其南三百里，三山中高而四下，曰紫山，古所谓昆仑。其言颇类，然止称河源其间云。国家敞天威，亘天所覆焘，无间海内外，冠带万国，罔非臣妾，视汉、唐为不足讶，故穷河源，去万里，若步闺闼。嘻，盛典也，不可不志，因志之。都实族女真蒲察氏，统乌思臧路，暨招讨都元帅，凡三至吐蕃。阔阔出，今除甘肃行省参知政事。是岁八月初吉，翰林侍读学士、中奉大夫、知制诰、同修国史臣潘昂霄谨述。柯九思述云：河源有志，自本朝始，前乎此曷为未有。志河源者，道路辽阻，所传闻异辞，莫能究河之源也。《山经》曰：敦薨之水，西流，注于泑泽，出于昆仑之东北陬，实惟河源。而《水经》载，河出昆仑，经十余国，乃至泑泽。《山经》又称：阳纡之山，河出其中，淩门之山，河出其中。《穆天子传》亦云：阳纡之山，河伯冯夷所居，是惟河宗氏。《释氏西域志》称：阿耨达大山上，有大渊水，即昆仑山也。《地里志》亦称：昆仑山在临羌西。而《汉书》载河出两源，或称有，或称无，而河源所著异同，况世殊代易，名地亦异，终莫能有究之者。我太祖皇帝二十有一年，春正月，征西夏。夏，取甘肃等城。秋，取西凉府。遂过沙陀，至黄河九渡。按昆仑当九渡下流，则昆仑固已归我职方氏矣。宪宗皇帝二年，命皇太弟旭烈帅诸部军征西域，凡六年，辟封疆四万里，于是河源及所注枝出者，尽在封域之内。当时在行有能记其说，皆得于目击，非放也。逮世祖皇帝，功成治定，天下殷富，遂命臣都实置郡河源。故翰林侍读学士潘公，得究其详实，搜源析派，而作斯志。乃知更昆仑行一月，始穷河源。於戏！当四海混一之盛，闻广见核，至数千载莫能究者，俾后世有考而传信焉，岂斯文之光，实邦家无疆之休也。公之子诩，能不坠其先业，增光而润色之。至顺间，以同知嘉定州事来吴，将刊是书行于世，属九思叙其说于篇端。元统元年冬十有一月日南至，奎章阁学士院鉴书博士、文林郎柯九思序。

皇太子署牒

国朝故事，正六品以下官，中书奉敕署牒以命之。牒具，中书官位最尊者，令也，署牒者，自丞相以下，而不敢以烦令。惟皇太子立，必兼中书令枢密使。皇太子既受册，即中书上日，独署一牒。明日，省臣以其名闻，天子即以宣命超拜五品官。其人自非素亲近有誉望最于群臣者不得也。

禽戏

余在杭州日，尝见一弄百禽者，蓄龟七枚，大小凡七等，置龟几上，击鼓以使之，则第一等大者先至几心伏定，第二等者从而登其背，直至第七等小者登第六等之背，乃竖身直伸其尾向上，宛如小塔状，谓之乌龟叠塔。又见蓄虾蟆九枚，先置一小墩于席中，其最大者乃踞坐之，余八小者左右对列，大者作一声，众亦作一声，大者作数声，众亦作数声，既而小者一一至大者前点首作声，如作礼状而退，谓之虾蟆说法。至松江，见一全真道士，寓太古庵，一日，取二鳅鱼，一黄色，一黑色，大小相侔者，用药涂利刃，各断其腰，互换接续，首尾异色，投放水内，浮游如故，郡人卫立中，以盆池养之，经半月方死。叠塔说法，固教习之功，但其质性蠢蠢，非他禽鸟可比，诚难矣哉。若夫断而复续，死而复生，药欤法欤？是未可知也。但剧戏中似此者，果亦罕见。

虎祸

大德间，荆南境内，有九人山行，值雨，避于路傍旧土洞中。忽有一虎，来踞洞口，哮吼怒视，目光射人。内一人素愚，八人者密议："虎若不得人，恶得去？"因绐愚者先出，我辈共掩杀之。愚者意未决，遂各解一衣，缚作人形，掷而出之。虎愈怒。八人并力排愚者于外，虎即衔至洞口，怒视如前。须臾，土洞压塌，八人皆死，愚者获生。夫当颠沛患难之际，乃欲以八人之智而陷一人之愚，其用心亦险矣，天道果梦梦耶？

河南妇死

河南妇，世为河南民家。大兵下江南，妇被虏，姑与夫行求数年，得之湖南，妇已妻千户某，饶于财，情好甚洽，视夫姑若涂人。会有旨，凡妇人被虏，许银赎，敢匿者死。某惧罪，亟遣妇，妇坚不行。夫姑留以俟，妇闭其室，弗与通，遂号恸顿绝而去。行未百步，青天无云而雷，回视，妇已震死。钱唐白湛渊先生纪以诗曰："从军古云乐，获罪祷应难。毋望明珠复，夫求破镜完。押衙逢义士，公主奉春官。为报河南妇，天刑不可干。"

玉堂嫁妓

姚文公燧为翰林学士承旨日，玉堂设宴，歌妓罗列。中有一人，秀丽闲雅，微操闽音。公使来前，问其履历。初不以实对，叩之再，泣而诉曰："妾乃建宁人氏，真西山之后也。父官朔方时，禄薄不足以给，侵贷公帑无偿，遂卖入娼家，流落至此。"公命之坐，乃遣使诣丞相三宝奴，请为落籍。丞相素敬公，意公欲以侍巾栉，即令教坊检籍除之。公得报，语一小史黄瑓，后显官者。曰："我以此女为汝妻，女即以我为父也。"史忻然从命。京师之人相传以为盛事云。嘉兴贝阙尝有诗曰："断丝弃道边，何日缘长松。堕羽别炎洲，不复巢梧桐。昔在至元日，六合车书同。玉堂盛文士，燕集来雍雍。金刀手割鲜，酒给蒲萄浓。坐有一枝春，秀色不可双。叶娉婷刘碧玉，绰约商玲珑。宝钏金雀钗，已觉燕赵空。或闻操南音，未解歌北风。上客惊且疑，姓字初未通。问之渐复泣，乃起陈始终。妾本建宁女，远出西山翁。父母生妾时，谓是金母童。梨花锁院落，燕子窥帘栊。迢迢官朔方，位卑食不充。侵贷国有刑，桎梏加父躬。鬻女以自赎，白璧沦泥中。秋娘教歌舞，屡入明光宫。永为倡家妇，遂属梨园工。京华多少年，门外嘶青骢。不如孟光丑，犹得嫁梁鸿。自伤妾薄命，失路似秋蓬。客闻为三叹，天道何懵懵。遣使白宰相，削籍归旧宗。小史十八九，勿恨相如穷。配尔执箕帚，今夕看乘龙。鸳鸯并玉树，鹦鹉开金笼。弃汝桃花扇，红牙不复从。提瓮自汲水，绨绤自御冬。时多困辗轲，事或忻遭逢。安知百尺井，忽登群玉峰。借问为者谁，内相姚文公。"

数谶

至元甲子，阿合马拜中书平章，领制国用使司。时乐府中盛唱《胡十八》小令，知谶纬者，谓其当擅重权十八年，人未之信，果于至元壬午伏诛。越五年，丁亥闰二月，桑哥拜中书平章，立尚书省，贪暴残忍，又十倍于阿合马。人亦谓桑字拆而为四十八。桑字后改作相字，亦拆而为四十八。竟不知应之于寿，或应之于职。然自立省之日至辛卯正月败绩，恰四十八月，其神验如是。

戎显再生

大德戊戌二月二十日，张汉臣尚书、赵松雪学士、费北山漕侯同在杭州，泛舟过西湖，至毛家步，上岸乘肩舆，将游水乐洞。行里余，逢一尼寺，赵公偕二公入寺访亲。俄而从人来报，张公之老仆戎显卒死矣。亟回至其所，呼救不省，气绝身僵。忽有二道士过，一老一幼，云不妨事。老者即于死人面上吹呵。幼者就篱落间摘一青叶度于老者，若作法书符状，置死人顶上，随即再生。顷间，失二道士所在。或云，恐是洞宾变现，隐括其姓如此耳。

算命得子

槜李郭宗夏，尝见建德路总管赵良臣，言都下有李总管者，官三品，家巨富，年逾五十而无子，闻枢密院东有术者，设肆算命，谈人休咎多奇中，试往叩焉，且语之曰："吾之禄寿，已不必言，但推有子与否。"术者笑曰："君有子矣，何为给我？"李曰："吾实无子，岂给汝耶？"术者怒曰："君年四十当有子，今年五十六矣，非给我而何？"同坐者皆军官，见二人争执，甚讶之。李沈吟良久曰："吾年四十时，一婢有娠，吾以职事赴上都，比归，则吾妻鬻之矣，莫知所往，若有子，则此是也。"术者曰："此子终当还君。"相别而出。时坐中一千户，邀李入茶坊，告之曰："十五年前，吾亦无子，因到都，置一婢，则已有孕，到家时，适吾妻亦有孕，前后一两月间，各生一男，今皆十五六矣，岂君之子耶?"两人各言妇人之容貌齿岁相同。李归语于妻。妻往日诚悍妒，至是，见夫无嗣，心颇惭而怜之。翼日，邀千户至家，享以盛馔，与之刻期而别。千户先归南阳府，李以实告于所管近侍大官，乞假前往。大官曰："此美事也，我当与汝奏闻。"既而有旨，得给驿以行，凡筵席之费皆从官办。李至，众官郊迎，往千户宅，设大宴，李所以馈献千户并其妻子仆妾之物甚侈。千户命二子出拜，风度不殊，衣冠如一，莫知何者为己子，致请于千户。千户曰："君自认之。"李谛视良久，天性感通，前抱一人曰："此吾子也。"千户曰："然。"于是父子相持而哭，坐中皆为之堕泪。举杯交贺，大醉而罢。明日，千户答礼会客如昨，谓李曰："吾既与君子矣，岂可使母子分离？今并其母以奉。"李喜出望外。回都，携其子见大官，大官曰："佳儿也。"引之入觐，通籍宿卫，后亦官至三品。大抵人之有子无子，数使之然，非人力所能也，而术士之业亦精矣。

夫妇入道

王氏守素，钱唐民家女，其夫丁，弃家为全真道士于吴山之紫阳庵。一日，召守素入山，书付四句云："懒散六十三，妙用无人识。逆顺两俱忘，虚空镇常寂。"坐抱一膝而逝。方外者流谓之骑鹤化。守素遂亦束发簪冠，着道士服，奉夫遗尸，二十年迹不下山，年逾七十，几于得道者。神仙渺茫，故未暇论，贞守一节，乃可尚也。丁卯进士萨都剌天锡赠之诗曰："不见辽东丁令威，旧游城郭昔人非。镜中春去青鸾老，华表山空白鹤归。石竹泪干斑雨在，玉箫声断彩云飞。洞门花落无人迹，独坐苍苔补道衣。"

项节妇

燕山项氏，其夫江南人，行贾燕蓟间，聘项与居。未几，夫死。项时年二十，奉柩回江南，誓以夫余资养姑以自终。比至，姑已改适，励志孑居，以守夫祀。盱江李宗洌闵其事而赋之，诗曰："少无依倚老何堪，白发婆娑乱不簪。梦里尚思江北好，悔将夫骨葬江南。"

西域奇术

任子昭云：向寓都下时，邻家儿患头疼，不可忍，有回回医官，用刀划开额上，取一小蟹，坚硬如石，尚能活动，顷焉方死，疼亦遄止。当求得蟹，至今藏之。夏雪蓑云：尝于平江阊门，见过客马腹膨胀倒地，店中偶有老回回见之，于左腿内割取小块出，不知何物也，其马随起即骑而去。信西域多奇术哉！

童子属对

湖广行省平章归自雨中，有一童子，年七八岁，直造伞下避雨。平章问曰："学生能属对否？"曰："能。"平章曰："青衿来避雨。"即应声对曰："紫绶去朝天。"平章喜，引至家，遗以果肴。明日，除书至，拜中书平章之命，复大喜，再以楮币彩缯赠之。

先辈风致

龙麟洲先生过福建，宪府设宴，命官奴小玉带佐觞。酒半，宪使举杯请曰："今日之欢，皆玉带为也，愿先生酬之以诗，先生其毋辞。"时先生负海内重名，雅畏清议，又不能违宪使之请，遂书一绝句云："菡萏池边风满衣，木犀庭下雨霏霏。老夫记得坡仙语，病体难禁玉带围。"于是举席称叹，尽欢而散。盖前辈既不肯拂人意，又不欲失所守，而且用事清切，一时风致可想见，信非野儒俗士所能及也。

司马善谏

御史大夫也先帖木儿，与夫人不睦，已数年矣。翰林学士承旨阿目茄八剌死，大夫遣司马明里往唁之。及归，问其所以。明里云："承旨带罟罟娘子十有五人，皆务争夺家财，全无哀戚之情。惟正室坐守灵帏，哭泣不已。"大夫默然。是夜，遂与夫人同寝，欢爱如初。若司马者，可谓善于寓谏者矣。

俞竹心

术士俞竹心者，居庆元，嗜酒落魄，与人寡合。顺其意者，即与推算，醉笔如飞，略不构思，顷刻千余言，道已往之事极验，时皆以为异人。至元己卯间，娄敬之为本路治中，尝以休咎叩之。答曰："公他日直至一品便休。"娄深信其说，弃职别进。适值壬午更化，俯就省掾，升除益都府判，改换押字再，宛然真书一品二字。未几，卒于官所。此偶然耶，抑数使然耶？

犬胁生子

元贞丙申秋，大都南城武仲祥家，有乳犬怀胎，左胁下忽肿成疮。六七日后，于疮生五子，色皆青苍，每当脊梁自顶至尾，生逆毛一道，他无所异。又数日，疮亦平复。

卷二十三

书 画 褾 轴

唐贞观、开元间，人主崇尚文雅，其书画皆用紫龙凤绸绫为表，绿文纹绫为里，紫檀云花杵头轴，白檀通身柿心轴。此外又有青赤琉璃二等轴，牙签锦带。大和间，王涯自盐铁据相印，家既羡于财，始用金玉为轴。甘露之变，人皆剥剔无遗。南唐则褾以回鸾墨锦，签以潢纸。宋御府所藏，青紫大绫为褾，文锦为带，玉及水晶檀香为轴。靖康之变，民间多有得者。高宗渡江后，和议既成，榷场购求为多，装褫之法，已具《名画记》及《绍兴定式》，兹更不赘。姑以所闻见者，使赏鉴之士有考焉。

锦褾

克丝作楼阁　克丝作龙水　克丝作百花攒龙　克丝作龙凤
紫宝阶地　紫大花　五色簟文俗呼山和尚。
紫小滴珠方胜鸾鹊　青绿簟文俗呼阁婆，又曰蛇皮。
紫鸾鹊一等紫地紫鸾鹊，一等白地紫鸾鹊。　紫百花龙
紫龟纹　紫珠焰　紫曲水俗呼落花流水。
紫汤荷花　红霞云鸾　黄霞云鸾俗呼绛霄，其名甚雅。
青楼阁阁又作台。　青大落花　紫滴珠龙团
青樱桃　皂方团白花　褐方团白花　方胜盘象
球路　衲　柿红龟背　樗蒲
宜男　宝照　龟莲　天下乐
练鹊　方胜练鹊　绶带　瑞草
八花晕　银钩晕　红细花盘雕　翠色狮子
盘球　水藻戏鱼　红遍地杂花　红遍地翔鸾
红遍地芙蓉　红七宝金龙　倒仙牡丹　白蛇龟纹
黄地碧牡丹方胜　皂木

绫引首及托里

碧鸾	白鸾	皂鸾	皂大花
碧花	姜牙	云鸾	樗蒲
大花	杂花	盘雕	涛头水波纹
仙纹	重莲	双雁	方棋
龟子	方縠纹	鸂鶒	枣花
鉴花	叠胜	白毛辽国。	回文金国。
白鷟	花并高丽国。		

赙卷纸

高丽	蠲	夹背蠲	揩光

轴

出等白玉碾龙簪顶或碾花。		白玉平顶	玛瑙浆水红。
金星石	珊瑚	水晶	蜡沉香
古玉	象牙	犀角	

轴杆

檀香木

匣

螺钿宋高宗内府皆钿匣。

炉　鸣

至元庚寅冬，江浙行省官立相哥、沙不丁辈德政碑，穹窿莫比，特阙坐石。时赵若晦者素善谄媚，因以杨和王坟域所有为言，役人夫数千，拖拽而至。毕工之日，是夜，省堂中火炉鸣，直至昧爽方休，嗣是夜以为常。又枭鸣梁压，虎入城市。越明年春，相哥败，诸公俱罹奇祸，岂非事有先兆与？

田　夫　人

刘公复新为上都留守时，有令史亢子春者，值公退食，偶与同列据案判事以戏，遂为仇家发之。公大怒，责问罪状，枷项示众。及归，怒容未霁。其夫人田氏，问公何故不乐，公语其故。夫人曰："此小节耳，何足怒也？"即令人呼亢至，请公为脱其枷，且劳以酒，云："此一杯与汝压惊，此一杯与汝庆喜。男子大丈夫，何所不至，留守之位何患不到！"亢感谢而退。不数年，公卒而无子，止一女，适田直长。直长遄卒，女病双瞽。后亢官湖广参政，迎夫人母子归，没齿敬养不怠。公乃廉访使刘廷榦之从祖父也。

嗓

大名王和卿，滑稽挑达，传播四方。中统初，燕市有一蝴蝶，其大异常，王赋《醉中天》小令云："挣破庄周梦，两翅驾东风。三百处名园，一采一个空。难道风流种，諕杀寻芳蜜蜂。轻轻的飞动，卖花人搧过桥东。"由是其名益著。时有关汉卿者，亦高才风流人也，王常以讥谑加之，关虽极意还答，终不能胜。王忽坐逝，而鼻垂双涕尺余，人皆叹骇。关来吊唁，询其由，或对云："此释家所谓坐化也。"复问鼻悬何物，又对云："此玉箸也。"关云："我道你不识，不是玉箸，是嗓。"咸发一笑。或戏关云："你被王和卿轻侮半世，死后方才还得一筹。"凡六畜劳伤，则鼻中常流脓水，谓之嗓病。又爱讦人之短者，亦谓之嗓，故云尔。

金 莲 杯

杨铁崖耽好声色，每于筵间见歌儿舞女有缠足纤小者，则脱其鞋载盏以行酒，谓之金莲杯。予窃怪其可厌。后读张邦基《墨庄漫录》，载王深辅道《双凫诗》云："时时行地罗裙掩，双手更擎春潋滟。傍人都道不须辞，尽做十分能几点。春柔浅蘸蒲萄暖，和笑劝人教引满。洛尘忽浥不胜娇，刬蹈金莲行款款。"观此诗，则老子之疏狂有自来矣。

大佛头

宋高宗朝，钱唐喻氏出家为沙门，名思净，建妙行院于北关，接待供僧三百万。画阿弥陀佛，入于神妙，杨侍郎杰赞为喻弥陀，人从而称之。净又于西湖之北镌石为大佛头。父老相传云，此石乃秦始皇系缆石。盖是时皆浙江耳，初无西湖之名，始皇将登会稽，为风浪所阻，故泊舟此处。

扬州白菜

扬州至正丙申、丁酉间，兵燹之余，城中屋址遍生白菜，大者重十五斤，小者亦不下八九斤，有膂力人，所负才四五窠耳。亦异哉！

谲诞有配

天下之事，未尝无配，虽谲诈诞妄之谈，亦有然者。松江卫山斋有材誉，时庸医儿孙华孙颇知嗜学，山斋因奖予之，使得侪于士类。山斋既死，华孙忽谓人曰："尝梦天使持黄封小合授吾，曰：'上帝有勅，以卫山斋声价畀汝。'吾受命谢恩而寤。"华孙才思极迟，凡作一诗，必数十日乃就，则曰："吾登溷偶得一联。"或又曰："枕上得此。"故人戏赠以诗，有"浪得诗名索价高"及"山斋声价黄封合"之句。陆居仁每谓人曰："吾读书至得意时，见庆云一朵现，家人皆不能睹。又一日，读《诗集传》，有不安处，思所以易之，忽若梦寐中见尼父拱立于前而呼吾字曰：'陆宅之，朱熹误矣，汝说是也。'"偶与友人之黠者言及此，友人曰："足下得非禀受素弱乎？"曰："何为？"曰："吾见足下眼目眊眩，又梦寐颠倒，故知其然也。"居仁惭赧，不复辨。客来谈及，拊几大笑，命笔识之。

检田吏

“有一老翁如病起，破衲毾毵瘦如鬼。晓来扶向官道傍，哀告行人乞钱米。时予奉檄离江城，邂逅一见怜其贫。倒囊赠与五升米，试问何故为穷民。老翁答言听我语，我是东乡李福五。我家无本为经商，只种官田三十亩。延祐七年三月初，卖衣买得犁与锄。朝耕暮耘受辛苦，要还私债输官租。谁知六月至七月，雨水绝无湖又竭。欲求一点半点水，却比农夫眼中血。滔滔黄浦如沟渠，农家争水如争珠。数车相接接不到，稻田一旦成沙涂。官司八月受灾状，我恐征粮吃官棒。相随邻里去告灾，十石官粮望全放。当年隔岸分吉凶，高田尽荒低田丰。县官不见高田旱，将谓亦与低田同。文字下乡如火速，逼我将田都首伏。只因嗔我不肯首，却把我田批作熟。太平九月开旱仓，主首贫乏无可偿。男名阿孙女阿惜，逼我嫁卖陪官粮。阿孙卖与运粮户，即目不知在何处。可怜阿惜犹未笄，嫁向湖州山里去。我今年已七十奇，饥无口食寒无衣。东求西乞度残喘，无因早向黄泉归。旋言旋拭腮边泪，我忽惊惭汗沾背。老翁老翁勿复言，我是今年检田吏。”此袁介《踏灾行》也，足可以为民牧不恤民瘼者之劝。介，字可潜，尝掾松江，盖能以儒术饰吏事者，因载之。

玉辘轳

霍清甫治书云：《考古图》载古衣服，今有玉辘轳、玉具剑。古乐府曰：“腰间辘轳剑。”此器，以块然之璞，既解为环，中复为转关，而上下之隙，仅通丝发，作宛转其间，今之名玉工者，往往叹其所未睹。按：汉隽不疑带櫑櫑同。具剑。晋灼曰：古长剑首，以玉作井辘轳形，上刻木作山，形如莲花初生未敷时。今大剑末首，其状如此。前说乃宋李公麟之所纪也。余昔宦游钱唐，因识吴和之者，性慧巧，博物，收一辘轳，玉青色，形如吕字，环口中间，辘轳旋转，无分毫缝罅，形色极古，人皆以为鬼工。因土渍，用白梅熬水煮之，良久，脱开，详视窍中，有双玉轴在焉。中嵌一物，形若牛筋，意度必是当间煮之胖胀，撑塞双轴，入窍关住，所以宛转无碍，年深腐败缩瘦，因而煮脱，试用于牛筋捶实，置轴两间，对勘孔窍，以线缚定煮之，少时，双轴果涌入窍中，须臾取出，依前动转不脱。后余亦收一小者，状若旋环，制作大约相似，后因损折，转轴中亦有一物，形似翎桶，想亦同一关捩。其玉具剑，自三代有之，今止以两汉为始，至于宋朝，且千余年，未有能穷其辘轳底蕴。今偶以煮脱乃得其机轴，亦云奇矣。

猴　盗

夏雪蓑云：尝见优人杜生彦明，说向自江西回至韶州，寓宿旅邸，邸先有客曰相公者居焉，刺绣衣服，琢玉帽顶，而仅皮履。生惑，具酒肴延款，问以姓名履历，客具答甚悉，初不知其为盗也。次日，客酬宴，邀至其室，见柱上锁一小猴，形神精狡。既而纵使周旋席间，忽番语遣之，俄捧一碟至。复番语詈之，即易一碗至。生惊异，询其故。客曰："某有婢得子，弥月而亡，时此猴生旬有五日，其母毙于猎犬，终日叫号可怜，因令此婢就乳之，及长成，遂能随人指使，兼解番语耳。"生别后，至清州，留吴同知处。忽报客有携一猴入城者。吴语生云："此人乃江湖巨盗，凡至人家，窥见房室路径，并藏蓄所在，至夜，使猴入内偷窃，彼则在外应接。吾必夺此猴，为人除害也。"明日，客谒吴，吴款以饭，需其猴。初甚拒，吴曰："否则就此断其首。"客不得已，允许，吴酬白金十两。临去，番语嘱猴。适译史闻得，来告吴曰："客教猴云，汝若不饮不食，彼必解尔缚，可亟逃来，我只在十里外小寺中伺也。"吴未之信。至晚，试与之果核水食之类，皆不食。急使人觇之，此客果未行。归报，引猴挝杀之。

盗　有　道

后至元间，盗入浙省丞相府。是夕，月色微明，相于纱帷中窥见之，美髭髯，身长七尺余。时一侍姬亦见之，大呼有贼。相急止之，曰："此相府，何贼敢来？"盖虞其有所伤犯故也。纵其自取七宝系腰，金玉器皿，席卷而去。翼旦，责令有司官兵肖形掩捕，刻期获解，沿门搜索，终不可得。越明年，才于绍兴诸暨州败露。掠问其情，乃云：初至杭，寓相府之东，相去三十余家。是夜，自外大醉归，倒于门外，主人扶掖登楼而卧。须臾，呕吐，狼籍满地。至二更，开楼窗，缘房檐，进府内。脚履尺余木级，面带优人假髯。既得物，直携至江头，置于白塔上，复回寓所。侵晨，逻者至，察其人，酒尚未醒，酣睡正熟。且身材侏儒，略无髭髯，竟不之疑。数日后，方携所盗物抵浙东，因此被擒。盗亦有道，其斯之谓欤？

预知改元

省掾李孟容度为余言：元统间在都门见一全真先生，年五十余，相貌魁伟。尝坐省东茶肆中，所言辄有验。因访其寓所，乃在五门外第二桥民家，遂以出处叩之。全真曰："汝仕不在北方，且宜南归，四十后，方可食禄。"临别，偶问及时事，全真曰："此后当改至元，至元后改至贞，天下乱矣。"仆曰："国初已有至元。"全真曰："汝第识之。"仆南还，至关河，闻改至元，心益信之。及改至正，则知贞者，正也。四十后，方补饶州府史。夫全真之言，如烛照数计，特不知果何术也，岂非至人者乎！

醉太平小令

"堂堂大元，奸佞专权，开河变钞祸根源，惹红巾万千。官法滥，刑法重，黎民怨。人吃人，钞买钞，何曾见。贼做官，官做贼，混贤愚，哀哉可怜。"右《醉太平》小令一阕，不知谁所造，自京师以至江南，人人能道之。古人多取里巷之歌谣者，以其有关于世教也。今此数语，切中时病，故录之，以俟采民风者焉。

讥省台

集庆失守，行御史台移置绍兴路，前御史大夫纳璘再任。时浙省丞相达失帖木儿得便宜行事，民间颇言其贪。后又以大夫子安安判行枢密院，护台治，大夫之政，一听决于院判。有人作诗云：“旧省新丞相，新台旧大夫。大夫听子语，丞相爱金珠。”又有人大书于台之门曰：“苞苴贿赂尚公行，天下承平恐未能。二十四官徒獬廌，越王台上望金陵。”

造物有报复

会稽陈思可睿云：至正丙申，御史大夫纳璘，开行台于绍兴。于时庆元慈溪则有县尹陈文昭，本路余姚则有同知秃坚，在城则有录事达鲁花赤迈里古思，皆总制团结民义者。纳璘之子安安，以三人为不易制，思有以去之。乃先绐召秃坚至，拘留宝林寺，夜半，率台军擒杀之。从而方国珍亦执陈文昭、沈之海。独存迈里古思一人耳。人皆以秃坚之死，归罪于迈里古思不能力救，殊不知当时之执秃坚，乃所以擒迈里古思也。执秃坚之谋，出于潘子素，子素亦为安安缢诸途。执子素之谋出于辛敬所，敬所艰关投张士诚，客死平江僧舍。及拜住哥代纳璘为大夫，又不能容迈里古思，挝杀于其私第。拜住哥以弟搠思监拜中书右相，诏入朝，既得罪，兄弟诛戮，家无噍类，但未知安安死所耳。静而思之，若有尸于冥冥之中者，不知造物果如何也。

锁锁

回纥野马川有木曰锁锁，烧之，其火经年不灭，且不作灰。彼处妇女取根制帽，入火不焚，如火鼠布云。

叶氏还金

叶公政，字克明，淮阴人，行宣政院都事季实之子，翰林直学士蟾心之从子也。至正甲午，公政以浙西幕史，奉卜颜平章檄，转饷鄂阃。时丹阳富民束子章，先与是役，会饮于蕲，志相合，即以兄礼事公政。未几，子章起赴沔，泣别公政曰："弟今济大江，涉重地，兄言行笃信，愿以资囊相托。"公政辞弗获，俾子章手缄，而为谨藏之。越两月，子章之友朱君让，率其奴来谒，曰："子章不幸入莲台湖，遇盗死矣。子章昔寄囊中亦有某物在。"间欲启囊而请之。公政曰："汝寓物子章未尝语我，子章已矣，家固无恙也。义必质诸其家，明以付汝。"君让以公政匿为己有，衔之，去。明年，既竣事，还坐丹阳驿门，要束、朱二氏父子，启囊缄，得钞二百五十缗、黄金五十两、银三百两、珠八千枚，衣帛有差，归之束氏。余钞五十缗、黄金五两、银五十两、珠千枚，有朱题封，归之朱氏。盛具酒馔以谢，辞之。前翰林院编修胶西张复初，嘉公政义，为作传。且称，公政幼知读书，尝从平章克池之诸县，破兰溪渠魁徐真一，平蕲水寨，司辎粮四年，无纤芥谴呵。平章凡七荐，中书不报。人谓公侯子孙必复其始，天道岂独远耶？江阴王逢诗曰："蕲春肥羊采石酒，君为玉昆我金友。夜谈接膝昼握手，乾坤意气同高厚。霜风吹芦客衣薄，湿云羁鸿飞漠漠。蓬窗篝灯照囊橐，嗟君远行感君托。莲台湖深浪泊银，鹧鸪杜若伤心神。天生祸乱有今日，谁谓交游无故人？叶郎还金何愧窦禹钧。"

傅氏死义

傅氏，绍兴诸暨人，年十八，适同里章瑜。瑜为苛吏胁军兴期会，迫死道上。讣至，傅氏蒲伏抱尸归，号泣三日夜，不忍入椋。尸有腐气，犹依尸呵琀，曰冀苏。既入棺，至啮其棺成穴。及葬，投其身圹中，母强挽以出。制未百日，母欲夺志，语闻，遂大恸，连日不食。母嘱侍婢谨视之，阅数日，给婢"吾当浴，若辈理沐具俟予"，既而失所在。明日，婢汲井，见二足倒植井中，乃傅氏也。杨铁史维桢尝赞之曰："余读古节妇事，至青绫台及祝英氏，以为后无继者，世道降也久矣，今瑜妻乃尔，谓世降德薄者，吾信欤？夫妇伦与君臣等，世之称臣子者，独不能以瑜妻之义于夫者义其君欤？噫！"

武官可笑

张氏据有平江日，其部将左丞吕珍守绍兴，参军陈庶子、饶介之在张左右。一日，陈赋诗，饶染翰，题一纨扇以寄吕云："后来江左英贤传，又是淮西保相家。闻说锦袍酣战罢，不惊越女采荷花。"饶素负书名，且诗语俊丽，为作者所称。吕俾人读罢，忽大怒曰："吾为主人守边疆，万死锋镝间，岂务爱女子而不惊之耶？见则必杀之！"又元帅李其姓者，杭州庚子之围解，颇著功劳，一士人投之以诗，将有求焉。其诗有"黄金合铸李将军"之句。李大怒曰："吾劳苦数年，止是将军，今年才得元帅，乃复令我为将军耶？"命帐下策出之。右二事虽相传以为笑，亦可因以为戒云。

鞫狱

吴人高伯厚云：元统间，某吏杭东北录事。一日，有部民某甲某乙斗殴，某甲之母劝解，被某乙用木棒就脑后一击，仆地而死。适某承该检验，脑骨唇齿，皆有重伤，某乙招伏。系狱经二载，遇赦，以非谋杀合宥。既得释放，来致谢，因言："与某甲斗殴时，其母来劝，力牵其子之裾，手脱仰跌，自搕其脑，昏绝在地。邻里有剪刀挑母唇齿灌药，不苏，乃死。故脑唇有伤，实未尝持棒击之也。"某问何为招伏，某乙言："仓皇之际，惟恐棰楚，但欲招承，偿命弗暇计也。邻里见我已招，遂皆不复言矣。"吁，今之鞫狱者，不欲研穷磨究，务在广陈刑具，以张施厥威，或有以衷曲告诉者，辄便呵喝震怒，略不之恤，从而吏隶辈奉承上意，拷掠锻炼，靡所不至，其不置人于冤枉者鲜矣！使闻伯厚之言，宁不知惧乎？

圣铁

杭州张存，幼患一目，时称张眼子。忽遇巧匠，为安一磁睛障蔽于上，人皆不能辨其伪。至元丙子后，流寓泉州，起家贩舶。越六年壬午，回杭。自言于蕃中获圣铁一块，厚阔仅及二寸，作法撒沙布地，噙铁于口，刀刃不能伤其身。后传闻既广，有乌马儿奉使来取试，以铁纳于羊口，笼其首，作法撒沙验之，剑果无所伤。去铁复挥，应手首落。遂就进呈。

鬼爷爷

元统间，杭州盐仓宋监纳者，尝客大都，求功名不遂，甚至穷窘，然颇慎行止，不敢非为。遂出齐化门求一死所，望见水潭，将欲投入。虚空中有鬼作人声云："宋某阳寿未终，不可死也。"四顾，一无所有，于是默默而回。中途，拾得一纸帖云："宋某可于吏部某令史下某典吏处习学书写。"翼日，物色之，果得其人，遂获进步。再得一帖云："汝可求托某人谋请俸禄。"因依所言，一举而成。凡历俸数十月，至于受敕命，获财宝，取妻买妾，生子育女，为富家翁，一皆阴冥所佑。平昔却未尝睹其形状，只见一矮小影子而已。但有所见，即便祭献，称名爷爷。忽一日，有一帖云："我要叶子金一百八十两。"索之甚急，未免数数祭献求免。因问云："爷爷要此何用？"一帖云："我要去扬州天宁寺妆佛也。"又一夕，其妻臂上失去金钏金镯，急告之，一帖云："在汝第几只箱内，权且付还。"又一日，失去熟羊背皮。一帖云："我借用了，明日当还。"次日，一大绵羊自外走入。如此等类甚多，不可枚举。及宋受前职，鬼亦随到。恐被窃其所有，乃令人诣龙虎山求天师符命，悬于所寓室内。晨兴，但见一样四十道，皆倒悬之，莫可辨其真伪。及礼请功行法师驱治，而坛内牌位颠倒错乱，弗能措手而止。又一日，盐仓印信不知所在，告之哀切。一帖云："在汝第四十几只箱内第几个缎子下。"开寻果有。时与张大使同寅，将印寄于伊家。一帖飞告云："印信当长官收掌，若不送还，一棒打碎汝头也。"大使惊恐，急送还之，后有一过路道人诣门，偶以始末诉之。道人曰："我当为汝遣之。"乃于桃树上，砟取朝向东南大枝，作一捶一椹，便以椹钉东南隅地上，嘱云："每月逢五，则击五下，当自绝也。"后果寂无影响，竟不知何等鬼也。江阴陈範季模与宋交代，所以极知其详。季模，盖余友也。

死护文庙

胡善字师善，绍兴诸暨人，泰定进士，胡一中高第弟子也。至正乙未，以宪佥赵公举，为松江儒学经师。越明年二月，苗寇至，欲毁孔子庙，善坐经席骂寇，寇怒，杀之，庙得免于灾。先是，善以死自许，题诗于壁曰："领檄来司教，临危要致身。"及难死，果不诬。今校官貌其像，祀于先贤堂。

卷二十四

结交重义气

国初，张公可与、李公仲方、鲜于公伯机，同仕于朝。既而张除浙省郎中，李除都事，鲜于除浙东宣慰经历，胥会于杭，欢甚。李卒于官，张移书鲜于曰："仲方殁矣，家贫子幼，吾辈若不为之经纪，则孤寡何所依也？吾以一女许配其仲子矣，公以为何如？"鲜于闻讣，哀祭成礼，亦以一女许赘其长子，即从善也，后官至绍兴推官。仲子字复初，官至淮安总管。于此可见前辈结交重义气，不以贵贱贫富易其心，诚可敬也。张公官至中书左丞。

帝廷神兽

国朝每宴诸王大臣，谓之大聚会。是日，尽出诸兽于万岁山，若虎豹熊象之属，一一列置讫，然后狮子至。身才短小，绝类人家所蓄金毛猱狗。诸兽见之，畏惧俯伏，不敢仰视。气之相压也如此。及各饲以鸡鸭野味之类，诸兽不免以爪按定，用舌去其毛羽，惟狮子则以掌擎而吹之，毛羽纷然脱落，有若焊洗者，此其所以异于诸兽也。古云狮子吼，盖不易于吼，一吼则百兽为之辟易也。

勾阑压

至元壬寅夏，松江府前勾栏邻居顾百一者，一夕，梦摄入城隍庙中。同被摄者约四十余人，一皆责状画字。时有沈氏子，以搏银为业，亦梦与顾同，郁郁不乐。家人无以纾之，劝入勾栏观排戏。独顾以宵梦匪贞，不敢出门。有女官奴，习讴唱，每闻勾栏鼓鸣，则入。是日，人未几，棚屋拉然有声，众惊散，既而无恙，复集焉。不移时，棚阽压，顾走入抱其女，不谓女已出矣，遂毙于颠木之下。死者凡四十二人，内有一僧人、二道士，独歌儿天生秀全家不损一人。其死者皆碎首折胁，断筋溃髓，亦有被压而幸免者，见衣朱紫人指示其出，不得出者，亦曲为遮护云。

鹁鸽传书

颜清甫，曲阜人，颜子四十八代孙。尝卧病，其幼子偶弹得一鹁鸽，归以供膳，于梢翎间得书一缄，书上题云："家书付男郭禹开拆。"禹乃曲阜县尹郭仲贤也，盖其父自真定寄至者。时仲贤改授远平县尹去，鸽未及知，盘桓寻觅，遂遇害。清甫见之，责其子，便取木匣函鸽，候病稍愈，直抵仲贤官所，献书与鸽，且语其故。仲贤戚然曰："畜此鸽已十七年矣，凡有家书，虽隔数千里，亦能传致，诚异禽也。"命左右瘗之。以清甫长厚君子，留之累日。商及子弟出处，仲贤告言，长子国祥颇习儒业。及仲贤知霍州，召补州史，贡山东廉访，奏差升书吏，后官至汉中廉访使。

待士鄙吝

嘉兴林叔大镛掾江浙行省时，贪墨鄙吝，然颇交接名流，以沽美誉。其于达官显宦，则封羔杀豕，品馔甚盛，若士夫君子，不过素汤饼而已。一日，延黄大痴作画，多士毕集，而此品复出。扪腹阔步，讥谑交作。叔大赧甚，不敢仰视，遂揖潘子素，求题其画。子素即书一绝句云："阿翁作画如说法，信手拈来种种佳。好水好山涂抹尽，阿婆脸上不曾搽。"大痴笑谓曰："好水好山，言达官显宦也；阿婆脸不搽，言素面也。"言未已，子素复加一句云："诸佛菩萨摩诃萨。"俱不解其意。子素曰："此谢语，即僧家忏悔也。"哄堂大笑而散。叔大数日羞出见客。人之鄙吝，一至于此，亦可怜已。

陈 公 子

陈云峤柏，泗州人，性豪宕结客。其祖平章，故宋制置，即龙麟洲题琵琶亭以讥之者。凡积金七屋，不数年，散尽。尝为侍仪舍人，馆阁诸老，朝省名公，莫不折辈行与交，咸称之曰公子。其妻，铁大保女也，恃富贵近戚，偶以一言骄之，遂终身不见。尝被命监铸祭器于杭，无锡倪元镇慕其名，来见之，张燕湖山间，罗设甚至，酒终为别，以一帖馈米百石。云峤命从者移置近所，举巨觥，引妓乐驺从者而前，悉分散之。顾倪曰："吾在京时，即熟尔名，云南士之清者，它无与比。其所以章章者，盖以米沽之也。请从今日绝交。"且骂诸尝誉之者。时张伯雨在坐，不胜跼蹐。其豪气类如此。尝雪中骑牛拜米南宫墓诗云："少年不解事，买骏轻千金。何如小黄犊，踏雪空山深。小小双牧童，吹笛穿松林。醉拜南宫墓，地下有知音。"言世上无知音也。平日喜居钱唐，好古有余，而治才不足，又不乐小官，怒骂宰相，年逾六十，不得志而死。其毕命时，作偈云"前身本是泗州僧"。

汉 魏 正 闰

霍治书云：紫阳杨焕然先生，读《通鉴》至论汉魏正闰，大不平之，遂修《汉书》，驳正其事。因作诗云："风烟惨淡驻三巴，汉烬将燃蜀妇髽。欲起温公问书法，武侯入寇寇谁家？"后攻宋军回，始见《通鉴纲目》，其书乃寝。顺德刘道济先生尤不平之，修书名《三为》，亦见《纲目》，闷而不行。中统改元，陵川郝伯常先生使宋，被留仪真，势不得还，就买书作《续汉史》，既脱稿，会同僚苟正甫诸公饮，至数行，忽长叹曰："某辛苦十余年，莫不被高头巾辈已做了也？"皆对云："不闻之。"至元丁亥，予分台江西，购得萧常《续汉书》全部，因喟然曰："惜乎郝君不及见此！"

刚卯

刚卯者，按许慎《说文》："毅音开。攺，大刚卯，以逐鬼也。"《玉篇》："开攺，刚卯大印，以辟鬼也。"《广韵》："毅攺，大开坚也。"《王莽传》服虔注曰："刚卯，以正月卯日作，佩之，长三寸，广一寸。四方，或用玉，或用金，或用桃，著佩之。"又注："当中央从穿作孔，以彩丝茸其底，刻其上，文曰：正月刚卯既央，灵殳四方，赤青白黄，四色是当，帝令祝融，以教夔龙，庶疫刚瘅，莫我敢当。又曰：疾日严卯，帝令夔化，顺尔国化，伏兹灵殳，既正既直，既觚既方，庶使刚瘅，莫我敢当。"凡六十六字。毅攺者，佩印也，以正月卯日作，故谓刚卯，又谓之大坚，以辟邪也。金刀之利者，皆不得行。服虔曰："刚卯，以正月卯日作，佩之，长三寸，广一寸，四方，或用金，或用桃，著革带佩之，今有玉在者，铭其一面曰'正月刚卯金刀'，莽所铸之钱也。"晋灼曰："刚卯，长一寸，广五分，四方，当中央从穿作孔，以彩丝茸其底，如冠缨头蕤，刻其上面作两行书，文曰：正月刚卯既央，灵殳四方。云云同前。其一铭曰：疾日严卯，帝今夔化，顺尔故一作固。伏，化兹灵殳。云云同前。"师古曰："今往往于土中得玉刚卯者，按大小及文，服说是也。莽以刘字上有卯，下有金，旁又有刀，故禁刚卯及金刀也。"博谋卿士，佥曰："天人同应，昭然著明，其去刚卯，莫以为佩。除刀钱，勿以为利。承顺天心，快百姓意。"乃更作小钱，径六分，重一铢，文曰"小钱直一"，与大泉五十者，为二品并行。《后汉·舆服志》：佩双印，长寸二分，方六分，乘舆，诸侯及王公、列侯，以白玉。中二千石以下，至四百石，皆以黑犀。三百石，以至私学弟子，皆以象牙。上合丝。乘舆以縢，贯白珠，赤罽蕤。诸侯王以下以綔，赤丝蕤。縢綔各如其印质。刻书曰：正月刚卯既决。云云同前。慎尔周伏，化兹灵殳。云云同前。凡六十六字。前书注云：正月卯日作。霍治书清甫云：尝于吴中得白玉刚严双印四枚，完具者二，刚卯铭词三十四字，严卯铭词三十二字，其二字笔画损缺，刚卯无"既央"二字，余十字难辨。尝考《王莽传》、《舆服志》、《说文》，《刚卯铭》与《说文》及《王莽传》同。《舆服志》央为决，严卯疾日为曰。疑志误。又“顺尔故伏”，与《莽传》同，《说文》作“顺尔国伏”，《舆服志》作“慎尔周伏”，未详孰是。其服用制度，递相引据，亦不同。后见徐容斋参政藏刚卯一，梁贡父尚书藏刚严二，并系古玉篆体，《刚卯铭》三十四字，字画亦损缺，制度铭词，与前双印大约不异。续收严卯二，一以玉为之，一若琴瑟，俗传葛仙翁炼丹头，又名药注子。其文曰：“制曰严卯，帝命莫忘，日资唯是，黑青白黄，既正既直，既觚既方，庶使罔谈，莫我敢当。”与前《严卯铭》词并差。鲜于伯机经历收一枚，高彦敬尚书收二枚，并真楷书，皆似近代制作，未见所出。偶得金陵学宫所刻黄山谷先生《辨刚卯遗迹》，其说与前相同，但云：䌛，丝绳也，音护。古文无此字。按：五纽，绳器也。罝，兔罟也。岂纫丝绳与兔罟相类，故同此音耶？又马永卿《懒真子录》云：汉人以正月卯日作，佩之，铭其一面曰刚卯。乃知今人立春或戴春胜，亦古制也。盖刚者，强也，卯者，刘也。正月佩之，尊国姓也。与陈汤所谓强汉者同义。

倜傥好义

顾仲庸，泰州人，以财雄一乡，倜傥好义，有古豪侠风。自奉甚薄，而礼贤养士无虚日，名公巨儒多馆其家，张蜕庵承旨亦其人也。仲庸与保定张文友交。文友嵊县尹秩满，侨居江阴，一日，暴卒。时仲庸留京师，友人以讣告，戒勿泄。友询其故，曰：“文友贤而贫，在六品选人中，吾将与其子为地。”即走告当路者曰：“张文友已疾病矣，愿致仕。”因代入状中书，遂获以奉政大夫、嘉定知州致仕。既领宣命，数月，又代文友之子告荫，寻注常州晋陵县尉，便其养母也。其家悉无所知。仲庸南归，遣人致赙奠，奉宣敕以授其子。闻者惊叹。仲庸行事类如此。

道士寿函

会稽阳明洞天，在秦望山后，禹庙之西南，云即古禹穴，越之胜境也。诸峰环耸盘郁，空曲中有东岳行祠及老子宫。余尝宿留其间。

一老道士者，朱颜鹤发，延至其室，室横一空棺，云已十余年矣，未能即弃浮世而入此匣也。其后兵攻越城，游骑四出，道士乃沐浴冠佩，绝粒饮，与众永诀，卧于其中，七日不死。军至，发棺，挈之出。兵退，乃入城，一病而卒，向之棺不可得矣，岂非分定欤？

馄 饨 方

乔公仲山，官吏部郎中，好古博雅，仍喜谐谑，所交皆名人才士。公家制馄饨得法，常苦宾朋需索，一日，于每客前先置一帖，且戒云："食毕展卷。"既而取视，乃制造方法也。大笑而散。自后无复言矣。

精 塑 佛 像

刘元，字秉元，蓟之宝坻人，官至昭文馆大学士、正奉大夫、秘书监卿。元尝为黄冠，师事青州杞道录，传其艺非一，而独长于塑。至元七年，世祖建大护国仁王寺，严设梵天佛像，特求奇工为之，有以元荐者。及被召，又从阿尼哥国公学西天梵相，神思妙合，遂为绝艺。凡两都名刹，有塑土范金、抟换为佛，一出元之手，天下无与比。所谓抟换者，漫帛土偶上而髹之，已而去其土，髹帛俨然像也。昔人尝为之，至元尤妙。抟丸又曰脱活，京师语如此。

缪 孝 子

缪孝子伦，字叔彝，东平人，侍父宦游，寓居钱唐。至正十六年，淮兵寇城，执其父，将杀之，伦哀号乞免，弗听，倾家资以赎，又弗听。乃自缚请代，于是杀伦而释其父。甚哉，贼之不仁也！

赵 孝 子

赵孝子天爵，字伯廉，平阳解州夏县人。尝为吏，多平反。惇行孝弟，治家甚严，三子皆颀然玉立。母丧，庐墓三年，父继丧，又如之。惟蔬食菜羹，不饮酒食肉，不与妻妾见。有司以闻于朝，旌表其门闾，复其身。

王义士

王义士天爵，字仁杰，亦夏县人。饶于财，有善行。以粟贷人，不图重息，年丰，仅取十之二三，稍饥，但收其本，大凶，则皆已之。乡里不知字，咸称义士云。每值生身之辰，寝苫一月，以报父母。

木冰

朝廷于岁首例遣使祭岳渎。至正乙巳，翰林应奉李国凤代祀嵩、恒、医无闾。抵汴，路闭，即城中望祭嵩岳，时闰月下旬也。二月十三日，游相国寺，池上群僧方聚观，从之仰视，日旁一月一星，月如初弦者。又十日，雨木冰，状如楼阁，人物、冠带、鸟兽、卉木，百态具备，殆非人工。高林大树，珠葆羽幢，弥望不绝，凡五日始解。又十日，复冰，自汴至中滦皆然。不一岁，盗陷汴据之。

龙湫献灵

亦集乃路在西北方，有山曰蹇占。山北多龙湫，土人欲有所事，则投之。吉安道士刘学仙尝至其地，见有烹羔桐酪，祠焉，数皮而沈之，祝曰："神为我鞣而治之。"为期而去。至期，复祠之，则得成革矣，若有曰鬼工然，不可测也。归，语于虞邵庵先生。先生初以为诳，及质诸其土人之在京师者，则始信。盖其人习以为常，不以为异耳。

王一山

杭州属邑有一巨室，怙财挟势，虐害良善，邑官贪墨，莫敢谁何。

众不可堪，走诉宪府，巨室逃匿。宪使怒，督责有司，示罪赏，揭大逵，且家至壁白，隐藏者罪连坐，首捕者赏万缗。其友人王一山者，世业儒，居湖山第一楼，帱彼于密，期月不发。邻家察知，图给赏钱，告报于官。官搜索得之，并王逮系，囚见宪使。使问云："女知彼所犯乎？"王曰："知之。""女闻国有制乎？"曰："知之。""女见揭示罪赏乎？"曰："见之。""女奚不就利避害乎？"曰："朋友颠连来奔，乘其危以售之，则名教中有所不容，某诚弗忍为，事觉连坐，乃甘心焉。"使竦然曰："君子所谓临难毋苟免，其人践之矣，真义士也！若加以罪，是吾政苛而刑滥，民何以劝？"遂释之。使即许文正公子也。

误堕龙窟

徐彦璋云：商人某，海船失风，飘至山岛，匍匐登岸，深夜昏黑，偶坠入一穴，其穴险峻，不可攀缘。比明，穴中微有光，见大蛇无数，蟠结在内。始甚惧，久，稍与之狎，蛇亦无吞噬意。所苦饥渴不可当，但见蛇时时舐石壁间小石，绝不饮啖，于是商人亦漫尔取小石噙之，顿忘饥渴。一日，闻雷声隐隐，蛇始伸展，相继腾升，才知其为神龙，遂挽蛇尾得出，附舟还家。携所噙小石数十至京城，示识者，皆鸦鹘等宝石也，乃信神龙之窟多异珍焉。自此货之致富。彦璋亲见商人，道其始末如此。

鸡司晨有准

尝至松江钟山净行庵，见笼一雄鸡置于殿之东檐。请问其故，寺僧云："蓄此以司晨，盖十有余年矣，时刻不爽。"余窃记张公文潜《明道杂志》云：鸡能司晨，见于经传，以为至论，而未必然也。或天寒鸡懒，至将旦而未鸣，或夜月出时，邻鸡悉鸣。大抵有情之物，自不能有常而或变也。若然，则张公之言非欤？因举似以询其所以。僧云："司晨之鸡必以童，若坏其天真，岂能有常哉！"盖张公特未知此理故耳。

黄道婆

闽广多种木绵，纺绩为布，名曰吉贝。松江府东去五十里许，曰乌泥泾，其地土田硗瘠，民食不给，因谋树艺，以资生业，遂觅种于彼。初无踏车椎弓之制，率用手剖去子，线弦竹弧置按间，振掉成剂，厥功甚艰。国初时，有一妪名黄道婆者，自崖州来，乃教以做造捍弹纺织之具，至于错纱配色，综线挈花，各有其法，以故织成被褥带帨，其上折枝团凤棋局字样，粲然若写。人既受教，竞相作为，转货他郡，家既就殷。未几，妪卒，莫不感恩洒泣而共葬之，又为立祠，岁时享之。越三十年，祠毁，乡人赵愚轩重立。今祠复毁，无人为之创建。道婆之名，日渐泯灭无闻矣。

天陨鱼

至正丙午八月辛酉，上海县浦东俞店桥南牧羊儿三四，闻头上恰恰有声，仰视之，流光中陨一鱼，刺麻佳上成二创，其状不常见，自首至尾根仅盈尺，似阔霸而短。是日晴无阴云，亦无雕鹳之类，是可怪也。日昳时，县市人哄然指流星自南投北，即此时也。桥下一细家取欲烹食，其妻盐而藏之，来者多就观焉。或者曰：志有云：天陨鱼，人民失所之象。

十二生子

至元丁丑，民间谣言拘刷童男女，以故婚嫁不问长幼而乱伦者多矣。平江苏达卿，时为上海吏，有女年十二，赘里人浦仲明之子为婿，明年，生一子。

刘节妇

刘节妇，泰州坂埨人。至正丙申春，随父渡江，居吴门，适张士诚部将曹某。方数月，夫阵亡。刘不避凶险，躬至死所，求得其尸归葬。欲以身殉，父不许。既而权贵人闻刘美且贤，争欲强委禽焉，刘誓死不贰，遂削发为比丘尼。夫刘本一间阎女子，其操行乃尔，盖有贵为后妃而莫之及者，谓非天性也欤？

历代医师

三皇

僦贷季　天师岐伯　鬼臾区　少师　少俞　伯高　桐君太乙雷公　马师皇

五帝

巫咸　伊尹

周

巫彭　矫氏　俞氏　卢氏　医缓　医竘　文挚　医和　范蠡　凤纲

秦

长桑君　李豹　神应王扁鹊　子阳　安期先生　太医令李醯　崔文子

西汉

楼护　元里公杨庆　公孙光　秦信　太仓公淳于意　王遂　宋邑　冯信　高期　王禹　唐安杜信　玄俗

东汉

张机仲景　郭玉　程高　涪翁　沈建　张伯祖杜度　魏沉　淮南子

蜀汉

李撰　唐慎微　韩保升　孟昶

魏

华佗　李当　吴普　青牛道士封君达　樊阿韩康

吴

吕博　负局先生　董奉

西晋

王叔和　李子豫　仰道士　殷仲堪　李法存　皇甫谧玄晏先生　张苗　裴頠　裴觊　刘德　史脁　宫泰　靳邵　张华　蔡谟　赵泉　阮德

东晋

葛洪抱朴子　范汪　程据

南宋

少主元微　王纂　胡洽　徐熙秋夫　徐道度秋夫长子　徐叔向道度弟　薛伯宗　徐仲融　徐文伯　徐嗣伯　僧深　刘涓子　羊晰　秦承祖

南齐

张子信　马嗣明　张远游

北齐

顾欢　李元忠　李密　崔季舒　祖挺　褚澄　邓宣文　颜光禄　龙树王菩萨　徐之才　徐林卿之才长子　徐同卿林卿弟

梁

贞白先生陶弘景　苏恭

后魏

王显　徐謇　徐雄謇长子

后周

徐之范　杜善方

隋

徐敏斋　许智藏　巢元方　杨善

唐

金元起　真人孙思邈　许胤宗　宋侠　药王韦慈藏　甄权　甄立言　王冰启玄子　张文仲　孟诜　兰陵处士萧炳　李虔纵　杨玄操　元珠先生　杨损之

王方庆　秦鸣鹤　许孝宗　陈士良　李含光　张鼎　陈藏器

五代

日华子

宋

赵从古　谢复古　刘温舒　朱肱无求子　孙用和　纪天锡　刘元宾通真子　翟煦　宋道方　许叔微　王从蕴　吴复圭　张洞　曹孝忠　林亿　秦宗古　丁德用　贾祐　苏颂　朱有章　掌禹锡　初虞世　道士马志　庞安时　孙兆　王惟一　王光祐　蒋淮　安自良　张素　陈遇明　刘翰

金

成无己　何公务　刘守真　侯德和　张子和　马守素　杨从政　李道源　张元素洁古老人　袁景安

卷二十五

论 秦 蜀

秦皇坑儒，武侯相汉，未有置异议于其间者。偶读宋萧森《希通录》及俞文豹《吹剑录》，而得其说，可采。森曰：李斯曰："非博士官所职，天下敢有藏诗书百家语者，皆诣守尉杂烧之。"则是天下之书虽焚，而博士官犹有存者，惜乎入关收图籍而不及此，竟为楚人一炬耳。前辈尝论之，但坑儒一事，未有究极之者。仆按史书，所坑特侯生、卢生四百六十余人，非能尽坑天下儒者。为其所坑，又非儒者。何以知之？始皇三十二年，使卢生求羡门，刻碣石门，坏城郭，决通堤防。又卢生入海还，因奏录图书曰："亡秦者胡也。"始皇乃遣蒙恬，发兵三十万人，北伐匈奴，起临洮，筑辽水。又卢生说始皇曰："日方中，人主时为微行，以避恶鬼，恶鬼避，真人至，愿上所居宫毋令人知，然后不死之药殆可得也。"其后建阿房宫，千间万落，必自此言发之。观此二事，皆卢生稔其恶，又纵臾之，特方伎之流耳，岂所谓儒者哉？始皇因封禅之议，谤口纷纷，已怀杀意。及其一怒而坑之，或者天理之不容。方其求药海上也，则挟童男童女以行，皆取于民间，夺其无告之孤，肆厥不轨之状，如今所谓妖教，窃其中死无辜者多矣，此一罪也。因亡胡之谶，兴北伐之师，筑长城，断地脉，南北生灵，因是役而死者，不可胜算，骸积如山，血流成川，调发频仍，剥及闾左，原始要终，谁生厉阶，此二罪也。献避鬼之术，觊真人之来，咸阳宫观二百七十，复道相连，有言其所幸之处者罪死，梁山之上，其语一泄，时在旁者尽杀之，自是莫知行之所在，此三罪也。有一于此，罪不容于死，况兼有之。以四百六十余人之坑，偿万民之命，良不为过。天网恢恢，疏而不漏，真可畏哉！始皇曰："卢生等，吾尊赐之甚厚，今乃诽谤我，诸生在咸阳者，吾使廉问，或为妖言，以乱黔首，于是使御史按问，诸生传相告引。”仆亦信卢生非吾儒中人，况始皇自谓尊赐甚厚，岂非如前三者方术图谶之类，有以中其欲，故尊赐之，初不闻其诵孔子之言以进。古今相承，皆曰坑儒，盖惑于扶苏之谏。扶苏曰：“诸子皆诵法孔子，皇上皆重法绳之，臣恐天下不安。”呜呼，至若卢生者，何尝诵法孔子，自扶苏言之误，使儒者蒙不韪之名，自我一洗，亦万世之快也。不然，如两生、四皓、伏生之流，鸿飞冥冥，弋人何慕，肯摇唇鼓吻，自投于陷阱哉！仆故曰：卢生四百六十余人，皆方伎之士也。天下之大，所谓儒者，固不止此。其坑之者，此而已矣，有道之士，秦不能坑。火德一炎，两生以讲礼闻，四皓以羽翼之功闻，伏生以口授古书闻，岂非天寿其脉，留此数公，以见吾儒不可磨灭，而朋奸党恶小人终不能为长久计。商君以变法祸秦，竟遭车裂，卢生以方伎祸秦，坑于咸阳，其罪等也，天其或者假手于秦欤？商君裂矣，卢生坑矣，而秦以不祀，抑亦自相挤陷之明报，而祸淫之道为不偏矣。仆恶夫坑儒之名，故论其颠末如此。文豹曰：古今论孔明者，莫不以忠义许之，然余兄文龙，尝考其颠末，以为孔明之才，谓之识时务则可，谓之明大义则未也；谓之忠于刘备则可，谓之忠于汉室则未也。其说有四。一者，备虽称为中山靖王之后，然其服属疏远，世数难考，温公谓犹宋高祖自称楚元王后，故《通鉴》不敢以绍汉统。况备又非人望之所归，周瑜以枭雄目之，刘巴以雄人视之，司马懿以诈力鄙之，孙权以猾虏呼之，亮独何见而委身焉。藉使以为刘氏族属，然献帝在上，犹当如光武之事更始，东征西伐，一切听命焉可也。二者，备之枉驾草庐也，始谋不过曰：“主上蒙尘，孤不度德量力，欲伸大义于天下。”其辞甚正，其志甚伟。自亮开之以跨荆益成霸业之利，而备之志向始移，无复以献帝为念。由建安举兵以来，二十四年，天子或都许，或居长安，或幸洛阳，宫室煨烬，越在篱棘间，备未尝使一介行李诣行在所。今年合众万余，明年合众三万，未尝一言禀命朝廷，而亮亦未尝一谈及焉。盖其帝蜀之心，已定于草庐一见之时矣。三者，曹操欲顺流东下，求救于吴，无一言及献帝，而独说以鼎足之说。夫鼎足之说，始于蒯通，然通之说韩信以此，犹有汉之一足，当三国时而为是说，则献帝无复染指之望矣。赖周瑜汉贼之骂，足以激怒孙权，故能成赤壁之胜，若备若亮，何以厉将士之气，服曹操之心哉！荆楚之士，从之如云，非从备也，乃从汉也。四者，备之称王汉中，则建安二十四年也。献帝在上，而敢于自王。及称帝武担，则闻献帝之遇害也。亮不能如董公说高祖，率三军为义帝缟素，仗大义，连孙吴，声罪讨贼，乃遽乘此即帝位，而反锋攻吴。晋文公有言：父死之谓何，又因以为利。故费诗以为大敌未克，便先自立，恐人心疑惑，而谏以高祖不敢王秦之事，亮反怒而黜之。夫以操之奸雄，其王其公，犹必待天子之命，荀彧且以此愤死。以丕之篡逆，亦必待献帝之禅，杨彪且不肯臣之。备虽宗室，而亦臣也，何所禀命，而自王自帝。固方哓哓以兴复汉室为辞，不知兴复汉室，为献帝耶，为刘备耶？亮既有心于帝备矣，万一果能兴复，将置献帝于何地。出师一表，虽忠诚恳恳，特忠于所事耳，其于大义，实有所未明也。管仲、乐毅之事，君子所羞道者，以其但知有燕、齐而不知有王室也。亮乃以管、乐自许，宜其志虑之所图回，功业之所成就，止于区区一蜀耳。或者但谓备刘氏宗也，备帝蜀，则汉祚存矣，亮忠于备，即忠于汉矣。吁！无献帝则可，有献帝在，而君臣自相推戴，则赤眉之立盆子，亦有辞于世矣。春秋之末，诸侯争强，周室微弱，孔子无一日不以尊王为心。若如亮之见，则鲁同姓也，亦可奉之为王矣。天下后世惟持此见，故于亮之事，无敢置异议于其间。文中子曰：通也，敢忘大皇、昭烈之懿识，孔明、公瑾之盛心。噫！汉之君既称献帝，魏之君又称武帝，吴之君又称大皇帝，蜀之君又称昭烈皇帝，天无二日，民无二王，一天下而四帝并立，可乎？通之见如此，宜其为续书之僭也。余兄尝以是说取解于同文馆。

院本名目

唐有传奇，宋有戏曲、唱诨、词说，金有院本、杂剧、诸宫调。院本、杂剧，其实一也，国朝，院本、杂剧始厘而二之。院本则五人，一曰副净，古谓之参军。一曰副末，古谓之苍鹘，鹘能击禽鸟，末可打副净，故云。一曰引戏。一曰末泥。一曰孤装，又谓之五花爨弄。或曰：宋徽宗见爨国人来朝，衣装鞋履巾裹，傅粉墨，举动如此，使优人效之以为戏。又有焰段,亦院本之意,但差简耳,取其如火焰,易明而易灭也。其间副净有散说,有道念,有筋斗,有科泛。教坊色长魏、武、刘三人,鼎新编辑。魏长于念诵,武长于筋斗,刘长于科泛,至今乐人皆宗之。偶得院本名目,用载于此,以资博识者之一览。

和曲院本

月明法曲　郓王法曲　烧香法曲　送使法曲　上坟伊州　烧花新水　熙州骆驼　列良瀛府　病郑逍遥乐　四皓逍遥乐　四酸逍遥乐　贺贴万年欢　捽㔍降黄龙　列女降黄龙

上皇院本

壶春堂　太湖石　金明池　恋鳌山　六变妆　万岁山　打草阵　赏花灯　错入内　问相思　探花街　断上皇　打球会　春从天上来

题目院本

柳絮风　红索冷　墙外道　共粉泪　杨柳枝　蔡消闲　方偷眼　呆太守　画堂前　梦周公　梅花底　三笑图　脱布衫　呆秀才　隔年期　贺方回　王安石　断三行　竞寻芳　双打梨花院

霸王院本

悲怨霸王　范增霸王　草马霸王　散楚霸王　三官霸王　补塑霸王

诸杂大小院本

乔托孤　旦判孤　计算孤　双判孤　百戏孤　哨咕孤　烧枣孤　孝经孤　菜园孤　货郎孤　合房酸　麻皮酸　花酒酸　狗皮酸　还魂酸　别离酸　三缠酸　谒食酸　三楪酸　哭贫酸　插拨酸　酸孤旦　毛诗旦　老孤遣旦　缠三旦　禾哨旦　哮卖旦　贫富旦　书柜儿　纸襕儿　蔡奴儿　剁毛儿　喜牌儿　卦册儿　绣箧儿　粥碗儿　似娘儿　卦铺儿　师婆儿　教学儿　鸡鸭儿　黄丸儿　棱角见　田牛儿　小丸儿　丑奴儿　病襄王　马明王　闹学堂　闹浴堂　宽布衫　泥布衫　赶汤瓶　纸汤瓶　闹旗亭　芙蓉亭　坏食店　闹酒店　坏粥店　庄周梦　花酒梦

蝴蝶梦　三出舍　三入舍　瑶池会　八仙会　蟠桃会　洗儿会　藏阄会　打五脏　兰昌宫　广寒宫　闹结亲　倦成亲　强风情　大论情　三园子　红娘子　太平还乡　衣锦还乡　四论艺　殿前四艺　竞敲门　都子撞门　呆大郎　四酸擂　问前程　十样锦　长庆馆　癞将军　两相同　竞花枝　五变妆　洪福无疆　白牡丹　赤壁鏖兵　穷相思　金坛谒宿　调双渐　官吏不和　闹巡铺　判不由己　大勘刀　同官不睦　闹平康　赶门不上　卖花容　同官贺授　无鬼论　四酸讳偌　闹棚阑　双药盘街　闹文林　四国来朝　双捉婿　酒色财气　医作媒　风流药院　监法童　渔樵问话　斗鹌鹑　杜甫游春　鸳鸯简　四酸提猴　满朝欢　月夜闻筝　鼓角将　闹芙蓉城　双斗医　张生煮海　赊馒头　文房四宝　谢神天　陈桥兵变　双揭榜　疃哑质库　双福神　院公狗儿　告和来　佛印烧猪　酸卖徕　琴剑书箱　花前饮　五鬼听琴　白云庵　迓鼓二郎　坏道场　独脚五郎　卖花声　进奉伊州　错上坟　医五方　打五铺　拷梅香　四道姑　隔帘听　硬行蔡　义养娘　啀师姨　论秋蝉　刘盼盼　墙头马　刺董卓　锯周朴　四柏板　大论谈　牵龙舟　击梧桐　渰蓝桥　入桃园　双防送　海棠春　香药车　四方和　九头顶　闹元宵　赶村禾　眼药孤　两同心　更漏子　阴阳孤　提头巾　三索债　防送哨　偌卖旦　是耶酸　怕水酸　回回梨花院　晋宣成道记

院幺

海棠轩　海棠园　海棠怨　海棠院　鲁李王　庆七夕　再相逢　风流婿　王子端卷帘记　紫云迷四季　张与梦孟杨妃　女状元春桃记　粉墙梨花院　妮女梨花院　庞方温道德经　大江东注　吴彦举　不抽关　不掀帘　红梨花　玎珰天赐暗姻缘

诸杂院爨

闹夹棒六幺　闹夹棒法曲　望瀛法曲　分拐法曲　送宣道人欢　逍遥乐打马铺　扯彩延寿乐　讳老长寿仙　夜半乐打明星　欢呼万里　山水日月　集贤宾打三教　打白雪歌　地水火

风　夜深深三磕胞　佳景堪游　琴棋书画　喜迁莺剁草鞋　太公家教　十五郎　滕王阁闹八妆　春夏秋冬　风花雪月　上小楼衮头子　喷水胡僧　打注论语　恨秋风鬼点偌　诗书礼乐　论语谒食　下角瓶大医淡　再游恩地　累受思深　送羹汤放火子　擂鼓孝经　香茶酒果　船子和尚四不犯　徐演黄河　单兜望梅花　皇都好景　四偌大提猴　双声叠韵　上皇四轴画　三偌一卜　调猿卦铺　倬刀馒头　河转迓鼓　背箱伊州　酒楼伊州　蓑衣百家诗　埋头百家诗　偷酒牡丹香　雪诗打樊哙　抹面长寿仙　四偌卖诨　四偌祈雨　松竹龟鹤　王母祝寿　四偌抹紫粉　四偌劈马桩　截红闹浴堂　和燕归梁　苏武和番　羹汤六幺　河阳舅舅　偌请都子　双女赖饭　一贯质库儿　私媒质库儿　清朝无事　丰稔太平　一人有庆　四海民和　金皇圣德　皇家万岁　背鼓千字文　变龙千字文　摔盒千字文　错打千字文　木驴千字文　埋头千字文　讲来年好　讲圣州序　讲乐章序　讲道德经　神农大说药　食店提猴　人参脑子爨　断朱温爨　变二郎爨　讲百果爨　讲百花爨　讲蒙求爨　讲百禽爨　讲心字爨　变柳七爨　三跳涧爨　打王枢密爨　水酒梅花爨　调猿香字爨　三分食爨　煎布衫爨　赖布衫爨　双楪纸爨　谒金门爨　跳布袋爨　文房四宝爨　开山五花爨

冲撞引首

打三十　打谢乐　打八哥　错打了　错取鬼　说狄青　憨郭郎　枝头巾　小闹掴　莺哥　猫儿　大阳唐　小阳唐　歇贴韵　三般尿　大惊睡　小惊睡　大分界　小分界　双雁儿　唐韵六贴　我来也　情知本分　乔捉蛇　铛锅釜灶　代元保　母子御头　嘴苗儿　山梨柿子　打淡的　一日一个　村城诗　胡椒虽小　蔡伯喈　遮截架解　窄砖儿　三打步　穿百倬　盘棒子　四鱼名　四坐山　提头带　天下乐　四怕水　四门儿　说古人　山麻秸　乔道场　黄风荡荡　贪狼观　通一母　串梆子　拖下来　哑伴哥　刘千刘义　欢会旗　生死鼓　捣练子　三群头　酒槽儿　净瓶儿　卖官衣　苗青根白　调笑令　斗鼓笛

柳青娘　论句儿　请车儿　身边有艺　调刘衮　霸王草　难古典　左必来　香供养　合五百　奶奶嗔　一借一与　已已已　舞秦始皇　学像生　支道馒头　打调劫　驴城白守　呆木大　定魂刀　说罚钱　年纪大小　打扇　盘蛇　相眼　告假　捉记　照淡　矇哑　投河略通　调贼　多笔　佥押　扯状　罗打　记水求楞　烧奏　转花枝　计头儿　长娇怜　歇后语　芦子语　回且语　大支散

拴搐艳段

襄阳会　驴轴不了　抛绣球　鞭敲金镫　门帘儿　天长地久　眼药里　衙府则例　金含楞　天下太平　归塞北　春夏秋冬　斗百草　叫子盖头　大刘备　石榴花诗　哑汉书　说古棒唱拄杖　日月山河　胡饼大　嘴揾地　屋里藏　骂吕布　张天觉　打论语　十果顽　十般乞　还故里　刘金带　四草虫　四厨子　四妃艳　望长安　长安住　骂江南　风花雪月　错寄书　睡起教柱　打婆束　三文两扑　大对景　小护乡　少年游　打青提　千字文　酒家诗　三拖旦　睡马杓　四生厉　乔唱诨　桃李子　麦屯儿　大菜园　乔打圣　杏汤来　谢天地　十只脚　请生打纳　建成　绔食　球棒艳　破巢艳　开封艳　鞍子艳　打虎艳　四王艳　蝗虫艳　撅子艳　七捉艳　修行艳　般调艳　枣儿艳　蛮子艳　快乐艳　慈乌艳　眼里乔　访戴众半　陈蔡范蠡　扯休书　鞭塞　金铃　感吾智　诸宫调　枕杌扫竹　雕出板来　套靴　舌智　俯饭　钗发多　襄阳府　仙哥儿

打略拴搐

星象名　果子名　草名　军器名　神道名　灯火名　衣裳名　铁器名　书集名　节令名　齑菜名　县道名　州府名　相扑名　法器名　乐人名　草名　军名　门名　鱼名　菩萨名

赌扑名　　照天红　著棋名　衮骰子　琴家弄　闷葫芦　握龟

官职名　　说驾顽　敲待制　上官赴任　押剌花赤

飞禽名　　青鹄　老鸦　厮料　鹰鹞雕鹘

花名　　石竹子　调狗　散水

吃食名　　厨难偌　蘑菇菜

佛名　　成佛板　爷娘佛

难字儿　　盘驴　害字　刘三　一板子

酒下拴　　数酒　三元四子

唱尾声　　孟姜女　遮盖了　诗头曲尾　虎皮袍

猜谜　　杜大伯　大黄

和尚家门　　秃丑生　窗下僧　坐化　唐三藏

先生家门　　入口鬼　则要胡孙　大烧饼　清闲真　道本

秀才家门　　大口赋　六十八头　拂袖便去　绍运图　十二月　胡说话　风魔赋　疗丁赋　牵著骆驼　看马胡孙

列良家门　　说卦象　由命赋　混星图　柳簸箕　二十八宿　春从天上来

禾下家门　　万民快乐　咬得响　莫延　九斗一石　共牛

大夫家门　　三十六风　伤寒赋　合死汉　马屁勃　安排锹镢　三百六十骨节　撒五谷　便痈赋

卒子家门　　针儿线　甲仗库　军闹　阵败

良头家门　　方头赋　水龙吟

邦老家门　　脚言脚语　则是便是贼

都子家门　　后人收　桃李子　上一上

孤下家门　　朕闻上古　刁包待制　绢儿来

司吏家门　　罢笔赋　事故榜

仵作家门　　一遍生活

撅倈家门　　受胎成气

诸杂砌

模石江　梅妃　浴佛　三教　姜武　救驾　赵娥娥　石妇吟　变猫　水母　玉环　走鹦哥　上料　瞎脚　易基　武则天告子　拔蛇　鹿皮　新太公　黄巢　恰来　蛇师　没字碑　卧草　衲袄　封碑　锯周朴　史弘肇　悬头梁上

遁　母

钱唐戴厚甫淳，邓文肃公之婿也。精遁甲法。戴之母常寝处楼上，忽一夕，惊见红光贯室，急开帏，细视之，乃是一美妇人，独立榻前，自拔金钗遗母，既而无所见。母以语戴，答曰："适某祭遁神，遂致此耳。遁母见，某必不久于人世矣。"由此悒悒不乐，逾数月，果卒。

天竺观音

今杭州上天竺寺观音像，长不盈五尺，而叠著灵异，官民信奉甚恭，凡旱潦，祷之必应。尝考《释氏纪录》云：后晋天福己亥，僧道翊一夕见山间光明，往视之，得奇香木，命良工刻成观世音菩萨像，白光焕发，继以昼夜。后汉乾祐戊申，有僧从勋以古佛舍利置毫相中，舍利时现冠顶。宋咸平庚子，浙西自春徂夏不雨，给事中知杭州张去华率僚属具幡盖鼓吹，迎祷于梵天寺，继时霔雨，四境沛足。如此，则自有像已四百余年，其所由来远矣。

卷二十六

传国玺

御史中丞崔彧进传国玺，笺曰：资德大夫、御史中丞臣崔彧言：至元三十一年，岁次甲午，春正月既旦，臣番直宿卫，御史台通事臣阔阔朮，即卫所告曰："太师国王之孙曰拾得者，尝官同知通政院事，今既殁矣，生产散失，家计窘极，其妻脱脱真萦病，一子甫九岁，托以玉见贸，供朝夕之给。"及出玉，印也。阔阔朮蒙古人，不晓文字，兹故来告。闻之，且惊且疑，乃还私家取视之，色混青绿而玄，光彩射人，其方可黍尺四寸，厚及方之三不足，背纽盘螭，四厌方际，纽尽玺堺之上，取中通一横窾，可径二分，旧贯以韦条，面有篆文八，刻画捷径，位置匀适，皆若虫鸟鱼龙之状，别其仿佛有若"命"字、若"寿"字者。心益惊骇，意谓无乃当此昌运，传国玺出乎？急召监察御史臣杨桓至，即读之曰："受命于天，既寿永昌。"此传国宝玺文也。闻之，果合前意，神为肃然。乃加以净绵，复以白帕，率御史臣杨桓、通事臣阔阔朮等，直趋青宫，因镇国上将军都指挥使詹事王庆端、嘉议大夫家令臣阿散罕、少中大夫詹事院判臣仆散寿导谒，进献皇太妃御前。徽仁裕圣皇后。启曰：此古传国玺也。秦以和氏璧所造，厥后有天下者宝之，以君万国。然自前代失之久矣。今当宫车晚出，诸大臣佥议迎请皇太孙成宗龙飞之时，不求而见，此乃天示其瑞应也，宜早达于皇太孙行殿，以符灵贶。已蒙嘉纳。翼日，令资善大夫中书右丞詹事臣张九思、少中大夫詹事院判臣仆散寿，传皇太孙，亲为付授。此盖皇太妃懿虑深远，非臣愚所能及也。臣前又启：收藏宝玺之家，不知甄别，循常以玉求鬻，臣见而识之，特将来献，彼犹未知，望恩恤其家。传旨：赐收玉之家楮币二千五百贯，并逮臣等进辨其宝者三人衣缎各一表里，纹金绮素有差，以为异日旌赏之征。臣等已诣府前敬受讫。

自惟无状，不胜惭赧。是日，金紫光禄大夫中书右丞相臣完泽率集贤翰林侍从诸臣入贺御前，命出宝玺遍示群臣，此又出于皇太妃至公至大之量。翰林学士臣董文用等前启曰："此诚神物，出当其时，若非皇太妃、皇太孙圣感，何以臻此。"丞相以下台臣等，次第上寿。自是内外称庆，咸曰天命有归。臣闻《诗》序曰："文王有明德，故天复命武王。"今神宝之出，盖因先帝有明德，故天命复归于皇太孙也。又曰："皇天亲有德，享有道。"以言皇天非有德有道则不亲不享也。又闻之《书》曰："皇天无亲，惟德是辅。"又曰："天命有德，克享天心，受天明命。作善，降之百祥。"历观上世诗书之旨，未有无德而能致天命之归也。钦惟太祖圣武皇帝，秉资神格，始为天下除祸定乱，隆功盛德，简在天心，受命而为天下主。以至我宪天述道仁文义武大光孝皇帝，德配乾坤，功包海岳，孝格宗庙，子育黎元，舆地所记，悉主悉臣，照临无幽，咸遂生乐。施及明孝太子，天锡仁慈之德，上感君亲之悦，下系亿兆之望，至元建号，日月重明，无为而治者迨廿年。虽由太子进德修业之洪溢，亦赖元妃内助之渊密也。敬惟皇太妃，聪明淑懿，母仪崇严，德量溥厚，孝敬慈恕，出乎天性，往古未有也。自明孝太子升遐，内则皇孙翼翼，训导端严，外则百司班班，临御整饬，由是圣上君父，大见倚重。虽于时皇太孙未昭储副之托，而詹事之司未尝一日废阙，以见皇天定命于青宫之位，无时不在，诚非人力所能为也。钦惟皇太孙殿下，德资刚明，才兼文武，英谋独断，大肖祖宗，族属系望，遐迩归心。圣祖宪天述道仁文义武大光孝皇帝，灼知天命之所在，久存隆顾，将付以抚军之重，于至元三十年夏六月二十二日，赐以皇太子金宝，大正储位，而后诏以出师之期。天下闻之，室家胥庆。和气穰穰，出于两间。是岁秋稔，数年罕遇。臣切念天象无言，托命不爽，岂期又于大行皇帝宫车晚出之后甫八日，传国神宝，不求而出于大功臣子孙之家，连由台谏耳目之司，直达于皇太妃御前。斯盖皇天授命，皇太孙诞膺龙飞，以正九五之位，俾符宝玺之文，既寿而永，永而又昌。臣又见皇天之心，大赖我皇元继体之君，不疾不迟，景命适至，以允四海之望者，其瑞应之兆有三。按唐史：代宗之将为太子，先封楚王，及位正储副而监国，楚州献定国宝一十有三。因曰：楚者，太子之封，今天降宝于楚，宜建元宝应，盖以宝为太子瑞应也。昔明孝太子，封为燕王，今皇太孙，燕王之子也，将主神器，而神宝出于燕，适与前事相符，此瑞应之兆一也。又宝玺之出，正当皇元圣天子六合一统之时，宫车晚出之近朝，以见天心正为继体之君设也，此瑞应之兆二也。又宝玺之出，适当月之三十日，有终而复始之象，以见先圣皇帝御世太平之功既成，俾继体之君复其始也，此瑞应之兆三也。今以此三兆观之，益见天命之来，际合于青宫也。臣区区之情，无任倾向，辄罄所见，以赞其万一。谨将宝玺之出处古今始末，详据考按。许慎《说文》："玺，王者印也。以守土，故为文从尔，从土。"其义盖曰：天付尔此器，俾宝之以守尔土也。至周太史籀，易为从尔从玉，义取天付尔此玉宝，以为天下君也。三代以上，玺文无所考，诸史籍并《宝玺篆文图说》曰：传国玺，方四寸，其文文饰如前。楚以卞和所献之璞，琢而成璧，后求婚于赵，以纳聘焉，秦昭王请以十城易之而不获。始皇并六国，得之，命李斯篆其文，玉工孙寿刻之。《太平御览》又以为蓝田玉所刻。二世子婴，奉玺降沛公于轵道旁。高祖即位，服其玺，因世传之，谓为传国玺。厥后孺子未立，藏于长乐宫。及莽篡位，使安阳

向巨源本

侯王舜迫太后求之，太后怒骂而不与，舜言益切，出玺投之地，玺因归莽。及更始灭莽，校尉公宾得玺，诣宛献于更始。赤眉杀更始，立盆子，玺为盆子所有。后盆子面缚奉玺于光武。至献帝，董卓作乱，掌玺者投于井中，孙坚征董卓，于井中得之。袁术夺于坚妻。术死，荆州刺史徐璆闻帝为曹操迎在许昌，以玺送之。帝后逊位，并以玺归魏。常道乡公禅位，玺归于晋。怀帝遇刘聪之害，玺归于聪。聪死，归曜。曜为石勒所灭，玺入于勒。勒灭，入于冉闵。闵败，见收于闵之将军蒋干。晋征西将军谢尚购得之，以还东晋，时穆帝永和八年也。自玺寄于刘石，共五十三年，晋复得之。是后，宋、齐、梁、陈相传，以至于隋灭陈，萧后与太子正道，并传国玺并入于突厥。唐太宗即位，宝玺未获，乃自刻玉曰“皇帝景命，有德者昌”。贞观四年，萧后与正道自突厥奉玺归于唐，唐始得焉。朱温篡唐，玺入于温。庄宗定乱，玺入于后唐。庄宗遇害，明宗嗣立，再传养子从珂，是为废帝。石氏篡立，自焚，自是，玺不知所在。至宋哲宗，咸阳民段义献玉玺。及徽宗，为金所虏，凡有宝玺，金皆取之，内玺一十有四，青玉传国玺一，其色与今所献玉玺相同，则知宋之南迁二百年，无此宝玺也明矣。然

蔡仲平本

自金既取于宋之后，宝玺出处得失，亦未见明说。以及我元，适集皇太孙宝命所归之际，应期而出。臣职总御史，亲会盛事，不可以不录。又图中别有玺，其文亦八，旁注曰："此传国玺背文也。"今见宝玺之背，皆刻螭形蟠屈，凹凸不齐，遍厌四际，无地可置此文。按《太平御览》：晋太元十九年，雍州刺史郗恢表，慕容永称藩，奉玺，方六寸，厚七分，蟠螭为鼻，今高四寸六分，四边龟文，下有字曰："受天之命，皇帝寿昌。"原其所由，未详厥始。以斯言之，当别是一玺，非今传国玺也。此又不可不辩。臣彧诚惶诚恐，顿首顿首，谨奉笺上进以闻，伏希听览，微臣不胜瞻望之至。谨言。此文乃桓所撰。桓，字武子，兖州人。幼警悟，为人宽厚，事亲笃孝，博览群籍，尤精篆籀之学，由儒学教授仕至国子司业卒。阔阔术，拓跋氏。成宗即位，近臣以其事闻，授汉中廉访司佥事，仕至湖广廉访使卒。国史于按礼儿传，谓拾得乃国王速浑察之子。谓桓辩其文曰"受命于天，既寿永昌"。于桓传，谓桓辩其文曰"受天之命，既寿永昌"。盖秦别有"受天之命，皇帝

毕景儒本

受天之命，皇帝寿昌。

其文玄妙淳古，无过于此，虽龙飞凤翥，

不足以拟其势，摹印之祖也。

寿昌”一玺，又非此玺。此则史之误也。今取宋薛尚功所编《历代钟鼎彝器款识法帖碑本》第十八卷内玺文，模勒于后，以备博古者之一览云。

尚功云：二玺文本只一器，缘传摹字画不同，形制大小有异，因并刻之，亦疑以传疑之意也。

螭纽　新增

瑞应泉

湖州长兴州金沙泉，唐时用此水造紫笋茶进贡。泉不常出，有司具牲牢祭之，始得水，事讫即涸。宋季屡加浚治，泉迄不出。至元十五年岁戊寅，中书省遣官致祭，一夕，水溢，可溉田千亩，遂赐名瑞应泉。

疑冢

曹操疑冢七十二，在漳河上。宋俞应符有诗题之曰：“生前欺天绝汉统，死后欺人设疑冢。人生用智死即休，何有余机到丘垄。人言疑冢我不疑，我有一法君未知。直须尽发疑冢七十二，必有一冢藏君尸。”此亦诗之斧钺也。

卢　　橘

世人多用卢橘以称枇杷。按司马相如《游猎赋》云：“卢橘夏熟，黄柑橙榛，枇杷橪而善切。柿。”夫卢橘与枇杷并列，则卢橘非枇杷明矣。郭璞注：“蜀中有给客橙，冬夏花实相继，通岁食之，谓即卢橘也。”意者橙橘惟熟于冬，而卢橘夏亦熟，故举以为重欤？《唐三体诗》裴庾注云：《广州记》：卢橘皮厚，大如柑，酢多，至夏熟，土人呼为壶橘，又曰卢橘。

五　龙　车

叶公李为宋太学生时，上书极言贾似道权奸误国，几为所害。及世祖平江南，即召见，官之，至中书右丞。凡有军国大事，必问曰：“曾与蛮子秀才商量否？”盖指李也。一日，议事大廷，乃不在列，问其故，则病足。遂以所御五龙车召之至，命坐而咨决焉。尝于其孙以道处，见当时所画《应召图》，五龙车中，坐一山野质朴之老，其遭遇有如此者。使无贾似道以发其正大之论，直一书生耳，而望功名显天下，亦难矣。

伏 波 将 军

琼州一水，南北有两伏波将军庙，世人莫明其故。尝考之《史记》及《东汉书》，盖汉元鼎五年，卫尉路博德为伏波将军，出桂林，下汇水，不特马援为伏波将军也。

至元钞料

至元印造通行宝钞，分一十一料：

贰贯　壹贯　伍伯文　叁伯文　贰伯文　壹伯文　伍拾文　叁拾文　贰拾文　壹拾文　伍文

雕传

某人浮湛里中，无以为生，伺民有小不平，嗾之讼，佐之请谒，已旁缘自资，且既饵临政者，因持其短长，以蠹民梗政，遂有人作《雕传》以警之。传曰：昔皇帝少皞氏之世，凤鸟适至，故为鸟师而鸟名，命凤凰为百禽长。当是时，南山有鸟，其名曰雕。雕之性，鸷而健，贪而狡，稻粱之甘，木实之美，雕不屑焉，资众禽之肉以为食。雕之徒实繁，其与雕同气而异质者，鹰鹯、鸢隼、鹞鹘、鸱鹗，皆助雕为虐者也。其异类而同性者，鸱鸮、鸺鹠、枭鸩、训狐、鬼车，其恶与雕同，特其材异尔。然雕有大小，小者从鷦鷯、鹨雀，力可制则制之，大者虽鸿鹄不畏也。故雕之所在，众禽皆逃散远去，摽枝无安巢，灌丛无息羽。雕无所得食，则遣操诡辞，招众禽之过而诉诸凤曰："鸿雁背北而来南是叛者也，鹦鹉舍禽言习人语是奸者也，仓庚出幽谷迁乔木是冒越者也，鷾鸸秋冬远遁是避役者也。乌知吉凶，言妖祥以惑众听。鹊填河以阻水利，鸤鸠攘鹊之居，鸳鸯荒淫无度，鸥好闲，鸡好斗殴相伤，凫鹥、鹅鸭习水战，鸬鹚、白鹭得鱼不税，孔雀有异相，杜鹃催归令戍卒逃亡，提壶劝人饮酒生事，是皆有罪，不治，将益甚。"凤凰惑焉，命爽鸠氏治之。雕与爽鸠相为表里，穷山谷，搜林麓，禽之出者，搏之逐之，攫之拿之，啄龂扼吭，裂肪绝筋，磔毛扬风，洒血殷地，凡遇之者无噍类。其余皆周章振掉，谋所以免祸者，毁巢破㲉，空所积以奉爽鸠，且以赂雕，使勿执。于是雕之势益张，而众禽之生理日蹙。其爪距稍利者，慕雕所为，则起而效之。其钝者，深藏远窜，馁死于草莽者，相藉也。而凤凰始忧之。闻蓬莱之巅，有胎仙焉，胎仙名鹤，号青田翁，廉介而洁白，和平而好生，于是征爽鸠，使鹤乘轩而治之。鹤乃与凤凰谋曰："夫雕，其始一而已，自子之不戒，而使之蔓延，今之为雕者何其多耶？昔之雕，名雕，字雕，形雕，性雕，本为雕者也。今有非雕而雕者，何也？雕则得食，不雕则不得食；雕则有利而无害，不雕则利未见而害常随之，故不容其不雕也。今禽之产子者愿为雕，雏之习飞者学为雕，形状与雕异者又冒为雕。不诛其渠魁，歼其凶丑，以励其余，吾恐鸾鹥、鹓鹭、神雀、大鹏、金翅皆化为雕耳。"凤凰曰："善。"奏请于帝。帝遣虞人，持弓矢，张网罗，随雕而磔之，雕之徒尽毙，敕天下无留雕，故其余党皆屏迹匿影不敢出，众禽始得安于生养，以尽其天年。此皆少皞氏之恩，凤凰与鹤之力也。太史公曰：雕，奸禽也。暴恶受诛，固宜。吾独惧今之人子务养雕，意有所欲，举雕而放之，求众禽之血肉以肥其躯，殊不知少皞氏之戒也。嗟夫！害物而日益者，刑虽未及，天必谴之，其雕，岂足恤哉！

三瓦戒

陈众仲先生尝题乐全堂，有"能守不成三瓦戒"之句，人多不知所出。按《史记·龟策传》云："天尚不全，故世为屋，不成三瓦而陈之。"注："陈，犹居也。"

酸斋辞世诗

贯酸斋先生临终有辞世诗曰："洞花幽草结良缘，被我瞒他四十年。今日不留生死相，海天秋月一般圆。"洞花、幽草，乃先生二妾名。

高昌世家

虞文靖公集撰《高昌王世勋碑》，序其世家曰：畏吾儿之地，有和林山，二水出焉，曰秃忽剌，曰薛灵哥。一夕，有天光降于树，在两河之间，国人即而候之，树生瘿，若人妊身然，自是光恒见者。越九月又十日，而瘿裂，得婴儿五，收养之，其最稚者曰卜吉可罕。既壮，遂能有其民人、土田，而为之君长。传三十余君，是为玉伦的斤，数与唐人相攻战，久之，乃议和亲，以息民而罢兵，于是唐以金莲公主妻玉伦的斤之子葛励的斤，居和林别力跛力答，言妇所居山也。后迁交州。至太祖龙飞朔漠，当是时，巴而朮阿而忒的斤亦都护在位。亦都护者，其国王号也。举国入朝，太祖嘉之，妻以公主曰也立安敦，自是子孙皆封王。

后　德

今上皇后弘吉剌氏，名伯颜忽都，武帝宣懿惠圣皇后之侄，毓德王孛罗帖木儿女，后至元二年丁丑三月立。性节俭，不妒忌，动以礼法自持。第三皇后奇氏素有宠，居兴圣西宫，帝希幸东内。左右以为言，后无几微怨望意。尝从帝时巡上京，次中道，帝遣内官传旨欲临幸，辞曰："暮夜非至尊往来之时。"内官往来再三，竟拒不纳，帝益贤之。居坤德殿，终日端坐，未尝妄逾户阈。至元二十五年乙巳八月丁未崩，年四十二。

文宗能画

文宗居金陵潜邸时，命臣房大年画京都万岁山，大年辞以未尝至其地。上索纸，为运笔布画位置，令按稿图上。大年得稿，敬藏之。意匠经营，格法遒整，虽积学专工，所莫能及。

武当山降笔

至元十三年，江南初内附，民间盛传武当山真武降笔书长短句曰《西江月》者，锓刻于梓，黄纸模印，贴壁间。其词云："九九乾坤已定，清明节候开花。米田天下乱如麻，直待龙蛇继马。继一作暨。　依旧中华福地，古月一阵还家。当初指望作生涯，死在西江月下。"

箕仙有验

虞邵庵先生布衣时，落落不偶，久客钱唐。一日，偕友人杨公仲弘、薛公宗海、范公德机访方外宰渊微练师于西湖之曲，求召鬼仙，以卜行藏。练师即置箕悬笔，书符作法。有顷，箕动笔运而附降云："某非仙，乃当境神也。"练师叱曰："吾不汝召，汝神何来？"神附云："某欲乞虞公撰一保文，申达上帝，用求迁升耳。"众因劝先生其无辞神请，先生遂诺。翼日，文成，火于湖滨。逾旬，再诣练师祷卜，神复降云："某已获授城隍，谨候谒谢，公必贵显，幸毋自忽。"既而先生由校官至奎章阁侍书学士，赠江西行中书省参知政事，封仁寿郡公，谥文靖，以文章名海内。岂非先世积有余庆，天将报施于先生之躬，而鬼神预有知耶？

诗画题三绝

高文简公一日与客游西湖，见素屏洁雅，乘兴画奇石古木。数日后，文敏公为补丛竹。后为户部杨侍郎所得。虞文靖公题诗其上云："不见湖州三百年，高公尚书生古燕。西湖醉归写古木，吴兴为补幽篁妍。国朝名笔谁第一？尚书醉后妙无敌。老蛟欲起风雨来，星堕天河化为石。赵公自是真天人，独与尚书情最亲。高怀古谊两相得，惨澹酬酢皆天真。侍郎得此自京国，使我观之三叹息。今人何必非古人，沦落文章付陈迹。"此图遂成三绝矣。

浙西园苑

浙西园苑之胜，惟松江下沙瞿氏为最古，宋秀州守方岳亦有诗留题壁间。后紫阳虚谷翁来游，继题十绝，其一云"壁间墨客扫龙蛇，所写诗佳字亦佳。忽见题诗增感慨，吾家宗伯老秋厓"是也。次则平江福山之曹，横泽之顾，又其次则嘉兴魏塘之陈。当爱山全盛时，春二三月间，游人如织，后其卒，未及数月，花木一空。废弛之速，未有若此者。自后，其地吴氏之园曰竹庄，盖元有池陂数十亩，天然若湖，莹之尝买得水殿图，据图位置，构亭水心，潇洒莫比。哗讦之徒，欲闻诸官，亟塑三教像于中，易曰三教堂，人不可得而入矣。莹之卒，荐遭兵燹，今无一存者。福山、横泽、下沙，皆无有久矣，可胜叹哉！

吴江长桥

吴江长桥七十二间，作桥者，僧徒雅师立总其役，崇敬率众以给其费，居士姚行独任劳以终事。经始于泰定乙丑二月，期年而成。后九年，州守的斤海牙作巨阁，奉观音像于上。

卷二十七

四位配享封爵

颜子，唐玄宗太极元年壬子二月，赠太子太师，配享孔子庙。宋真宗大中祥符二年己酉四月，封兖国公。

曾子，同前，赠太子太保，配享孔子庙。宋理宗咸淳三年癸卯二月，封郕国公，配食大成殿。

子思，宋度宗咸淳三年丁卯二月，封沂国公，配食大成殿。

孟子，宋神宗元丰七年甲子五月，追封邹国公，配享先圣，位次兖国公下。

宋黄震云：往岁颜、孟配享，并列先圣左，近升曾子、子思，又并列先圣左，而虚其右，不以相向。震闻太学博士陆鹏举云：初制，颜、孟配享，左颜而右孟。熙丰新经盛行，以王安石为圣人，没而跻之配享，位颜子下，故左则颜子及安石，右则孟子。未几，安石女婿蔡卞当国，谓安石不当在孟子下，迁安石于右，与颜子对，而移孟子位第三，次颜子之下，遂左列颜、孟而右列安石。又未几，蔡卞再欲升安石压孟子，渐次而升，为代先圣张本。优人有以艺谏于殿下者，设一大言之士，戏薄先圣，颜子出争之，不胜，子贡出争之，不胜，子路出而盛气争之，又不胜。然后设为公冶长，有击其首而叱之曰："汝何不出一争？且看他人家女婿！"盖蔡卞，安石婿，而公冶长，先圣婿也。蔡卞闻之，遂不敢进安石于颜子上，颜、孟左而安石右，遂为定制。南渡后，安石罢配享，宜迁孟子以对颜子，如旧制。议者失于讨论，故安石既去，其右遂虚，而颜、孟并列于左。岳珂尝记其事。近岁增曾子、子思，又并列于左，亦未有讨论者。

金果

成都府江渎庙前，有树六株，世传自汉唐以来即有之。其树高可五六十丈，围约三四寻，挺直如矢，无他柯干，顶上才生枝叶，若棕榈状，皮如龙鳞，叶如凤尾，实如枣而加大，每岁仲冬，有司具牲馔祭毕，然后采摘，金鼓仪卫迎入公廨，差点医工，以刀逐个劙去青皮，石灰汤焯过，入熬熟，冷蜜浸五七日，漉起控干，再换熟蜜，如此三四次，却入瓶缶，封贮进献。不如此修制，则生涩不可食。泉州万年枣三株，识者谓即四川金果也，番中名为苦鲁麻枣，盖凤尾蕉也。

李哥贞烈

河南理幕沈易云：灞州倡女李哥，年十二三时，母教之歌舞，哥泣曰："女率有工，繄我独为此乎？"母告以业不可废。哥曰："若此听母，母亦当从我好，否则有死而已。"母阳许之。自是不粉泽，不茹荤，所歌多仙曲道情。有召者，必先询主客姓名，然后往。人亦预相戒，毋戏狎。哥凝立筵前，酒行歌阕，目不流盼。与之酒，勿饮。州判官尝忤哥，径还，誓不与见。孟津县达鲁花赤厚赂哥母，夜抵舍，哥怀利刃，闭卧内，骂之曰："汝职在牧民，而狗彘之不若，可急去，不且血污吾刃矣！"惭怒以回。明日，知州闻之，叹曰："州有贞女，而吾不知，是一失也。吾次子明经举秀才，真若配。"以礼聘娶之。未几，红巾入寇，夫妇被执，见哥妍丽，将杀其夫，哥走前抱夫项大呼曰："吾断不从汝求活。"寇并杀之。

刘节妇

刘节妇，冀之衡水人，通古文《孝经》、小学书，适同郡曹泰财。红巾陷河朔，因避兵聊城村。贼掩至，大掠，见节妇居群人中，特妍整，持刀驱之行。节妇曰："吾妇人，惟知从夫而已，不从贼也。"贼欲移其心,乃盛陈金玉珠玑,仍用锦绣衣服被节妇身,节妇裂碎之。强拥上马,堕地者数四。贼怒,绳其项,就马上曳之。节妇以手爪地,以头触石流血,骂贼不绝声,遂遇害。

病洁

毗陵倪元镇有洁病,一日,眷歌姬赵买儿,留宿别业中。心疑其不洁,俾之浴。既登榻,以手自顶至踵,且扪且嗅。扪至阴,有秽气,复俾浴。凡再三,东方既白,不复作巫山之梦,徒赠以金。赵或自谈,必至绝倒。

杂剧曲名

稗官废而传奇作,传奇作而戏曲继。金季国初,乐府犹宋词之流,传奇犹宋戏曲之变,世传谓之杂剧。金章宗时,董解元所编《西厢记》,世代未远,尚罕有人能解之者,况今杂剧中曲调之冗乎?因取诸曲名,分调类编,以备后来好事稽古者之一览云。

正宫

端正好　衮绣球　倘秀才　脱布衫　小梁州　朝天子　四换头　十二月　尧民歌　收尾　叨叨令　醉太平　呆古朵　笑和尚　蛮姑儿　伴读书　剔银灯　道和　柳青娘　双鸳鸯　摊破满庭芳　月照庭　塞鸿秋　白鹤子中吕出入　快活三中吕出入

黄钟

愿成双　醉花阴　喜迁莺　出队子　刮地风　四门子　神仗儿　挂金索　水仙子　兴龙引　金殿乐三台　侍香金童　降黄龙衮　塞雁儿　接接高

南吕

一枝花　梁州第七　贺新郎　牧羊关　隔尾　红芍药　菩萨梁州　三煞　骂玉郎　感皇思　采茶

歌　随煞尾　斗虾蟆　四块玉　哭皇天　乌夜啼　隔尾黄钟煞　摊破　采茶歌　楚天秋　隔尾随煞

中吕

粉蝶儿　醉春风　迎仙客　石榴花　斗鹌鹑　上小楼　快活三正宫出入　鲍老儿　般涉　哨遍　耍孩儿　收尾　红绣鞋　喜春来　尧民歌　满庭芳　鲍老衮　醉高歌　十二月　普天乐　叫声　双鸳鸯　白鹤子正宫出入　穷河西　朝天子　干荷叶　剔银灯　菩萨蛮　墙头花　乔捉蛇　鹘打兔　酥枣儿　镇江回　鹌鹑儿　鸳鸯儿　风流体　卖花声　蔓菁菜

仙吕

赏花时　点绛唇　油葫芦　天下乐　哪吒令　鹊踏枝　六幺序　后庭花　青哥儿　赚煞　混江龙　金盏儿　醉中天　村里迓鼓　元和令　上马娇　圣葫芦　江西后庭花　柳叶儿　寄生草　赚煞尾　摊破天下乐　醉扶归　低过金盏儿　八声甘州　游四门　赚尾　忆王孙　一半儿　得胜乐　雁儿　袄神急　翠裙腰　六幺遍　大安乐　柳叶儿

商调

集贤宾　逍遥乐　梧叶儿　后庭花　双雁儿　金菊香　浪来里　醋葫芦　青哥儿　上京马　随调煞　柳叶儿仙吕出入　黄莺儿　踏莎行　垂丝钓　盖天旗

大石

青杏子　好观音　六国朝　念奴娇　归塞北　初问口　怨别离　擂鼓体　雁过南楼　憨郭郎　催拍子　玉翼蝉　荼蘼香　女冠子　林里鸡近　蓦山溪　喜秋风　净瓶儿　鹧鸪天

双调

新水令　驻马听　甜水令　折桂令　落风花　沉醉东风　小将军　清江引　碧玉箫　雁儿落　德胜令　乔牌儿　挂玉钩　川拨棹　殿前欢　七弟兄　梅花酒　收江南　水仙子　滴滴金　鸳鸯煞　步步娇　搅筝琶　豆叶黄　风入松　拨不断　庆东原　沽美酒　太平令　一锭银　荆湘怨　阿纳忽　夜行船　镇江回中吕出入　胡十八　挂玉钩序　五供养　行香子　梧桐树　离亭宴煞　鸳鸯儿煞尾　太平歌　十棒鼓　小妇孩儿　挂打灯　乔木查　蝶恋花　庆宣和　枣卿调　石竹子　山石榴　山丹花　醉娘子　驸马还朝　大拜门　雕刺鸪　不拜门　喜人心　忽都白　倘兀歹　风流体中吕出入

燕南芝庵先生唱论

古之善唱者三人：

韩秦娥　沈古之　石存符

帝王知音者五人：

唐玄宗　后唐庄宗　南唐后主　宋徽宗　金章宗

三教所尚：

道家唱情　僧家唱性　儒家唱理

近世所谓大曲：

苏小小蝶恋花　邓千江望海潮　苏东坡念奴娇　辛稼轩摸鱼子　晏叔原鹧鸪天　柳耆卿雨霖铃　吴彦高春草碧　朱淑真生查子　蔡伯坚石州慢　张子野天仙子

歌之格调：

抑扬顿挫　顶叠垛换　萦纡牵结　敦拖呜咽　推题丸转　捶欠遏透

歌之节奏：

停声　待拍　偷吹　拽棒　字真　句笃　依

腔　　贴调

凡歌一声，声有四节：

起末　　过度　　揾簪　　撷落

凡歌一句，句有声韵：

一声平，一声背，一声圆。　　声要圆熟，腔要彻满。

凡一曲中，各有其声：

变声　　敦声　　机声　　啀声　　困声

三过声：

偷气　　取气　　换气　　歇气　　就气　　爱者　　有一口气

歌声变件：

三台　　破子　　遍子　　撷落　　实催　　全篇　　尾声　　赚煞　　随煞　　隔煞　　羯煞　　本调煞　　拐子煞　　三煞　　十煞

唱曲门户：

小唱　　寸唱　　慢唱　　坛唱　　步虚　　道情　　撒炼　　带烦　　瓢叫

唱曲题目：

曲情　　铁骑　　故事　　采莲　　击壤　　叩角　　结席　　添寿　　宫词　　禾词　　花词　　汤词　　酒词　　灯词　　江景　　雪景　　夏景　　冬景　　秋景　　春景　　凯歌　　棹歌　　渔歌　　挽歌　　楚歌　　杵歌

歌之所：

桃花扇　　竹叶尊　　柳枝词　　桃叶怨　　尧民鼓腹　　壮士击节　　牛童马仆　　闾阎女子　　天涯游客　　洞里仙人　　闺中怨女　　江边商妇　　场上少年　　阛阓优伶　　华屋兰堂　　衣冠文会　　小楼狭阁　　月馆风亭　　雨窗雪屋　　柳外花前

凡声音各应律吕，分六宫十一调，共十七宫调：

仙吕宫唱清新绵邈　　南吕宫唱感叹伤悲　　中吕宫唱高

下闪赚　　黄钟宫唱富贵缠绵　　正宫唱惆怅雄壮　　道宫唱飘逸清幽　　大石唱风流酝藉　　小石唱旖旎妩媚　　高平唱条拗滉漾　　般涉唱拾掇坑堑　　歇指唱急并虚歇　　商角唱悲伤宛转　　双调唱健捷激袅　　商调唱凄怆怨慕　　角调唱呜咽悠扬　　宫调唱典雅沉重　　越调唱陶写冷笑

有子母调，有姑舅兄弟，有字多声少，有声少字多，所谓一串骊珠也。比如仙吕《点绛唇》、大石《青杏儿》，人唤作杀唱的刽子。

有爱唱的，有学唱的，有能唱的，有会唱的，有高不揭、低不咽，有排字儿，打截儿，放掯儿，唱意儿，有明掯儿，暗掯儿，长掯儿，短掯儿，碎掯儿。

有一曲入数调者，如《啄木儿》、《女冠子》、《抛球乐》、《斗鹌鹑》、《黄莺儿》、《金盏儿》之类是也。

凡唱曲有地所：

东平唱木兰花慢　　大名唱摸鱼子　　南京唱生查子　　彰德唱木斛沙　　陕西唱阳关三叠黑漆弩

凡唱所忌：

子弟不唱作家歌　　浪子不唱及时曲　　男不唱艳词　　女不唱雄曲　　南人不唱北人不歌

凡人声音不等，各有所长。有川嗓，有堂声，皆合被箫管。有唱得雄壮的，失之村沙；唱得蕴拽的，失之乜斜；唱得轻巧的，失之寒贱；唱得本分的，失之老实；唱得用意的，失之穿凿；唱得打掏的，失之本调。

凡唱节病，有困的，灰的，涎的，叫的，大的。有乐府声，撒钱声，拽锯声，猫叫声。不入耳，不著人，不彻腔，不入调。工夫少，遍数少，步力少，官场少。字样讹，文理差，无丛林，无传授，拗嗓，劣调，落架，漏气。

凡唱声病：

散散　　焦焦　　乾乾　　冽冽　　哑哑　　嗄嗄　　尖尖　　低低　　雌雌　　雄雄　　短短　　憨憨　　浊浊　　赸赸　　格嗓　　囊鼻　　摇头　　歪口　　合眼　　张口

撮唇　　撇口　　昂头　　咳嗽

凡添字病：

则他　　兀那　　是他家　　俺子道　　我不见　　兀的不呢　　一条了　　唇撇了　　一片了　　团栾了　　茄子了

大忌：郑卫之淫声，续雅乐之后，丝不如竹，竹不如肉，以以其近之也。又云：取来歌里唱，胜向笛中吹。

成文章曰乐府，有尾声曰套数，时行小令曰叶儿。套数当有乐府气味，乐府不可似套数。

词山曲海，千生万熟，三千小令，四十大曲。

庄蓼塘藏书

庄蓼塘，住松江府上海县青龙镇，尝为宋秘书小史。其家蓄书数万卷，且多手钞者，经史子集，山经地志，医卜方伎，稗官小说，靡所不具，书目以甲乙分十门。蓼塘既没，子孙不知保惜，或为虫鼠蚀啮，或为邻识盗窃，或供饮博之需，或应糊覆之用，编帙散乱，所存无几。至正六年，朝廷开局修宋、辽、金三史，诏求遗书，有以书献者，予一官。江南藏书多者止三家，庄其一也。继命危学士朴特来选取。其家虑恐兵遁图谶干犯禁条，悉付祝融氏。及收拾烬余，存者又无几矣。其孙群玉悉载入京，觊领恩泽，宿留日久，仍布衣而归。书之不幸如此。

买假山

陈爱山买顾氏废族石假山一所，移置家园。一日，邀渊白观之，指而谓曰："此公族中之物。"渊白笑答曰："东搬西倒。"陈嘿然。

戴氏绝嗣

华亭枫泾戴君实，其家巨富，妻王氏，妒悍无比。仅有一女，赘谢季初为婿。君实纳一妾于嘉兴外舍，得男。王闻之，早夜怒詈。君实不得已，遣其妾，取儿以归。而女恐其长大分我财产，遂于襁褓中酷加凌虐，致成惊疾，又不容医疗，竟就夭亡。大为喜幸。越三年，自孕将产，梦抱此儿。及娩，得男，后随殒于蓐，儿亦不育。此妇女妒悍之报。今戴氏绝嗣，天道岂远也哉！事在至正十五年四月上旬也。

妓妾守志

汪佛奴，歌儿也，姿色秀丽。嘉兴富户濮乐闲，以中统钞一千锭娶为妾。一日，桂花盛开，濮置酒，佛奴奉觞。濮有感于中，潸然堕泪。佛奴请问其故，濮曰："吾老矣，非久于人世者，汝宜善事后人。"佛奴亦泣下，誓无贰志。人莫之信。既而，濮果死，佛奴独居尼寺，深藏简出，操行洁白，以终其身。

讥伯颜太师

重纪至元间，太师丞相伯颜专权蠹政，贪恶无比，以罪左迁南恩州达鲁花赤，至隆兴，卒，寄棺驿舍。滑稽者题于壁云："百千万锭犹嫌少，垛积金银北斗边。可惜太师无运智，不将些子到黄泉。"

讥方士

丙子岁，松江亢旱，闻方士沈雷伯道术高妙，府官遣吏赍香币过嘉兴，迎请以来。骄傲之甚，以为雨可立致，结坛仙鹤观，行月孛法，下铁简于湖泖潭井，日取蛇燕焚之，了无应验，羞赧宵遁。僧柏子庭有诗，其一联云："谁呼蓬岛青头鸭，来杀松江赤链蛇。"闻者绝倒。

燕都赋

槜李顾渊白，恃才傲物。尝入京献《燕都赋》，翰长元公复初不喜，曰："今天朝四海一统，六合一家，燕盖昔时战国名，何燕之称？"惭恨而归。晚年始得领教岳阳，高照庵先生以诗送之云："豪气欲吞天下士，冷官初到岳阳城。"切中其实。渊白自出一对句云："天下秀才爷。"有刀镊人对之曰："村中和尚种。"

裱背十三科

世人但知医有十三科，画有十三科，殊不知裱背亦有十三科。一织造绫锦绢帛，一染练上件，一抄造纸札，一染制上件颜色，一糊料麦面，一糊药矾蜡，一界尽裁版杆帖，一轴头，或金，或玉，或石，或玛瑙、水晶、珊瑚、沈檀、花梨、乌木。每轴止用一色，所以只归一科。一糊刷，一铰练，一绦，一经带，一裁刀。数内阙其一，则不能成全画矣。其糊刷、裁尺，亦皆有名。糊刷，棕软者谓之平分，棕硬者谓之糊搠，大小得中者谓之黏合，狭小者谓之寸金。裁尺，极等阔者曰满手，次等曰三指，又次等曰两指，最狭者曰单指。

厉狄

越人朱仲桓武云：至正丙申岁，大旱，余在萧山，观方士陈希微祷雨于北岭将军庙。累日，俄降笔云："吾秦人厉狄也，与项羽起事山阴，虽功不竟而死，然有德于民，其父老不忘我者，俾血食于此。尔来几千五百年，世代云变，遂湮我姓名，至蔑焉无闻，故以相告。"目击其事，感叹弥日。

旗联

中原红军初起时，旗上一联云："虎贲三千，直抵幽燕之地；龙飞九五，重开大宋之天。"其后毛贵一贼横行山东，侵犯畿甸，驾幸滦京，贼势猖獗，无异唐末。

桃符谶

张之翰，字周卿，邯郸人。由翰林学士除授松江知府，自题桃符云："云间太守过三载，天下元贞第二年。"是岁卒。亦谶也。

金甲

嘉定州大场沈氏，因下番买卖致巨富。一日，自番中还，先报家信有云：番船今到何处，发金甲先回。金甲者，碓坊甲头也。后因逐一干仆，仆出此书首告，以为玉印未到，金甲先回。沈厚赂官府，得理。闻者亦可为戒。

蔺节妇

许叔瑛环云：陈友谅部属称邓平章者，陷江西某县。有妇蔺氏，其夫以财雄一乡，因赂邓之帅某，丐免剽戮。帅闻蔺有殊色，辄歼其家，独生蔺及四岁婴，将纳之。蔺曰："帅贵人，妾事之无恨。然吾良人以礼币聘妾为妇者若干年，与生二子，妾不忍即背恩。军中礼不备，请持一月丧服，乃为帅妇未晚。"帅许之。服未终，移兵别县，帅曰："吾如汝约，今夕谐吾婚乎？"蔺曰："诺。"既而帅上马他之，使二卒守。蔺曰："为取鸡酒，具香火，今夕吾为帅妇，敢告先良人灵。"卒俱出，乃先杀婴，啮指血书壁曰："泾渭难分浊与清，此身不幸厄红巾。孤儿未忍更他姓，烈妇何曾嫁二人。白刃自挥心似铁，黄泉欲到骨如银。荒村日落猿啼处，过客闻之亦惨神。"书罢，即自刎。帅返，惊叹，讯二卒，欲罪之。卒指壁间题，倩人读其诗，驰白邓，邓闻之陈，陈为立庙旌表云。

忠孝里

至正壬辰秋七月，红巾陷钱唐。九月，陷吴兴延陵。冬十月，陷江阴州。州大姓许晋字德昭者，有武略，善格斗。仲子如璋，亦英勇。遂相谋曰："乌合之众，败亡可待，我族我里，何忍坐累焉。"乃潜聚无赖恶少，资以饮食，保护邻井。日有余党四散抄掠，则诱使深入，悉殪而埋之。所居素隐僻，贼无知者。寻闻官军驻近郊，阴遣人约为内应。十一月八日，浙东宣慰元帅观孙统兵入城，晋率所募应之。官军少却，晋弗之知，尚与贼战于城北之祥符寺前。会贼党自他所来，掎其后，如璋遂与家僮往救，手刃数人，破围而入，偕父力战，众寡不敌，父子皆死。明日，官军复进攻，贼遂溃。家人得父子尸，敛而葬之，柩车相继于道，见者无不堕泪。乡之父老诔之曰："父死于忠，子死于孝。"私表其里曰忠孝。郡上其事于朝，不报。

胡仲彬聚众

胡仲彬，乃杭城勾阑中演说野史者，其妹亦能之。时登省官之门，因得夤缘注授巡检。至正十四年七月内，招募游食无藉之徒，文其背曰"赤心护国，誓杀红巾"八字为号，将遂作乱。为乃叔首告，搜其书名簿，得三册，才以一册到官，余火之，亦诛三百六十余人。

扶箕诗

"天遣魔军杀不平，不平人杀不平人。不平人杀不平者，杀尽不平方太平。"此扶箕语，验之今日，果然。

卷二十八

非程文

各行省乡试，则有人取发解进士姓名，一如登科记，锓梓印行，以图少利。至正四年甲申，江浙揭晓后，乃有四六长篇，题曰“非程文语”，与抄白省榜同时版行，不知何人所造，而路府州县盛传之。语曰：设科取士，深感圣世之恩；倚公挟私，无奈吏胥之弊。岂期江浙之大省，坏于禹畴之小刘。名锡，眉山人，当该掾史。斯文孔艰，衷情痛愤。待士无礼，呼名散饼于路傍；怀璧有谋，打号贴图于墙上。厨传用猾吏，内外之消息可通；试官取贫夫，上下之机关不泄。阳揭题驾言无弊，实自生奸宄之心；觅厚赂力举还魂，特欲箝是非之口。五服之亲不避，故违国朝之典章；杂犯之卷俱抄，恐失手本之名字。应才杭州。鼓勇于终场之日，局长之信已通；刘还即环翁，杭州。知名于未榜之前，代笔之钱尽去。万户侯之关节可验，丈人峰之气力何勤。吕将铅山万户吕天泽。监门，进乐平之八字；许瑗、董彝、徐复、邹成、操琬、汪绛、许道传、戴用。海郎吴县主簿海鲁丁。受卷，通括苍之二林。松庆、彬祖。本生之地增辉，同列之情不薄。黄璋松江。称干首，二三月已买试官；鲍恂嘉兴。在榜中，十四名全赖妻父。建德知事俞镇。藉开元真人之力，叶氏叶瓒，信州。礼经；依永嘉县尹林泉生。之门，江郎兄弟。晖、晃，建宁。刘大希贤，庆元。在列，赖为省郎之师；沈小惟时，杭州。登科，谁知运吏之婿。黄岩赵蔺，友蔺。得家兄宁海丞由钦。为帘外之官；瑞安高明，托馆主有堂上之友。纷纷在眼，历历难言。许瑗饶州。作魁，三百定卖几千株之木；邹成饶州。驼榜，十八日纳七万户吕天泽。之钱。左者如斯，右其可见。尺牍先来于柏府，仕宦势高；稿文潜出于棘闱，师生情密。递手帖全凭巡绰，写怀挟不避军人。四子入场，代笔有此刘之手；一家在榜，瞒人起各路之文。所谋不臧，其忠何在。王贺绍兴，备榜。省中典吏，不读书亦解成名；李思思齐。婺山村童，未知礼焉宜中选。错《春秋》之年分，临海梦龙；姓赵，备榜。乱《周易》之阴阳，平江俞鼎。耳目之所及者如此，心术之潜运者难知。姑舍举人，更陈坐主。俞镇建德知事。夤缘考试，这番丰卒岁之资；吴暾峡州知事。买题登科，方得证旧时之本。麟经错乱因赂取，林泉之生生何如；永嘉尹林泉生。易义驳杂以名寻，夏日之孜孜安用。会稽尹夏日孜。其余泛泛，不必叨叨。分经考卷，得便私情，自开科曾无此例；出院改文，以欺公论，虽刊版乃是讹传。历观解据之非，益见文衡之缪。指实告官者反罹其罪，怀才抱艺者虚费其劳。赵俶、蒋堂，空仰天而叹息；江孚、沈干，徒踏地以咨嗟。潘伯修、蔡余庆，两举奚为；闻梦吉、陆居仁，再来告免。呜呼！文运已矣，吾道安之？何等主司，污滥坏今年之选举；既生圣世，进修冀异日之公明。此非一口之经陈，实乃众贤之愿告。有人心者，念天理焉。至二十二年壬寅，复有作弹文云：文运重开，多士欢腾于此日；科场作弊，丑声莫甚于今年。启奸人侥幸之门，负贤相宾兴之意。事既如此，人其奈何！切惟考试官实文章之司命，讵宜伪定于临期；员外郎执科举之权衡，安可公然而受赂。憸谋既遂，清议难容。闻人枢肤浅之学，翰林怀宾主之旧情；啜霭山游侠之徒，座主念梓桑之宿好。只因厚契，便擢科名。尸位宪宾，进乡闾之十子；居丧台掾，升里闬之三王。沈庭珪错破《书》经，混死生于同列；战惟肃不明《诗》意，强今古于已然。朱舜民乃濒海之强梁，喻宜之实许门之童子。新昌庭瑞，输彩缎之几缣；雪水莫孜，奉白金之一锭。张谊罔知象象，皆徐中造就之私；杨明不辨春秋，拜周溥作成之赐。施省宪贴书之手段，坏乡闾整肃之纲常。唐肃以词赋而见收，明经安在？柯理以梯媒而得中，对策何长！舍弟致谋，甚矣有心之唐溥；家兄代笔，嗟哉无学之郑沂。靖而思之，良可丑也。白头钱宰，感绨袍恋恋之情；碧眼倪中，发仓廪陈陈之粟。俞潜、徐鼎，三月初早买试官；丘民、韩明，五日前预知题目。元孚乃泉南之大贾，挥金不啻于泥沙；许征实云间之富家，纳粟犹同于瓦砾。拔颖之于陋巷，余波有自于杨明；超宋祀于穷途，主意必资于张谊。既正榜之若此，则备选之可知。姑舍前言，更陈余意。屈仲孚于受卷，《易》经可谓失人；进公甫于考文，麟史大孤众望。不分报赛，叔通岂可与言《诗》;缪讲进修,孺子乌足以论《易》。重载连樯之白粲,始谐校艺于青藜。逯信止素乏文才,嗟老夫之已耄;孟天暐每称好嘴,奈举业之久疏。大坏士风,难逃舆论。呜呼！天之将丧斯文,实系兴衰之运;士欲致用于国,岂期贡举之私。此非一口之诬谋,实乃众情之公论。用书既往,以警将来。

于阗玉佛

丞相伯颜尝至于阗国,于其国中凿井,得一玉佛,高三四尺,色如截肪,照之,皆见筋骨脉络。即贡上方。又有白玉一段,高六尺,阔五尺,长十七步,以重,不可致。

处士门前怯薛

杜清碧先生本应召次钱唐,诸儒者争趋其门。燕孟初作诗嘲之,有“紫藤帽子高丽靴,处士门前当怯薛”之句,闻者传以为笑。用紫色棕藤缚帽,而制靴作高丽国样,皆一时所尚。怯薛,则内府执役者之译语也。

宪佥案判

松江府儒学直学沈伯云,因花破钱粮,乃与教授陈仲微有隙。伯云之父曰君实者,老吏也,一日,率婢妾詈箠仲微于途。适宪佥吕公思诚分按至府,具状以诉。公怒其诟辱师表,有伤风化,勾摄赴官,服辜。君实年逾七旬,乞以铜赎。公判云:“既能为不能为之事,正当受不当受之刑。”卒杖断之。

诗谶

张起,字起之,四明人,有诗名。尝作一联云:“别来越树长为客,看尽吴山不是家。”未几，卒。诗亦有谶欤？

丘机山

丘机山，松江人。宋季元初，以滑稽闻于时，商谜无出其右。遨游湖海间，尝至福州，讥其秀才不识字。众怒，无以难之。一日，构思一对，欲令其辞屈心服。对云：“五行金木水火土。”丘随口答云：“四位公侯伯子男。”其博学敏捷类如此。

不孝陷地死

杭州杨镇一凶徒，素不孝于母，尤凌虐其妻。有子三岁，爱惜甚至，妻常抱负，偶失手，攧损其头，泣而谓姑曰：“夫归，妇必被殴死，不若先溺水之为幸。”姑曰：“汝第无忧，但云是我之误，我却去避汝小姑处，俟其怒息而还。”至晚，夫归，见儿头破，径捽妻，欲杀之。妻告曰：“非我过也，婆攧之耳。惧汝怒，已往小姑家去。”遂释之。次日，持刀寻母。中途，藏诸石下，却到妹家，好言诱母还。至石边，忿躁詈骂，取刀杀母，竟失藏刀所在，惟见巨蛇介道。畏怯退缩，不觉双足陷入地中。须臾，即没至膝，七窍流血，声罪自咎。母急扶抱，无计可施，走报于妇。妇掘地，随掘随陷。啖以饮食，三日乃死。观者日数千人，莫不称快。时至正甲辰六月也。

嘲回回

杭州荐桥侧首，有高楼八间，俗谓八间楼，皆富实回回所居。一日，娶妇，其昏礼绝与中国殊，虽伯叔姊妹，有所不顾。街巷之人，肩摩踵接，咸来窥视，至有攀缘檐阑窗牖者，踏翻楼屋，宾主婿妇咸死，此亦一大怪事也。郡人王梅谷戏作下火文云：“宾主满堂欢，闾里盈门看。洞房忽崩摧，喜乐成祸患。压落瓦碎兮，倒落沙泥；别都钉折兮，木屑飞扬。玉山摧坦腹之郎，金谷坠落花之相。难以乘龙兮，魄散魂消;不能跨凤兮,筋断骨折。毽丝脱兮尘土昏,头袖碎兮珠翠黯。压倒象鼻塌,不见猫睛亮。呜呼!守白头未及一朝,赏黄花却在半晌。移厨聚景园中,歇马飞来峰上。阿剌郎葛反。一声绝无闻,哀哉树倒猢狲散。”阿老瓦、倒剌沙、别都丁、木偰非,皆回回小名,故借音及之。象鼻、猫睛,其貌也。毽上声。丝、头袖,其服也。阿剌,其语也。聚景园,回回丛冢在焉。飞来峰,猿猴来往之处。

白县尹诗

嘉兴白县尹得代,过姚庄访僧胜福林,闲游市井间,见妇人女子皆浓妆艳饰,因问从行者,或答云:“风俗使然。少艾者,僧之宠,下此,则皆道人所有。”白遂戏题一绝于壁云:“红红白白好花枝,尽被山僧折取归。只有野薇颜色浅,也来钩惹道人衣。”胜见,亟命去之,然已盛传矣。

废家子孙诗

秀之斜塘,有故宋大姓居焉。家富饶,田连阡陌,宗族虽盛衍,而子孙多不肖,祖父财产,废败罄尽。郡人金方所,谈辞滑稽,为赋诵好嫚戏,因摭其事,成近体一律云:“兴废从来固有之,尔家忒煞欠扶持。诸坟掘见黄泉骨,两观番成白地皮。宅眷皆为撑目兔,舍人总作缩头龟。强奴猾干欺凌主,说与人家子弟知。”夫兔撑目望月而孕,则妇女之不夫而妊也。其家有道观二所。语虽鄙俚,然为人后者见此,宁不知惧也哉。

乐曲

达达乐器,如筝、秦琵琶、胡琴、浑不似之类,所弹之曲,与汉人曲调不同。

大曲

哈八儿图　口温　也葛倘兀　畏兀儿　闵古里　起土苦里　跋四土鲁海　舍舍弼　摇落四　蒙古摇落四　闪弹摇落四　阿耶儿虎　桑哥儿苦不丁江南谓之孔雀，双手弹。　答剌谓之白翎雀，双手弹。　阿厮阑扯弼回盏曲双手弹。　苦只把失吕弦。

小曲

哈儿火失哈赤黑雀儿叫。　阿林捺花红。　曲律买　者归　洞洞伯　牝畴兀儿　把担葛失　削浪沙　马哈相公　仙鹤　阿丁水花

回回曲附

伉里　马黑某当当　清泉当当

爇梅花文

周申父之翰，寒夜拥罏爇火，见瓶内所插折枝梅花，冰冻而枯，因取投火中，戏作下火文云：寒勒铜瓶冻未开，南枝春断不归来。这回勿入梨云梦，却把芳心作死灰。恭惟地罏中处士梅公之灵，生自罗浮，派兮庾岭。形若槁木，棱棱山泽之臞；肤如凝脂，凛凛雪霜之操。春魁占百花头上，岁寒居三友图中。玉堂茅舍总无心，金鼎商羹期结果。不料道人见挽，便离有色之根。夫何冰氏相凌，遽返华胥之国。玉骨拥罏烘不醒，冰魂剪纸竟难招。纸帐夜长，犹作寻香之梦；筠窗月淡，尚疑弄影之时。虽宋广平铁石心肠，忘情未得；使华光老丹青手段，摸索难真。却愁零落一枝春，好与茶毗三昧火。惜花君子，还道这一点香魂，今在何处？咦！炯然不逐东风散，只在孤山水月中。

如梦令

一人娶妻无元，袁可潜赠之《如梦令》云："今夜盛排筵宴，准拟寻芳一遍。春去几多时，问甚红深红浅。不见，不见，还你一方白绢。"

黄门

世有男子虽娶妇而终身无嗣育者，谓之天阉，世俗则命之曰黄门。晋海西公尝有此疾，北齐李庶生而天阉。按《黄帝针经》曰：人有具伤于阴，阴气绝而不起，阴不能用，然其须不去，宦者之独去何也，愿闻其故。岐伯曰："宦者去其宗筋，伤其冲脉，血写不复，皮肤内结，唇口不荣，故须不生。"黄帝曰："其有天宦者，未尝被伤，然其须不生，其故何也？"岐伯曰："此天之所不足，其任冲不盛，宗筋不成，有气无血，唇口不荣，故须不生。"又《大般若经》载五种黄门云：梵言扇搋丑皆切。半择迦，唐言黄门，其类有五：一曰半择迦，总名也，有男根用，而不生子。二曰伊利沙半择迦，此云妒，谓他行欲即发，不见即无，亦具男根，而不生子。三曰扇搋半择迦，谓本来男根不满，亦不能生子。四曰博叉半择迦，谓半月能男，半月能女。五曰留拿半择迦，此云割，谓被割形者。此五种黄门，名为人中恶趣受身处。然《周礼》阉人，郑氏注云："阉，真气藏者。"宋赵忠惠帅维扬日，幕僚赵参议有婢慧黠，尽得侪辈之欢，赵昵之，坚拒不从，疑有异，强即之，则男子也。闻于有司，盖身二形，前后奸状不一，遂置之极刑。近李安民尝于福州得徐氏处子，年十五六，交际一再，渐具男形，盖天真未破，则彼亦不自知。然小说中有池州李氏女及婢添喜事，正相类。而此外绝未见于古今传记等书，岂以为人之妖而污笔墨，不复载乎？《晋·五行志》谓之人疴。惠帝时，京洛有人，兼男女体，亦能两用人道，而性尤淫乱。此乱气所生也。《玉历通政经》："男女两体，主国淫乱。"而《二十八宿真形图》所载心房二星，皆两形，与丈夫妇女更为雌雄，此又何耶？《异物志》云："灵狸一体自为阴阳，故能媚人。"《褚氏遗书》曰："非男非女之身，精血散分。"又曰："感以妇人，则男脉应诊，动以男子，则女脉顺指，皆天地不正之气也。"右载周密《癸辛杂识》。

花山贼

中原红寇未起时，花山贼毕四等仅三十六人，内一妇女尤勇捷，聚集茅山一道宫，纵横出没，略无忌惮。始终三月余，三省拨兵，不能收捕，杀伤官军无数。朝廷召募鹾徒朱陈，率其党与，一鼓而擒之。从此天下之人，视官军为无用，不三五年，自河以南，盗贼充斥，其数也夫！

爵禄前定

宇文公谅，字子贞，湖州人。初领乡贡，入浙省试院。头场，占一席舍，其案上有宇文同知四字，不知何人书。试官考卷，以文不中式，将黜之。时坐主龙麟洲先生，江西老儒也，年八十余，始过江浙，力主此卷，卒置榜中。及会试，果登高第，授同知婺源州事。虽曰爵禄前定，盖亦阴德所致，人鲜有知者。公少年时，尝馆授巨室，其闺爱中夜来奔，坚拒不纳，明旦，托以他故，敛书告别。此非阴德也与？

醋钵儿

俞俊，其先嘉兴人，今占籍松江上海县。娶也先普化次兄丑驴女。也先普化长兄观观死，蒸长嫂而妻之，次兄丑驴死，又蒸次嫂而妻之，俊妻母也。既而亦死，俊缚彩缯为祭亭，缀银盘十有四于亭两柱，书诗联盘中云："清梦断柳营风月，菲仪表梓里葭莩。"盖柳营，暗藏亚夫二字。菲仪，谓非人。表梓，谓婊子，总贱娼滥妇之称。葭莩，皆是夫也。郡人莫不多其才而讥其轻薄如此。又尝诣妻父墓所，题于庐壁曰："柏舟在河，可谓节乎？二嫂治栖，可谓义乎？覆宗绝祀，可谓孝乎？"先刺妻母，中刺也先普化，末刺妻之弟博颜帖木儿也。博颜帖木儿无他兄弟，因利也先之财，愿继其后，竟不恤亲父小宗之祀为重，故云。博颜帖木儿将赴乡试，谓人曰："若忝一荐，有司以礼敦遣，先就北宅上马，赴府公宴毕，却归新宅下马。”北宅，丑驴所居。新宅，也先普化所居。人戏之曰：“昔人有二天，今子有二父，何其幸欤！”博颜帖木儿赧甚。俊弱冠时，从顾琛渊白游，负气傲物。当伯颜太师柄国日，尝赋《清平乐》长短句云：“君恩如草，秋至还枯槁。落落残星犹弄晓，豪杰消磨尽了。　　放开湖海襟怀，休教鸥鹭惊猜。我是江南倦客，等闲容易安排。”手藁留叶起之处，后与叶交恶，竟诉于官，必欲构成其罪，夤缘贿赂，浙省移准中书省咨，札付儒学提举司，议得古人寄情遣兴，作为闺怨诗词，多有指夫为君者，然此亦当禁止，以故获免罪戾，而所费已几万锭矣。至正丙申春，张士诚僭号诚王，据有平江日，又以贿通松江伪尹郑焕，署宰华亭，用酷刑朘剥，邑民恨入骨髓。郡士袁海叟有诗曰：“四海清宁未有期，诸公衮衮正当时。忽然一日天兵至，打破黄婆醋钵儿。”或者不知醋钵之义，以问叟。叟曰：“昔有不轨伏诛，暴尸于竿，王婆买醋，经过其下，适索朽尸坠，醋钵为其所压，著地而碎，王婆年老无知，将谓死者所致，顾谓之曰：‘汝只是未曾吃恶官司来。’”闻者皆绝倒。

棋　谱

通玄集　　通远集　　清远集　　清乐集　　幽玄集
机深集　　增广通　　远集　　玄玄集　　忘忧集

军前请法师

谢景旸居松江北郭，结坛于家，行召鬼法。至正十一年，官兵下海剿捕方国珍，传云贼中有人能呼召风雨，必得破其法者乃可擒讨。千户也先等遂以谢荐。总兵官给传致请，省札有云：“参裁军事，必访异人。既达天时，当为世用。”时知府王克敏廉介端严，有声于时，不得已亲造其庐，起赴军前。其术一无所验，自后全军败衄。吁！宰臣统大兵数十万，剿除草窃，如拉朽耳，而乃延一方士，则其机略安在哉！

凌总管出对

嘉兴总管凌师德，以文章政事自居，同僚莫敢与抗。然其行实贪污，颇闻人有讥议，因出对云："竹本无心，外面自生枝节。"有推官对云："藕因有窍，中间抽出丝豪。"盖讽之也。

承天寺

平江承天寺遭回禄，殿宇一空。僧悦楚南来住持，施财者云集，遂大兴土木之工，金碧殊胜，有加于昔。或劝题梁，悦不从，曰："当有俗人来暂居。"悦升领径山，卒。高邮兵攻破城，张士诚据以为宫，佛像悉毁，坏铜观音铸为钱。既投降，作太尉，别造府。越四五年，复为寺。

义丈夫

吴兴钱泰窝云：至正初，二贾自嘉兴来平江，买舟至海口，收市舶货。行二十余里，两道人诣舟求度，一负磬，一持鬼神像。既上舟，去巾服，乃两甲者。从像中出二长刀，叱曰："吾逐盗至此，汝真盗也。"舟人阳应曰："我固知为盗，顾无以发。今壮士诚与吾意合，此未可，前途乃可耳。"故纡行，且曰："二盗已落公手，治酒助公勇。"遂命妻取酒劝甲者。迟暮，醉，抽其刀斫贼。其一跃起，复斫之，二盗尽死。舟还，二贾泣且拜曰："非公吾几不免虎口。"遂以白金二饼为舟人寿。吁，决死生于阽危之际，不负贾之托，不谓之义丈夫，可乎！

解语杯

至正庚子秋七月九日，饮松江泗滨夏氏清樾堂上。酒半，折正开荷花，置小金卮于其中，命歌姬捧以行酒。客就姬取花，左手执枝，右手分开花瓣，以口就饮，其风致又过碧筩远甚。余因名为解语杯，坐客咸曰然。

戏题小像

张句曲戏题黄大痴小像云："全真家数，禅和口鼓。贫子骨头，吏员脏腑。"唐伯刚题郄仲谊小像云："七尺躯威仪济济，三寸舌是非风起。一双眼看人做官，两只脚沿门报喜。仲谊云是谁是谁？伯刚云是你是你。"

水仙子

张明善作北乐府《水仙子》讥时云："铺眉苫眼早三公，裸袖揎拳享万钟，胡言乱语成时用。大纲来，都是烘，上声说英雄谁是英雄。五眼鸡岐山鸣凤，两头蛇南阳卧龙，三脚猫渭水非熊。"

铜钱代蓍

今人卜卦以铜钱代蓍，便于用也。又有以钱八文，周围铺转，而取六爻，名曰金井阑，但乾卦初爻及复之泰不可变，盖止有六十二卦耳，此法不可用。

刑赏失宜

至正十二年岁壬辰秋，蕲黄徐寿辉贼党攻破昱岭关，径抵余杭县。七月初十日，入杭州城。伪帅项蔡、杨苏，一屯明庆寺，一屯北关门妙行寺，称弥勒佛出世以惑众。浙省参政樊执敬，死于天水桥。宝哥与妻，同溺于西湖。其贼不杀不淫，招民投附者，署姓名于簿籍。府库金帛，悉辇以去。至二十六日，浙西廉访使自绍兴率盐场灶丁过江，同罗木营官军克复城池，贼遂溃散。三平章定定逃往嘉兴，郎中脱脱过江南，越数日，携省印来会，权署省事，至是，亦回。四平章教化自湖州统军归，举火焚城，残荡殆尽。附贼充伪职者范县尹等，明正典刑。里豪施遵礼、顾八，为迎敌官军剐于市，家产悉没县官，明庆、妙行亦然。省都事以下，坐失守城池，罢黜不叙，省官复任如故。朝廷法度既堕，刑赏失宜，欲天下宴安，不可复得矣。

画家十三科

佛菩萨相　玉帝君王道相　金刚神鬼罗汉圣僧　风云龙虎　宿世人物　全境山水　花竹翎毛　野骡走兽　人间动用　界画楼台　一切傍生　耕种机织　雕青嵌绿

卷二十九

纪 隆 平

张士诚弟兄四，淮南泰州白驹场人。泰州地滨海，海上盐场三十有六，隶两淮运盐使司。士诚与弟士义、士德、士信，并驾运盐纲船，兼业私贩，初无异于人。先是，中书省右丞相脱脱在任，灾异叠见，黄河变迁。至正十一年，遣工部尚书贾鲁，役民夫一十五万，军二万，决河故道，民不聊生。河南韩山童首事作乱，以弥勒佛出世为名，诱集无赖恶少，烧香结会，渐致滋蔓，陷淮西诸郡，继而湖广、江西、荆襄等处，皆沦贼境。山东杜遵道，以李氏子为主，起汝宁萧县。李二、老彭、张君用，攻陷徐州。李二号芝麻李。邹普胜、徐寿辉即真一，据蕲黄。镇南班据江东。又有毛贵、陈友谅辈，不可枚数，分据各处。方国珍弟兄，啸聚台州海上。朱定一、陈贤五、江宗三，作乱江阴。初，王克柔者，亦泰州人，家富好施，多结游侠，将为不轨，高邮知府李齐收捕于狱。李华甫与趚张四，素感克柔恩，谋聚众劫狱。齐以克柔解发扬州，后招安华甫为泰州判，四为千夫长。十三年五月，士诚又与华甫同谋起事。未几，士诚党与十有八人，共杀华甫，遂并其众，焚掠村落，驱民为盗，陷通、泰、高邮，自号诚王，改元天祐，设官分职，把截要冲，南北梗塞。立淮南中书省于扬州，以厄其势。既而亦招安之，立义兵元帅府以官其党。然狙诈百出，卒不就降，杀知府李齐。十五年五月，攻破扬州路，杀淮南行省参政赵琏。士义被获，伏诛。既而退还高邮。至九月二十五日，又攻破扬州。适湖广行省右丞阿鲁恢引苗军来，十月初一日，复退。丞相脱脱亲总大军以擒之，众号百万，旌旗辎重，首尾千里，以为高邮刻日可平。然脱脱与弟御史大夫也先帖木儿，专权日久，及出师，遂有议其后者，诏脱脱安置淮安路，也先帖木儿安置宁夏路，别选相臣统其兵。诏未下时，部将董抟霄每对脱脱言："天兵南下，势如破竹，今老师费财，何面目归报天子？不若先攻其易。"脱脱从其言，分兵破天长、六合，贼皆溃散，所杀者悉良民。及攻高邮，堕其外城，城中震恐，自分亡在旦夕。忽闻诏解其权，勇气百倍，出城拒敌，诸卫铁甲军抱不平者，尽皆散去，或相聚山林为盗，高邮不可得而复矣。江阴群寇，互相吞啖，江宗三、朱英，分党戕杀。宗三将入城杀英，时英就招安，为判官，州之僚佐无如之何，遂申白江浙行省，云朱英谋反，省差元帅观孙压境。观孙利其货赂，逗遛不进，英因乘间挈家逸去。过江求救于士诚，仍质妻子，借兵复仇。士诚初亦疑惑，弗听。英盛陈江南土地之广，钱粮之多，子女玉帛之富，以动其中。于是先遣士德，率高邮贼众，击横坍，渡福山。十六年正月朔，攻破常熟州。江南自兵兴以来，官军死锋镝，郡县荐罹饥馑，乡村农夫，离父母，弃妻子，投充壮丁，生不习兵，而驱之死地，以故乌合瓦解，卒无成功。江浙行省丞相达识帖木儿，有旨得便宜行事，升漕运万户。脱因为参政，统领官军民义，捍御境上。平江达鲁花赤六十病亡，升松江府达鲁花赤哈散沙为平江达鲁花赤，领兵出战。除都水庸田使贡师泰为平江总管，巡守城池。吴江境上，止有元帅王与敬。官军一战而败，死者过半。残兵千余，欲走入城，城中闭门不纳，退屯嘉兴，旋抵松江。士诚贼众才三四千人，长驱而前，直造北门，弓不发矢，剑不接刃，明旦，缘城而上，遂据有平江路，二月壬子朔也。劫掠奸杀，惨不忍言。脱因匿俞家园，自刎不死，游兵杀之。哈散沙在境外，闻城破，自溺死。既而昆山、嘉定、崇明州人，相继来降。维扬苏昌龄，比先避乱居吴门，士德用为参谋，称曰苏学士。毁承天寺佛像为王宫，易平江路为隆平郡，立省院六部百司，凡有寺观庵院，豪门巨室，将士争夺，分占而居，了无虚者。几月，进攻嘉兴，全师覆没。与敬据松江叛，以城降。常州豪侠黄贵甫，间道归款，许为内应，不战而城破，易为毗陵郡。分兵入湖州，一鼓而得，易为吴兴郡。隆平太守周仁，家本锻工，稍习吏事，性资深刻，与士德同心僇力，躬亲细故。三月癸巳，士诚来自高邮，服御器用，皆假乘舆，改至正十六年为天祐三年，国号大周，历曰明时。设学士员，开弘文馆，以阴阳术人李行素为丞相，弟士德为平章，提调各郡兵马。蒋辉为右丞，居内省，理庶务。潘元明为左丞，镇吴兴。史文炳为枢密院同知，镇松江。郡州县正官，郡称太守，州称通守，县仍曰尹，郡同知称府丞，知事曰从事，余则损益而已。南向欲取嘉兴，嘉兴则有参政杨完者，统领苗僚猺獞，名曰答剌罕，守御甚坚，屡攻不克。秋八月，文炳大举兵临其东门，悉为所歼，文炳仅以身免。士德又与与敬提兵入杭州，军器甚锐，杭州大军，敛锋不敌，丞相退避萧山，士德军检刮虏掠。罗木营万户普贤奴，乃庆元路万户全驹儿之子，年未弱冠，智勇过人，率兵先出，完者部领苗军继进，民亦挺身巷战，士德大溃，收拾残兵，十丧八九。及攻海盐，又为乍浦钟氏所挠。后得马道骁勇，擒获苗军无算，西南接境，赖此无虞，不然，松江非士诚有矣。昆山数为方国珍海军攻击，托丁氏往来说合，结为婚姻，昆山之民，幸遂苏息。湖之长兴、武康，与广德相界，花枪军出没之地，虽互有胜负，然亦不胜其苦，所跨三州，皆邻勍敌，可畏者特集庆一军最盛。陆路则无锡、宜兴、长兴，水路则太湖，士马震耀，舳舻相衔。自后长兴陷，常州又陷，士德战败被擒，缚致集庆。俾其作书劝士诚归附，士德以身徇之，终无降意。士诚势穷力迫，愿就丞相招安，使者往返，讫莫成就。仁亲诣江浙省堂，具陈自愿休兵息民之意，议始定，时十八年秋八月也。朝廷诏赦其罪。后授士诚太尉，开府平江。士诚以下，授爵有差，立江淮分省江浙分枢密院于平江，以设其官属。

降　真　香

道家者流，为人典行醮事，曰高功。其有行业精白者，则必移檄南岳魏夫人，请借仙鹤，或二只，或四只。青鸾导卫，翔鹜澄空，昭扬道妙，往往亲见之。偶读《本草》有云："降真香出黔南，拌和诸杂香，烧烟直上天，召鹤，得盘旋于上。"注："按仙传云：烧之或引鹤降。醮星辰，烧之甚，为第一度箓，烧之，功力极验。"若然，则鹤之来，香所致也，非欤？

宋二十一帝

长编所载宋二十一帝，盖自顺、宣、僖三祖，及太祖、太宗、真、仁、英、神、哲、徽、钦、高、孝、光、宁、理、度、少帝，并端宗、帝昺也。

字　音

吾衍子行《闲居录》云：舜生诸冯及冯妇等，皆音皮冰切，古不音符容切也。冯妇与徐夫人皆男子。三国时，有暨艳，乃吴人，附《陆抗传》，当音结，不音暨也。

许　负

绛侯周亚夫，自未侯为河内守时，许负相之曰："君后三岁而侯。"见《史记·绛侯传》。注谓：索隐曰：应劭云：负，河内温人，老妪也。按《楚汉春秋》，高祖封负为鸣雌侯。是知妇人亦有封邑。

李玉溪先生

赵公琪，字元德，官至赠湖广行省参政，谥文惠，临淄人，飘然有神仙思。常使方士烧水银、硫黄、朱砂、黄金等物为神丹，以资服食。有玉溪李简易先生者，得道为神仙，数访公，授以其术，久久隐去，人或以为不死。公思之，一日，见其至，喜而固留之。先生曰："吾远来，甚热，请具浴。"公即具浴。先生就浴室，久之，不闻声，日且暮，公亲候之，见有光昱然在水上，圆如初日出，不复见先生所在。先生书藏公家，今稍稍传人间。虞文靖序其事如此云。

称地为双

尝读金黄华老人诗，有“招客先开四十双”之句，殊不可晓。近读《云南杂志》曰：夷有田，皆种稻，其佃作三人，使二牛前牵，中压而后驱之，犁一日，为一双。以二乏为已，二已为角，四角为双，约有中原四亩地。则老人之诗意见矣。

骨咄犀

骨咄犀，蛇角也，其性至毒，而能解毒，盖以毒攻毒也，故曰蛊毒犀。《唐书》有古都国，必其地所产，今人讹为骨咄耳。

一门五节

奉化陈氏妇以贞节称者五人。初，陈元娶竺氏，生子伺，而元卒，竺氏年才二十二，义不再适，后三十三年卒。伺娶璩氏，生子瑞、泰二人，伺亦以疾夭，璩氏年二十六，后五十八年卒。瑞娶王氏，生子通甫，而瑞复夭，王氏年三十，后五十五年卒。通甫娶楼氏，楼氏甫笄，归于陈，至二十六而寡，父母欲夺其志，泣不从，其姑王氏年老，楼氏事之尤谨，姑卒，敛葬悉如礼。子四人，长养才，娶楼氏，生子孟雍、孟熙，而养才遘疾不愈，方卒时，楼氏年二十六，所守如其姑云。

一门三节

陇西李子平氏子茂德，聘同郡张氏女，年十七，归李氏，生子庸，甫六岁而寡。舅姑怜其少也，欲嫁之，使左右风之，即引刀截发以见志，乃止。茂德之弟仲德，亦早卒，其妻张氏，年二十有八，生子庆，方龀，亦誓不再适。从弟希贤妻陈氏，年二十有四，希贤卒，时其子度方孕四月，守志益坚。一门三妇，以贞白闻。庸，至正间仕至同知济南路总管府事，推恩赠父同知益州路总管府事、陇西郡伯，母封陇西郡夫人。再调关襄宣慰，阶中奉大夫，而夫人始卒。

黄龙洞

黄龙洞在吴兴郡北，去城闉廿里，枕太湖。其山皆怪石林立，中有一石最尊，上大，其本小，危立如幢。自石上涌起，轻撼则摇动，稍加力排，辄不动，人甚异之。洞旁壁立千仞，俯瞰不能见底，投以石，下应，以声呼，则相答，深窅不测。每岁旱，郡民祷之。东坡先生曾游，题诗述龙之迹，山谷先生书黄龙洞三字，刻犹存。

粘接纸缝法

王古心先生《笔录》内一则云：方外交青龙镇隆平寺主藏僧永光，字绝照，访予观物斋，时年已八十有四。话次因问光，前代藏经，接缝如一线，岁久不脱，何也？光云："古法用楮树汁、飞面、白芨末三物调和如糊，以之粘接纸缝，永不脱解，过如胶漆之坚。"先生，上海人。

井珠

人欲娶妻而未得，谓之寻河觅井。已娶而料理家事，谓之担雪填井。男婚女嫁，财礼奁具，种种不可阙，谓之投河奔井。凡纳婢仆，初来时曰擂盘珠，言不拨自动；稍久，曰算盘珠，言拨之则动；既久，曰佛顶珠，言终日凝然，虽拨亦不动。此虽俗谚，实切事情。

一钱太守庙

一钱太守刘宠庙，在绍兴钱清镇。王叔能参政过庙下，赋诗曰："刘宠清名举世传，至今遗庙在江边。近来仕路多能者，也学先生拣大钱。"

全 真 教

《全真纪实》云：金主亮贞元元年，有吏员咸阳人王中孚者，倡全真教，谈、马、丘、刘和之，其教盛焉。章宗泰和四年，元学士作《紫微观记》，所载详悉。

马 孝 子

马伯杰，山东邹县人。父某，拜江南行台监察御史，不以家行，杰独与母居。盗起汝颍，转略齐鲁境，杰负母匿草间。母死，仓卒不能具棺敛，聚石葬郓地西。盗入郓城，杰伏于墓上。众欲驱而前，胁以白刃，杰大恸曰："母在此，母在此！"盗曰："此孝子也。"乃舍之，复遗以衣粮。既而邑刬于兵，失墓所在，求之二年，得于榛莽中，故衣尚存，始克迁祔祖茔。御史转浙西宪佥，留江南者八年，遂冒锋镝间走数千里省之，钱唐人咸称为马孝子云。

杨 贞 妇

天台金沙里女王静安，年十七，归同邑杨伯瑞。瑞为枢密院断事官，未几，死于兵。静安守节不嫁，权贵争求之，至截发自刭不殊。

窑 器

宋叶寘《坦斋笔衡》云：陶器自舜时便有，三代迄于秦汉，所谓甓器是也。今土中得者，其质浑厚，不务色泽。末俗尚靡，不贵金玉而贵铜磁，遂有秘色窑器。世言钱氏有国日，越州烧进，不得臣庶用，故云秘色。陆龟蒙诗："九秋风露越窑开，夺得千峰翠色来。如向中霄盛沆瀣，共嵇中散斗遗杯。"乃知唐世已有，非始于钱氏。本朝以定州白磁器有芒，不堪用，遂命汝州造青窑器，故河北唐、邓、耀州悉有之，汝窑为魁。江南则处州龙泉县，窑质颇粗厚。政和间，京师自置窑烧造，名曰官窑。中兴渡江，有邵成章提举后苑，号邵局，袭故京遗制，置窑于修内司，造青器，名内窑，澄泥为范，极其精致，油色莹彻，为世所珍。后郊坛下别立新窑，比旧窑大不侔矣。余如乌泥窑、余杭窑、续窑，皆非官窑比。若谓旧越窑，不复见矣。

墨

上古无墨，竹挺点漆而书。中古方以石磨汁，或云是延安石液。至魏晋时，始有墨丸，乃漆烟松煤夹和为之。所以晋人多用凹心砚者，欲磨墨贮瀋耳。自后有螺子墨，亦墨丸之遗制。唐高丽岁贡松烟墨，用多年老松烟和麋鹿胶造成。至唐末，墨工奚超，与其子廷珪，自易水渡江，迁居歙州，南唐赐姓李氏，廷珪父子之墨，始集大成，然亦尚用松烟。廷珪初名廷邽，故世有奚廷珪墨，又有李廷珪墨，或有作庭珪字者，伪也，墨亦不精。宋熙丰间，张遇供御墨，用油烟入脑麝金箔，谓之龙香剂。元祐间，潘谷墨见称于时。自后蜀中蒲大韶、梁杲、徐伯常，及雪斋、齐峰、叶茂实、翁彦卿等出，世不乏墨。惟茂实得法，清黑不凝滞，彦卿莫能及。中统至元以来，各有所传，可以仿古。

唐

祖敏　奚鼐易水。　奚鼐鼐之弟。　奚起鼐之子。　陈朗兖州。　王君得　柴珣并唐末五代。

南唐

李超鼐之子始居歙州。南唐赐姓李氏。　李廷珪　李廷宽　李承宴皆超之子。　李文用承宴之子。　李惟庆　李惟一　李仲宣皆文用子。　耿遂仁歙州。　耿文政　耿文寿皆遂仁子。　耿德　耿盛　盛匡道宣州。　盛通　盛真　盛舟　盛信　盛浩

宋

张遇　潘衡　蒲大韶款曰书窗轻煤、佛帐余韵。　叶世英尝造德寿宫墨。　朱知常款曰朱知常香齐。　梁杲　徐知常

叶邦宪尝造复古殿墨。　雪斋款曰雪斋墨宝。　李世英款曰丛桂堂李世英。　胡友直　潘衡孙秉彝　周朝式　李世英男克恭　乐温　蒲彦辉　刘文通　郭忠厚　镜湖方氏　黄表之　齐峰　刘士先尝造缉熙殿墨。　寓庵得李潘心法。　俞林　丘攽　谢东　徐禧　叶茂实三衢。　翁彦卿

元

潘云谷清江。　胡文中长沙。　林松泉钱唐。　於材仲宜兴。　杜清碧武夷。　卫学古松江。　黄修之天台。　朱万初豫章。　丘可行金溪。　丘世英　丘南杰皆可行子。

斫琴名手

隋

赵取利

唐

雷霄　雷威　雷珏　雷文　雷迅　郭亮一作谅。皆蜀人。　沈镣　张钺皆江南人。　金儒大中进士。　僧三慧大师

宋

蔡献　朱仁济　卫中正庆历中道士。　赵仁济兴国中。　马希仁　马希先一作仙崇宁中。　金渊绍兴初。　金公路即金道。绍兴初。　陈亨道高宗朝。　严樽　马大夫　梅四官人　龚老应奉。　林杲东卿。

元

严古清恭字子安，樽之孙，梅四之婿。　施溪云　施谷云　施牧洲

古琴名

冰清　春雷　玉振　黄鹄　秋啸　鸣玉　琼

向　秋籁　怀古　南薰　大雅　松雪　浮磬
奔雷　存古　寒玉　百衲　响泉　冠古　韵磬
涉深　天球　混沌材　万壑松　雪夜冰　玉涧鸣泉
石上清泉　秋塘寒玉　九霄环佩

戏语

至正丙申，高邮兵累攻嘉兴不克，或人撰戏语云：史帅一日下令行兵，参谋掌史进言："自古行师，必先祭旗。"史曰："王元帅破松江时，曾祭否?"答曰："不祭。"史曰："王元帅不祭，我也不祭。"盖祭、济字音同，传以为笑。又有一说：红军与苗军战不胜，禀主帅曰："彼中军前有十丈大旗，旗上篆书'大元统兵官'五字。"帅曰："我此间亦效之。"旗成，军吏禀所写何字，帅曰："八分书写'赵王令'。"既而写赵字未成，才写得走字，传报苗军到，走，走，走。二说皆可捧腹。

日家安命法

日家者流，以日月五星及计罗气孛四余气躔度过宫迟留伏逆，推人之生年月日时，可以知休咎，定寿夭。其书曰《百中经》，经首有安命法，曰周天宿度十二宫，安命例凡十叶，有术士以其例节为一叶，简明易见。其法，但看本生日太阳所躔何度，便以本生时加在上向下逐宫虚数，如下面已尽，则又于此行自上而下，见卯住，即是此度安命。真捷径也。

子	丑	寅	卯	辰	巳	午	未	申	酉	戌	亥
女二	斗四	尾三	氐二	轸十	张十五	柳四	井九	毕七	胃四	奎二	危十三
三	五	四	三	十一	十六	五	十	八	五	三	十四
四	六	五	四	十二	十七	六	十一	九	六	四	十五
五	七	六	五	十三	翌一	七	十二	十	七	五	十六

(续表)

子	丑	寅	卯	辰	巳	午	未	申	酉	戌	亥
六	八	七	六	十四	二	八	十三	十一	八	六	室一
七	九	八	七	十五	三	九	十四	十二	九	七	二
八	十	九	八	十六	四	十	十五	十三	十	八	三
九	十一	十	九	十七	五	十一	十六	十四	十一	九	四
十	十二	十一	十	十八	六	十二	十七	十五	十二	十	五
十一	十三	十二	十一	角一	七	星初	十八	觜初	十三	十一	六
虚一	十四	十三	十二	二	八	一	十九	一	十四	十二	七
二	十五	十四	十三	三	九	二	二十	参初	十五	十三	八
三	十六	十五	十四	四	十	三	廿一	一	昴初	十四	九
四	十七	十六	十五	五	十一	四	廿二	二	一	十五	十
五	十八	十七	房一	六	十二	五	廿三	三	二	十六	十一
六	十九	十八	二	七	十三	张初	廿四	四	三	十七	十二
七	二十	箕初	三	八	十四	一	廿五	五	四	娄一	十三
八	廿一	一	四	九	十五	二	廿六	六	五	二	十四
九	廿二	二	五	十	十六	三	廿七	七	六	三	十五
危一	廿三	三	心初	十一	十七	四	廿八	八	七	四	十六
二	牛初	四	一	亢一	十八	五	廿九	九	八	五	十七
三	一	五	二	二	十九	六	三十	井初	九	六	十八
四	二	六	三	三	二十	七	鬼初	一	十	七	壁初
五	三	七	四	四	轸一	八	一	二	十一	八	二
六	四	八	五	五	二	九	二	三	毕一	九	三四
七	五	九	六	六	三	十	三	四	二	十	五
八	六	斗初	尾初	七	四五	十一	柳初	五	三	十一	六
九	七	一	一	八	六	十二	一	六	四	胃一	七
十、十一	女初	二	一	九	七八	十三	二	七	五	二	奎初
十二	一	三	二	氐一	九	十四	三	八	六	三	一

淮涡神

泗州塔下，相传泗州大圣锁水母处，缪也。按地志云：水神在临淮县龟山之下，形若猕猴，缩鼻高额，青躯白首，金目雪牙，颈伸百尺，力逾九象，禹获之，锁其颈于龟山之足，淮水乃安流注海。迩来渔者知锁所在。《古岳渎经》云：禹治水，三至桐柏，获淮涡水神，曰无支祁，乃命庚辰制之，锁于龟山之足，淮水乃安。唐永泰初，楚州有渔人夜钓山下，其钩为物所掣，沉水视之，见大铁锁绕山足，一兽形如青猿，兀若昏醉，涎沫腥秽，不可近。又东坡《濠州涂山》诗“川锁支祁水尚浑”，注：程演曰：《异闻集》载《古岳渎经》，禹治水，至桐柏山，获淮涡水神，名曰巫支祁，善应对，辩淮之浅深，源之远近。而神曰庚辰者，锁于龟山之足，淮乃安流。唐时有渔者，钓得一古锁，牵出，其末有如猕猴者，盖此物也。《国史补》曰：楚州渔人于淮中钓得古铁锁，刺史李阳大集人力引之，锁穷，有青猕猴跃出水而逝。《山海经》：水兽好为云雨，禹锁于军山之下，其名曰无支祁。

寄衣诗

洞庭刘氏有夫叶正甫，久客都门，因寄衣，侑以诗云：“情同牛女隔天河，又喜秋来得一过。岁岁寄郎身上服，丝丝是妾手中梭。剪声自觉和肠断，线脚那能抵泪多。长短只依先去样，不知肥瘦近如何。”

卷三十

印章制度

《周礼》玺节，郑氏注云："玺节者，今之印章也。"许慎《说文》云："印，执政所持信也。"徐锴曰："从爪，手爪以持信也。"卫宏曰：秦以前，民皆以金玉为印，龙虎钮，惟其所好。然则秦以来，天子独以印称，玺又独以玉，群臣莫敢用也。七雄之时，臣下玺始称曰印。　汉制：诸侯王金玺。玺之言信也。古者，印玺通名，《汉旧仪》云：诸侯王黄金玺，橐驼钮。又曰玺，谓刻"曰某王之玺"。列侯黄金印，龟钮，文曰"某侯之章"。丞相太尉与三公、前后左右将军黄金印，龟钮，文曰"章。"中二千石银印，龟钮，文曰"章"。千石、六百石、四百石至二百石以上皆铜印，鼻钮，文曰"印"。　建武元年，诏诸侯王金印綟绶，公侯金印紫绶，中二千石以上银印青绶，千石至四百石以下铜印墨绶及黄绶。　陈制：金章或龟钮、貔钮、兽钮、豹钮，银章或龟钮、熊钮、罴钮、羔钮、鹿钮，银印或珪钮、兔钮，铜印率环钮。　吾衍云：汉有摹印篆，其法只是方正篆法，与隶相通。后人不识古印，妄意盘屈，且以为法，大可笑也。多见故家藏得汉印，字皆方正，近乎隶书，此即摹印篆也。王俅《啸堂集古录》所载古印，正与相合。凡屈曲盘回，唐篆始如此。今碑刻有鲁公官诰尚书省印，可考其说。汉晋印章，皆用白文，大不过寸许。朝爵印文皆铸，盖择日封拜，可缓者也。军中印文多凿，盖急于行令，不可缓者也。古无押字，以印章为官职信令，故如此耳。唐用朱文，古法渐废。至宋南渡，绝无知此者，故后宋印文皆大缪。　白文印皆用汉篆，平正方直，字不可圆，纵有斜笔，亦当取巧写过。　三字印，右一边一字，左一边两字者，以两字处与一字处相等，不可两字中断，又不可十分相接。四字印，若前二字交界有空，后二字无空，须当空一画别之，字有有脚无脚，故言及此，不然，一边见分，一边不分，非法度也。　轩斋等印，古无此式，唯唐相李泌有耑居堂白文玉印，或可照例，终是白文，非古法，不若只从朱文。　朱文印或用杂体篆，不可太怪，择其近人情，免费辞说。　白文印用崔子玉写张平子碑上字，及汉器上并碑盖印章等字，最为第一。凡姓名表字，古有法式，不可用杂篆及朱文。　白文印必逼于边，不可有空，空便不古。　朱文印不可逼边，须当以字中空白得中处为相去，庶免印出与边相倚，无意思耳。字宜细，四旁有出笔，皆带边，边须细于字。边若一体，印出时四边虚纸皆昂起，未免边肥于字也。非见印多，不能晓此。粘边朱文，建业文房之法。　多有人依款识字式作印，此大不可。盖汉时印法不曾如此，三代时却又无印，学者慎此。《周礼》虽有玺节及职金，掌其𢧵恶，揭而玺之之说，注曰印，其实手执之印也。正面刻字，如秦氏玺，而不可印，印则字皆反矣。古人以之表信，不问字反，淳朴如此。若战国时苏秦六印，制度未闻。《淮南子·人间训》曰：鲁君召子贡，授以大将军印。刘安寓言而失辞耳。　道号，唐人虽有，不曾有印，故不可以道号作印用也。三字屋扁，唐印有法。凡印文中，有一二字忽有自然空缺，不可映带者，听其自空，古印多如此。凡印，仆有古人印式二册，一为官印，一为私印，具列所以，实为甚详，不若《啸堂集古录》所载只具音释也。　凡名印，不可妄写，或姓名相合，或加印章等字，或兼用印章字。曰姓某印章，不若只用印字最为正也。二名者，可回文写，姓下著印字在右，二名在左是也。单名者，曰姓某之印，却不可回文写。名印内不得著氏字，表德可加氏字，宜审之。　表字印只用二字，此为正式。近人欲并姓氏于其上，曰某氏某，若作姓某父，古虽有此称，系他人美己，却不可入印。人多好古，不论其原，不为俗乱可也。汉人三字印，非复姓及无印字者，皆非名印。盖字印不当用印字以乱名。汉张安字幼君，有印曰张幼君。右一字，左二字。唐吕温字化光，有印曰吕化光。此亦三字表德式。　诸印下有空处，悬之最佳，不可妄意伸开，或加屈曲，务欲填满。若写得有道理，自然不觉空也。字多无空，不必问此。　李阳冰曰：摹印之法有四，功侔造化，冥受鬼神，谓之神。笔画之外，得微妙法，谓之奇。艺精于一，规矩方圆，谓之工。繁简相参，布置不紊，谓之巧。 赵彦卫云：古印文作白文，盖用以印泥，紫泥封诏是也。今之米印及仓敖印近之矣。自有纸，始用朱字，间有为白字者。 《通典》云：北齐有木印，长一尺，广二寸五分，背上为鼻钮，长九寸，厚一寸，广七分，腹下隐起篆文，曰“督摄万几”，惟以印籍缝。今龊合缝条印，盖原于此。 秦有八体书，三曰刻符，即古所谓缪篆；五曰摹印，萧子良以刻符摹印合为一体。徐锴谓：符者，竹而中刻之。字形半分，理应别为一体。摹印屈曲填密，则秦玺文也，子良误合之。 《宣和谱》四卷。 杨克一《图书谱》一卷。又名《集古印格》。 王厚之《复斋印谱》。 颜叔夏《古印谱》二卷。 姜夔《集古印谱》一卷。 吾衍《古印文》二卷。 赵孟頫《印史》二卷。

银　工

浙西银工之精于手艺表表有声者，屈指不多数也。

朱碧山嘉兴魏塘。 谢君余平江。 谢君和同上。 唐俊卿松江。

祖孝子

祖孝子浩然，字养吾，建宁浦城人，世儒家。至元中，盗黄华起政和，朝廷命将帅师往讨。未至，盗已就缚，回军经浦城，焚其庐舍，孝子母全氏遭掠而北。是时，孝子年六岁，母子相失，独与父居，不闻问者二十又八年。至大三年，福建阃府檄为三山书院山长。将之任，或告之曰：“而母在河南。”而不能名其处。孝子欣然弃职辞父，为河南行。既渡江，抵河南，每舍逆旅，行道途间，闻操南音者，必就与语，庶几有所遇也。当时从军之人犹有存者，或曰：“此有赵副使，故为军校，归自军中，得妇人全氏，非而母也耶？赵死而家替，全氏归一蒙古氏，挈之而南，当在汝、邓间耳。”孝子知母定在，惊喜，遂回汝州。抵鸦路山，不遇。行八百里，至牛蹄白石，不遇。又行七百余里，至枣阳崔桥，又不遇。然自离汝州，行路既远，知母所乡，停车道傍，投宿旅舍，举其状以问人，颇有相酬答，可物色。或指唐州以告曰："彼有别盖山，可寻讨也。"孝子梦神人顾而言，有月圆再圆之语。既寤，言犹在耳，益喜抃。自崔桥三百余里至别盖，访其母，在焉。既见，相与抱持涕泣，七月之望也。神人之言，于是有征矣。留别盖半月，舟具，奉母南归。当时闻其事者，自朝廷达官，以至湖海名胜，莫不为歌诗以美之，多至数十百篇，往往举朱寿昌事以为比。会稽韩庄节先生性作《孝子传》行于世。

白日圜文

周易痴处馆讲授，宾主不合，遂作《白日圜》文，飘然而去。其文曰：听之不闻，视之不见，子以我为隐乎？用之则行，舍之则藏，吾亦从此逝矣。未得青云路，且坐白日圜。饭蔬食，乐亦在中。素贫贱，不愿乎外。兹承贤主人，不取通士，乃求拘儒。匪我求童蒙，取其交以道，馈以礼。择师教子弟，盖亦据于德，依于仁。圜土而居，重门以待。当尔耳不听淫，目不视恶，将以塞其兑，闭其聪。然而口不绝吟，手不停披，安能存其心，养其性。黄芽若就，白发已空。常念流地上之白水真人，且作锁洞门之清溪道士。子其子，亲其亲，固宜造次必于是，颠沛必于是；尔为尔，我为我，安肯哀矜而辟焉，敖惰而辟焉。不越文字之间，自行束修以上。受风魔贬，为自在囚。口出雌黄，用狙翁朝四暮三之术；目生虚白，披羲皇天一地二之图。有朋自远方来，与进也，与退也；使君从此中入，或止之，或尼之。俾我行其庭不见其人，而子过我门不入我室。望而未见，招之不来。所不与同心，指苍天而为证。亦欲从游耳，曰黄昏以为期。不以我为贫，知有时为养。所愿诸生，人十己千，以一识百。师也过，商也不及，尚得夫子之中庸；参也鲁，回也如愚，竟传圣人之道统。而某诗书无祟，笔墨有灵。蝉蜕污浊之中，凤翔尘埃之表。排云叫阊阖，吐三千丈豪气之沉埋；乘风归蓬莱，诉百万亿颠厓之辛苦。藩篱既剖，门闳洞开。纵意所如，从吾所好。口说五千言，乘牛出函谷，愿与关门令尹游乎；腰缠十万贯，骑鹤上扬州，皆曰闭户先生来也。

金灵马

凡宫车晏驾,棺用香楠木,中分为二,刳肖人形,其广狭长短,仅足容身而已。殓用貂皮袄皮帽,其靴袜系腰盒钵,俱用白粉皮为之。殉以金壶瓶二,盏一,碗碟匙箸各一。殓讫,用黄金为箍四条以束之。舆车用白毡青缘纳失失为帘,覆棺亦以纳失失为之。前行用蒙古巫媪一人,衣新衣,骑马,牵马一匹,以黄金饰鞍辔,笼以纳失失,谓之金灵马。

髹器

黑光　凡造碗碟盘盂之属,其胎骨则梓人以脆松劈成薄片,于旋床上胶粘而成,名曰卷素。髹工买来,刀刳胶缝,干净平正,夏月无胶泛之患。却炀牛皮胶,和生漆,微嵌缝中,名曰梢当。去声。然后胶漆布之,方加麄灰。灰乃砖瓦捣屑筛过,分麄、中、细是也。胶漆调和,令稀稠得所。如髹工自家造卖低歹之物,不用胶漆,止用猪血厚糊之类,而以麻筋代布,所以易坏也。麄灰过停,令日久坚实,砂皮擦磨,却加中灰,再加细灰。并如前。又停日久,砖石车磨,去灰浆,洁净停一二日,候干燥,方漆之,谓之糙漆。再停数月,车磨糙漆,绢帛挑上声。去浆迹,才用黑光。黑光者,用漆斤两若干,煎成膏。再用漆,如上一半,加鸡子清,打匀,入在内,日中晒翻三五度,如栗壳色,入前项所煎漆中和匀,试简看紧慢,若紧再晒,若慢加生漆,多入触药。触药,即铁浆沫。用隔年米醋煎此物,干为末,入漆中,名曰黑光。用刷蘸漆,漆器物上,不要见刷痕。停三五日,待漆内外俱干,置阴处晾之,然后用揩光石磨去漆中颣。雷,上声。揩光石,鸡肝石也,出杭州上柏三桥埠牛头岭。再用箬帉,次用布帉,次用菜油傅,却用出光粉揩,方明亮。

朱红　修治布灰,一一如前,不用糙漆,却用赙朱桐叶色,然后用银朱,以漆煎成膏子,调朱。如朱一两,则膏子亦一两,生漆少许,看四时天气,试简加减,冬多加生漆,颜色暗,春秋色居中,夏四五月、秋七月，此三月颜色正，且红亮。

鳗水　好桐油煎沸，以水试之，看躁也，方入黄丹腻粉，无名异煎一滚，以水试，如蜜之状，令冷，油水各等分，杖棒搅匀。却取砖灰一分，石灰一分，细面一分，和匀，以前项油水搅和稠粘灰器物上，再加细灰，然后用漆，并如黑光法，或用油亦可。

只孙宴服

只孙宴服者，贵臣见飨于天子则服之，今所赐绛衣是也。贯大珠以饰其肩背膺间，首服亦如之。

三教一源图

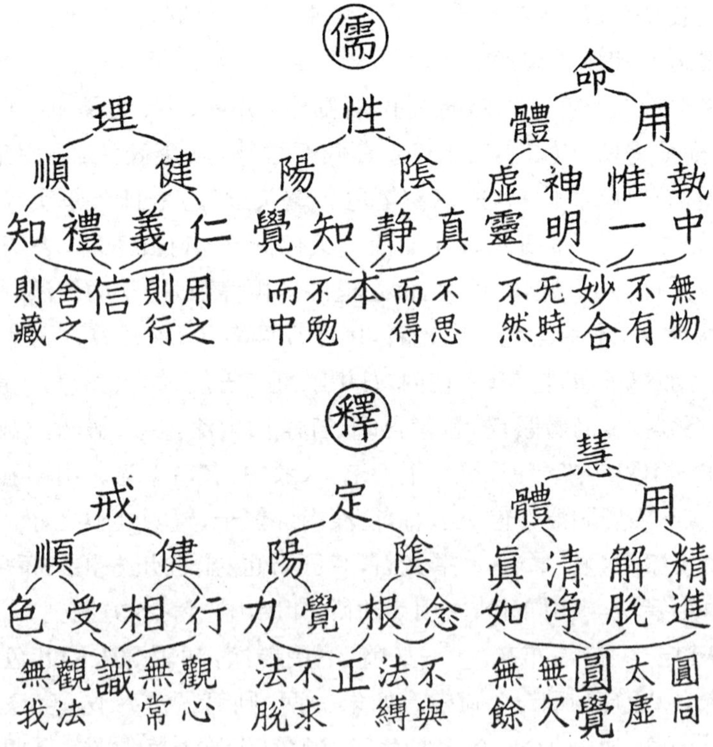

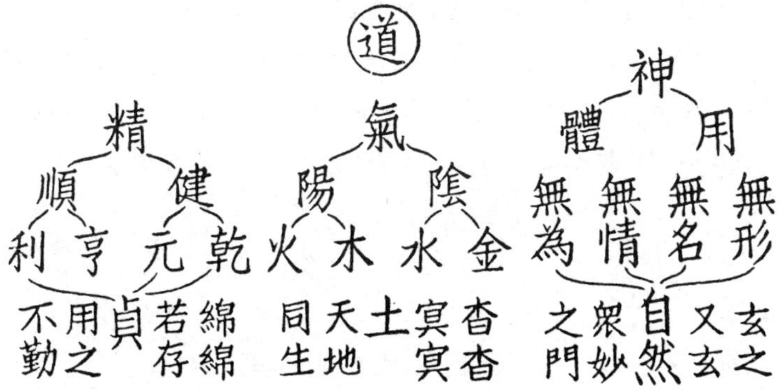

银锭字号

银锭上字号，扬州元宝，乃至元十三年，大兵平宋，回至扬州，丞相伯颜号令搜检将士行李，所得撒花银子，销铸作锭，每重五十两，归朝献纳。世祖大会皇子、王孙、驸马、国戚，从而颁赐。或用货卖，所以民间有此锭也。后朝廷亦自铸。至元十四年者，重四十九两，十五年者，重四十八两。辽阳元宝，乃至元二十三年、二十四年征辽东所得银子而铸者。

学官讲说

凡学官朔望讲说，乃礼之常。所属上司官，或省宪官，至自教授学官，暨学宾斋谕等，皆讲说一书。然儒生未达时宜，往往迕意多矣。泰定甲子，开吴淞江，省台宪僚咸集。时治书刘公泺源，北方学者，首谒先圣先师。其年值闰，詹肖岩讲《书·尧典》，三百有六旬有六日，以闰月定四时成岁，大咈其意，以为学校讲说，虽贱夫皂隶、执鞭坠镫之人，皆令通晓，今乃稽算度数何为。肖岩由是悒怏而卒。至元己卯冬，分宪老老公检踏灾伤，以复熟粮为急，陆宅之讲省刑罚、薄税敛一章，公变色而作。至正辛巳，知府杨侯锐意浚河，以兴利除害为己任，时宪佥某谒学宫，王玉岩讲禹别九州，随山浚川，结意皆归美于知府，宪佥不悦而罢。丁酉岁，张士诚据有姑苏日，遣苏守周仁来，王可权讲《易·泰卦》盖君子道长、小人道消之义，周以为讥讪，累及诸职事皆停月廪。惟钱先生伯全父作训导时，行刑官至，讲“钦哉钦哉惟刑之恤哉”，讲毕，称赏不已。前数君子，亦可为后人戒也。

松江之变

王与敬，字可权，淮西安丰人，由浙省典吏充宣使，后于董抟霄部下立功，擢松江府判，未任，转省都镇抚，升元帅。至正丙申二月朔，伪诚王张士诚红军破平江，时与敬兵败，径趋嘉兴，又与苗军参政杨完者不协，乃投松江，名曰守御，实欲恋倡妇董赛儿故也。达鲁花赤八都帖木儿，知府崔思诚，皆无制变之术，激成其祸。盖其至也，不郊迎之，已自不悦。越二日，浙省又命元帅帖古列思等提兵而来，镇守城池，二帅抗行，不相上下，帖点两仓脚夫，散口粮，给器械，发号施令，盖意在逐与敬行。十八日，帖宴军民官，无一人至者。至夜，与敬下万户戴列孙等，率引军卒，自西门放火，鼓噪而叛。官僚溃散，寺观民房，悉化焦土。检刮金银财物，塞满舟船。自与敬以下，人口辎重皆出西门。二十四日，完者下元帅萧亮员成等，率苗军突至，兵不与敌，遂北出通波塘而去，投降士诚，子女玉帛，悉为苗军所有。民亦持梃相逐，列孙孔镇抚等，死者过半。苗军恣肆检刮，截人耳鼻，城中女妇，多为淫污。房舍间有存者，皆为焚毁，靡有孑遗。居民两遭锋镝，死者填街塞巷，水为不流。四月初十日，士诚下元帅史文炳一部兵马，自湖泖入古浦塘，舳舻相衔，旗帜蔽日，苗军一矢不交，竟溃散而去。南村野史曰：“天下本无事，庸人自扰之。”卓哉斯言也。初，王与敬之戾止，苟得一守土官，能以智虑处之，则不致若是。况松江尚侈靡习淫风者久矣，余尝扼腕而叹，必有后日之患，终为一贱倡祸及数万家，非小变也。与敬负逆贼之名，遗臭万年，戴氏逞匹夫之勇，卒丧其生，皆自取之也，悲夫！

果典坐

嘉兴天宁寺有老僧曰果典坐，平生不蓄积，得钱辄买酒饮。长老念空海每岁遗衣緞。至正癸巳正月一日，无疾而卒，年一百二岁。

诗谶

“潮逢谷水难兴浪，月到云间便不明。”松江古有此语。谷水、云间，皆松江别名也。近代来作官者，始则赫然有声，终则阘茸贪滥，始终廉洁者鲜。两句竟成诗谶。

书画楼

松江自来无大火灾，至正丙戌闰十月廿九日夜，普照寺西业制帽民姚不谨于火，延燎三千余家，重门邃馆，灵宫梵宇，悉为煨烬，而夏爱闲氏收藏古法书名画楼岿然独存，岂有神物护之也耶？抑亦数耶？

物必遇主

松江普照寺门首刀镊胡，忽见街上有小片荷叶，舒卷不已，一人拾置怀中去。胡叩之曰：“汝得何物？但欲见之，以决所疑。”及出示，乃至元钞叁拾文。又同郡夏氏仆，尝见小花蛇盘旋道左，行人捉藏诸袖。生颇讶，问其所以，则至元钞贰拾文。右二事绝相类。吁！三十文、二十文，直微末耳，尚必待主。今之积金蓄谷，倍息计赢，孳孳以利为念者，于此宁不可鉴哉！

枪金银法

嘉兴斜塘杨汇髹工枪去声。金枪银法：凡器用什物，先用黑漆为地，以针刻画，或山水树石，或花竹翎毛，或亭台屋宇，或人物故事，一一完整，然后用新罗漆。若枪金，则调雌黄。若枪银，则调韶粉。日晒后，角挑挑嵌所刻缝罅，以金薄或银薄，依银匠所用纸糊笼罩，置金银薄在内，逐旋细切取，铺已施漆上，新绵楷拭牢实。但著漆者自然粘住，其余金银都在绵上，于熨斗中烧灰，甘锅内熔锻，浑不走失。

磨兜坚箴

磨兜鞬，已见第九卷。昔李侍郎敦立，尝揭磨兜坚三字于坐隅。磨兜坚者，古之慎言人也，其善于自防者哉！金华宋濂为著箴曰："磨兜坚，慎勿言。口为祸门，昔人之云，磨兜坚。人各有心，山高海深，磨兜坚。高不知极，深不可测，磨兜坚。言出诸口，祸随其后，磨兜坚。钟鼓之声，因叩而鸣，磨兜坚。不叩而鸣，必骇众听，磨兜坚。惟口之则，守之以默，是曰玄德，磨兜坚。磨兜坚，慎勿言。"

三笑图

杨铁厓云：坡翁跋石恪所画，以为三人皆大笑，至衣服冠履皆有笑态，其后之童子亦罔知而大笑。永叔书室图三笑于壁，想见石恪所作，与此无异。然坡翁所跋三笑，不言为谁，山谷特实以远公、陶、陆事。陈贤良舜俞《庐山记》，亦谓举世信之。有赵彦通者，作《庐岳独笑》一篇，谓远公不与修静同时。楼攻愧亦言，修静元嘉末始来庐山，时远公亡已三十余年，渊明亡亦二十余年，其不同时信哉。后世传讹，往往如此，使坡翁见之，亦当绝倒也。

官制字讹

按古官制取义皆有所主，非徒名也。后世或讹其音者有矣，音虽讹而义则不讹也。如仆射，秦官。仆，主也。古者重武事，每官必有主射以督课之，射音神夜反，关中人讹为寅谢反，韵书不取其义于神夜反中，却收在寅谢反下。尚书，亦秦官。秦世，少府遣吏四人，在殿中主发书，故谓之尚书。尚，犹主也，如尚方、尚食、尚医、尚衣、尚冠、尚浴、尚席之尚，并音时亮反，后世乃以尚书之尚讹为辰羊反，陆德明亦音平声，韵书遂两收之。洗马，《前汉志》：太子太傅、少傅属官有先马。张晏曰：先马员十六人，秩比谒者。如淳曰：前驱也。《国语》载勾践亲为夫差先马。先，先之也，从先见反，今韵书作苏典反，字作洗。愚意此类并当从其正义，不当从其讹音。今人但见读仆射之射作神夜反，尚书之尚作时亮反，洗马之洗作先见反，便非哂之，不究其义故也。此类甚多，今姑举其显者。

巾帻考

巾帻《释名》：巾，谨也，当自谨于四教。《仪礼》：二十成人，士冠。如字。庶人巾。《说文》：发有巾曰帻。帻即巾也。又《方言》：覆髻谓之帻。《汉书》：卑贱执事不冠者所服，或谓之承露。按《仪礼》士冠庶人巾，则古者士以上有冠无巾，帻惟庶人戴之。秦谓民为黔首，汉谓仆隶为苍头，《汉书》谓卑贱者所服，此其证也。后世上下通用之，谓之燕巾。蔡邕《独断》曰：汉元帝额有壮发，不欲人见，故加巾帻以包之也。然则巾自巾，帻自帻，不独卑贱者所服，虽尊者亦服之矣。至王莽冠内加巾，故时人云"王莽秃，帻施屋。"又光武岸帻见马援。又按《魏志》注：太祖以天下凶荒，资财乏匮，拟皮弁裁缣帛为帢。或作帼，乞洽反。合乎简易随时之义，以色别其贵贱，本施军饰，非为国容。韵书：弁缺四隅谓之帢。前时军人弓手所戴小白帽是也。一曰：按头使下，故曰帢。《增韵》、《埤苍》皆曰帽也。《晋舆服志》：哀帝立，秋御读，令改用素白帢。汉末，王公名士，多委王服，以幅巾为雅，魏武始制帢。成帝制，使尚书八坐丞郎门下三省侍官乘车白帢低帏，出入掖门。又二宫直官著乌纱帢，往往士人宴居皆著帢弁。帢虽冠弁遗制，去古益远，用巾帻为近之。一说，秦加武将首饰为绛帕，后稍稍作颜题。汉兴，续其颜，却摞音罗。之，施巾连题，却覆之，即丧帻也，名之曰帻。至孝文帝，乃高颜题，续之以耳，崇其巾为屋，合后施巾上下，文者长耳，武者短耳。古者冠制皆硬壳，自额上至于顶，如今礼冠者然。后世乃作小冠，厘以束发，冠下施帻，冠帻之上，又总施巾，皆效汉元帝所服之制也。夫历代损益，随其所宜，苟不害于义，从俗可也。孔子居宋衣缝掖，居鲁冠章甫，亦从俗也。

屦舄履考

屦、舄、履，屦人注：禅下曰屦，复下曰舄。《说文》无舄字，舄本鹊字，今借为履舄字也。陆佃云：舄通为舄履之舄，古人居欲如燕，行不欲如鹊，故借为舄字，所以为行戒也。然借鹊为舄，作思积反者，盖舄履也。《古今注》：以木置履下，干腊，不畏泥湿，故曰舄。以是知舄履之下，必再用木矣。《士丧礼》：夏葛屦，冬皮屦。屦人注又谓：凡屦，舄各象其裳之色。引《士冠礼》曰：玄端黑屦，青绚劬。繶亿。纯，准。素帻白屦，缁绚繶纯，爵弁纁屦，黑绚繶纯是也。绚，《说文》：纑绳绚也。《玉藻》注：履头饰也。《韵会》：状如刀衣鼻在屦头。言拘者，取自拘持，使低目，不暇顾视。一曰：用缯一寸，屈为之头，著屦头，以受穿贯。繶，屦人注：缝中紃也，《博雅》：紃，绦也。纯，屦人注：缘也。言繶必有绚纯。言绚必有繶纯。三者相将，则屦、舄皆有绚、繶、纯矣。凡绚、繶、纯皆一色。又按屦人注：舄有三等，赤舄、白舄、黑舄也。赤舄为上。冕服之舄，《诗》曰："王锡韩侯，玄衮赤舄。"则诸侯与王同矣。所谓玄舄青舄，王后祭服之舄也。凡屦之饰，如绣次也，黄屦白饰，白屦黑饰，黑屦青饰。天子诸侯，吉事皆舄，其余服冕著舄耳。士爵弁纁屦，黑绚繶纯，尊祭服之屦，饰从缋也。至若履者，《说文》：足所依也，从尸，从彳夂，从舟，象履形。毛氏曰：舟能载物，履能载人。又草曰扉，芳未反。麻曰屦，凡布皆可谓之麻。皮曰履。按履无别制。《说文》：屦，履也，从履省，娄声，又鞮也。徐曰：鞮，革履也。舄，《韵会》：履也。《古今注》：以木置履下，干腊，不畏泥湿，故曰舄。以是知履、舄、屦之异名也。但有禅下、复下、用木之异耳。古人舄、屦、履，至阶必脱，唯著袜而入。《礼》：户外有二屦。是脱屦而入者也。汉赐剑履上殿，是不赐则不敢著履上殿明矣。谏不行则纳履而去。纳，结也。言纳履，则在外明矣。是脱履而入者也。王乔入朝，双舄化凫先至。是脱舄而入者也。古者，堂上皆有席，所以著袜为宜，况袜又从韋乎。又按《乡饮酒》云：说屦，揖让如初，升堂。疏云：凡堂上揖行礼不脱屦，坐则脱屦。理固然也。由是观之，凡宗庙堂室之间行礼，亦必不脱屦矣。夫降而脱屦，然后升坐，礼也。其后宾与主人酬酢之时，皆在两阶之间，又须降而著屦，复升于阶。酬酢之礼毕，又降而脱屦，复升于坐也。古人礼繁如此，今何略也。

历代笔记小说大观总目

贾氏谭录·涑水记闻　［宋］张洎 司马光 撰　孔一 王根林 校点
南部新书·茅亭客话　［宋］钱易 黄休复 撰　尚成 李梦生 校点
杨文公谈苑·后山谈丛　［宋］杨亿口述、黄鉴笔录、宋庠整理　陈师道 撰　李裕民 李伟国 校点
归田录(外五种)　［宋］欧阳修 等撰　韩谷 等校点
春明退朝录(外四种)　［宋］宋敏求 等撰　尚成 等校点
青琐高议　［宋］刘斧 撰　施林良 校点
渑水燕谈录·西塘集耆旧续闻　［宋］王辟之 陈鹄 撰　韩谷 郑世刚 校点
梦溪笔谈　［宋］沈括 撰　施适 校点
麈史·侯鲭录　［宋］王得臣 赵令畤 撰　俞宗宪 傅成 校点
湘山野录 续录·玉壶清话　［宋］文莹 撰　黄益元 校点
青箱杂记·春渚纪闻　［宋］吴处厚 何薳 撰　尚成 钟振振 校点
邵氏闻见录·邵氏闻见后录　［宋］邵伯温 邵博 撰　王根林 校点
冷斋夜话·梁溪漫志　［宋］惠洪 费衮 撰　李保民 金圆 校点
容斋随笔　［宋］洪迈 撰　穆公 校点
萍洲可谈·老学庵笔记　［宋］朱彧 陆游 撰　李伟国 高克勤 校点
石林燕语·避暑录话　［宋］叶梦得 撰　田松青 徐时仪 校点
东轩笔录·嬾真子录　［宋］魏泰 马永卿 撰　田松青 校点
中吴纪闻·曲洧旧闻　［宋］龚明之 朱弁 撰　孙菊园 王根林 校点
铁围山丛谈·独醒杂志　［宋］蔡絛 曾敏行 撰　李梦生 朱杰人 校点
挥麈录　［宋］王明清 撰　田松青 校点
投辖录·玉照新志　［宋］王明清 撰　朱菊如 汪新森 校点
鸡肋编·贵耳集　［宋］庄绰 张端义 撰　李保民 校点
宾退录·却扫编　［宋］赵与时 徐度 撰　傅成 尚成 校点
桯史·默记　［宋］岳珂 王铚 撰　黄益元 孔一 校点
燕翼诒谋录·墨庄漫录　［宋］王栐 张邦基 撰　孔一 丁如明 校点
枫窗小牍·清波杂志　［宋］袁褧 周煇 撰　尚成 秦克 校点
四朝闻见录·随隐漫录　［宋］叶少翁 陈世崇 撰　尚成 郭明道 校点
鹤林玉露　［宋］罗大经 撰　孙雪霄 校点

困学纪闻　[宋] 王应麟 撰　栾保群 田松青 校点
齐东野语　[宋] 周密 撰　黄益元 校点
癸辛杂识　[宋] 周密 撰　王根林 校点
归潜志 · 乐郊私语　[金] 刘祁　[元] 姚桐寿 撰　黄益元 李梦生 校点
山居新语 · 至正直记　[元] 杨瑀 孔齐 撰　李梦生 庄葳 郭群一 校点
南村辍耕录　[元] 陶宗仪 撰　李梦生 校点

明代

草木子(外三种)　[明] 叶子奇 等撰　吴东昆 等校点
双槐岁钞　[明] 黄瑜 撰　王岚 校点
菽园杂记　[明] 陆容 撰　李健莉 校点
庚巳编 · 今言类编　[明] 陆粲 郑晓 撰　马镛 杨晓波 校点
四友斋丛说　[明] 何良俊 撰　李剑雄 校点
客座赘语　[明] 顾起元 撰　孔一 校点
五杂组　[明] 谢肇淛 撰　傅成 校点
万历野获编　[明] 沈德符 撰　杨万里 校点
涌幢小品　[明] 朱国祯 撰　王根林 校点

清代

筠廊偶笔 二笔 · 在园杂志　[清] 宋荦 刘廷玑 撰　蒋文仙 吴法源 校点
虞初新志　[清] 张潮 辑　王根林 校点
坚瓠集　[清] 褚人获 辑撰　李梦生 校点
柳南随笔 续笔　[清] 王应奎 撰　以柔 校点
子不语　[清] 袁枚 撰　申孟 甘林 校点
阅微草堂笔记　[清] 纪昀 撰　汪贤度 校点
茶余客话　[清] 阮葵生 撰　李保民 校点

檐曝杂记 · 秦淮画舫录 [清] 赵翼 捧花生 撰 曹光甫 赵丽琰 校点

履园丛话 [清] 钱泳 撰 孟斐 校点

归田琐记 [清] 梁章钜 撰 阳羡生 校点

浪迹丛谈 续谈 三谈 [清] 梁章钜 撰 吴蒙 校点

啸亭杂录 续录 [清] 昭梿 撰 冬青 校点

竹叶亭杂记 · 今世说 [清] 姚元之 王晫 撰 曹光甫 陈大康 校点

冷庐杂识 [清] 陆以湉 撰 冬青 校点

两般秋雨盦随笔 [清] 梁绍壬 撰 庄葳 校点